GOLDMANN

Phoolan Devi, ein schmächtiges, fragiles Mädchen, wuchs in einem kleinen Dorf in Indien auf. Mit elf Jahren wurde sie – der Entscheidung ihres Vaters folgend – die Braut eines zwanzig Jahre älteren Mannes, der die Ehe mit Gewalt vollzog und das Mädchen mißhandelte. Die verzweifelte Phoolan floh zurück ins Elternhaus und trug von diesem Moment an das Stigma der verstoßenen Frau. Doch Phoolan konnte sich mit ihrer tragischen Situation und der klassischen Rolle der Frau in Indien nicht abfinden: Immer wieder geriet sie wegen ihrer Aufsässigkeit mit der Familie und schließlich auch den Gesetzen ihres Landes in Konflikt, wurde in Gefängnisse gesteckt und dort mehrfach vergewaltigt. Mit dreiundzwanzig lebte sie in den wilden Schluchten und Höhlen bei den »Dacoit«, wie die Banditen auf dem indischen Subkontinent genannt werden. In dieser Zeit verliebte sie sich in den Räuber Vikram, und schon bald waren das Banditenpaar und seine Räuberbande berüchtigt für ihre tollkühnen Überfälle, wobei sie meist die Armen schonten und die Reichen schädigten. Bei einem Anschlag kam Vikram ums Leben, und Phoolan räuberte fortan mit ihrer Bande alleine weiter. Sie wurde zum »weiblichen Robin Hood« Indiens und die dort meistgefürchtete Banditin.

Mit fünfundzwanzig ergab sie sich schließlich der Polizei und wurde ins Gefängnis gesteckt. Doch die Legende der Phoolan Devi lebt weiter – nicht zuletzt deshalb, weil Phoolan verkündete, sich für die Wahl des indischen Ministerpräsidenten als Kandidatin aufstellen zu lassen.

Das Schicksal der Phoolan Devi wurde unter dem Titel »Bandit Queen« verfilmt; Mala Sen verfaßte das Drehbuch. Im Frühjahr 1995 läuft der Film auch in den deutschen Kinos an.

Mala Sen, Jahrgang 1947, wurde in Indien geboren und ging 1965 nach London. Zwischen 1960 und 1970 war sie politisch sehr aktiv in der »Indian Workers Association« und der »Black-Panther«-Bewegung. 1980 arbeitete sie bei der Air India, ab 1984 als freie Fernsehreporterin. Heute lebt Mala Sen in London.

MALA SEN

BANDIT QUEEN

Die Geschichte
der Phoolan Devi

Ins Deutsche übertragen
von Christoph Göhler

GOLDMANN VERLAG

Die englische Originalausgabe erschien unter dem Titel
»India's Bandit Queen. The True Story of Phoolan Devi«
bei Harper Collins Publishers, London.

Der Goldmann Verlag
ist ein Unternehmen der Verlagsgruppe Bertelsmann
Deutsche Erstveröffentlichung 1993
Copyright © 1991 by Mala Sen
Copyright © der deutschsprachigen Ausgabe 1993
by Wilhelm Goldmann Verlag, München
Umschlaggestaltung: Design Team München
Umschlagfoto: Arsenal Filmverleih
Satz: Uhl + Massopust, Aalen
Druck: Presse-Druck Augsburg
Verlagsnummer: 12491
Lektorat: Silvia Kuttny
Redaktion: Christa Marsen
Herstellung: Sebastian Strohmaier
ISBN 3-442-12491-3
Made in Germany

3 5 7 9 10 8 6 4 2

In Gedenken an
HUEY P. NEWTON
(1942–1989)
und meinen Vater,
LT. GEN. »BOGEY« SEN
(1910–1981)

INHALT

»...Es ist das Karma, das Freude bringt und Leid,
Ob wir es wollen oder nicht, leben wir durch unser Karma.
Sieh den Töpfer, der die Schalen formt:
Manche brechen auf dem Rad,
Manche springen, nachdem sie vom Rad genommen sind,
Manche verderben naß, manche beim Trocknen,
Manche platzen beim Brennen,
Manche, nachdem sie vom Rost geholt werden,
Manche brechen beim Gebrauch...
So sterben manche von uns im Mutterleib,
Manche gleich nach der Geburt,
Manche einen Tag später,
Manche zwei Wochen oder einen Monat später,
Manche nach einem Jahr oder zweien,
Manche in ihrer Jugend, manche als Erwachsene, manche alt.
Ihr Karma bestimmt alles.
Das ist der Weg der Welt –
Welchen Sinn hat es also zu trauern?
Schwimmer tauchen
    und steigen wieder aus dem Wasser;
So sinken alle Wesen in den Strom des Lebens
    und steigen wieder aus ihm hinaus.«

*(Aus dem elften Buch:
Die Frauen, Das Mahabharata)*

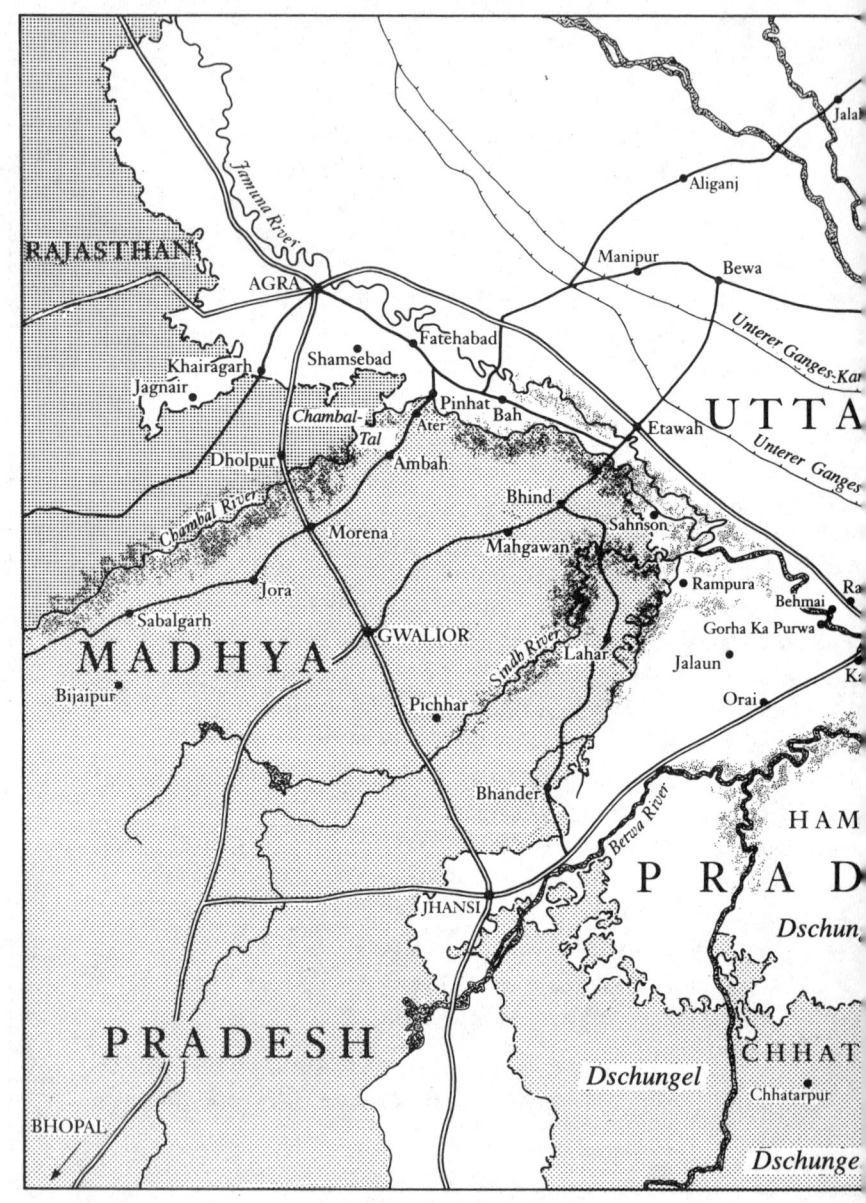

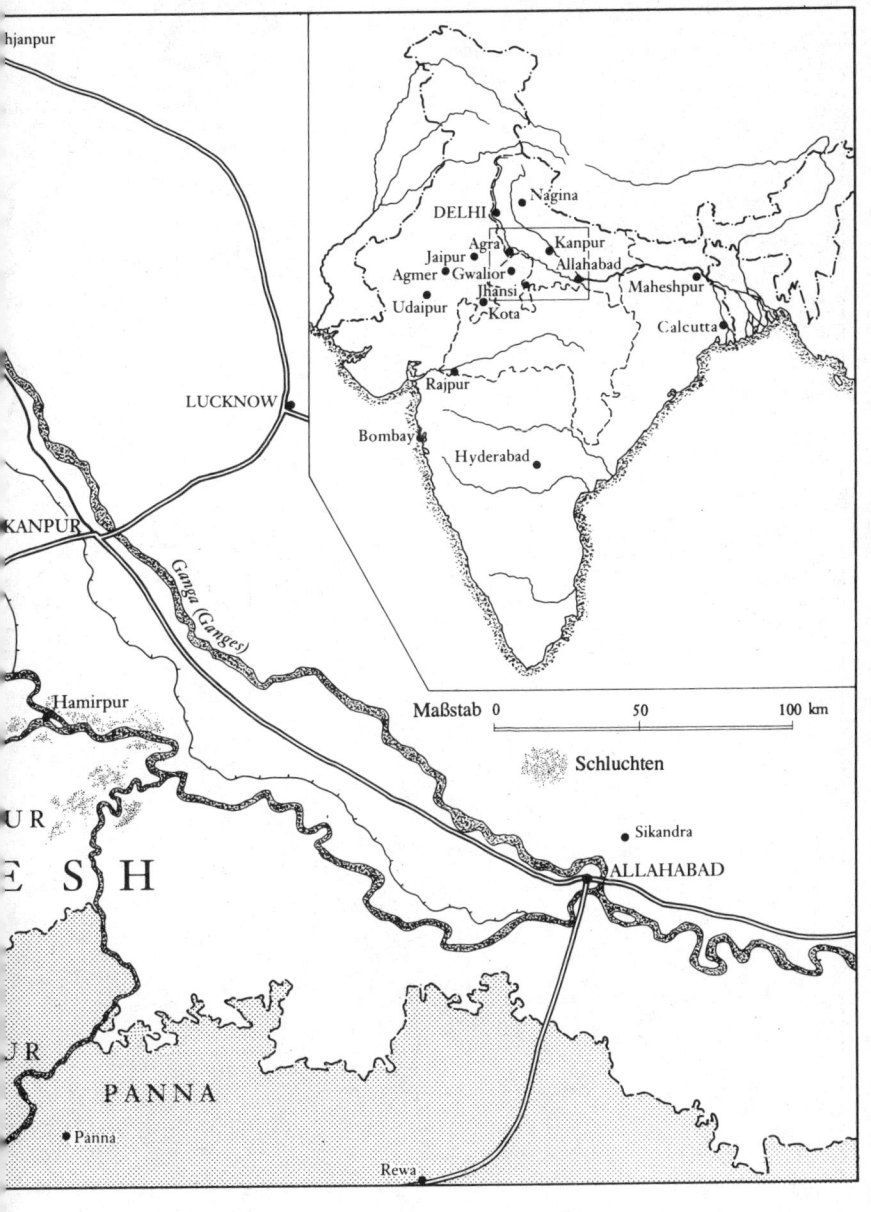

hjanpur

DELHI
Nagina
Agra
Jaipur
Kanpur
Allahabad
Agmer
Gwalior
Maheshpur
Jhansi
Udaipur
Kota
Calcutta
Rajpur
Bombay
Hyderabad

LUCKNOW

KANPUR

Ganga (Ganges)

Maßstab 0   50   100 km

Schluchten

Hamirpur

UR

E S H

Sikandra

ALLAHABAD

JR

PANNA

Panna

Rewa

EINLEITUNG

Februar 1981: Eine vierundzwanzigjährige, in ärmlichen Verhältnissen geborene Frau aus einem kleinen Dorf im indischen Staat Uttar Pradesh wird als »Räuberkönigin Indiens« bezeichnet. Man legt ihr achtundvierzig Verbrechen zur Last, darunter zweiundzwanzig Morde, außerdem Entführungen gegen Lösegeld und Überfälle auf Dörfer überall in der Region. Um genau zu sein: Man klagt sie an, zweiundzwanzig Hindus umgebracht zu haben, die einer hohen Kaste angehörten und aus Behmai stammten, einem abgelegenen, bis dahin unbekannten Weiler südlich von Delhi.

Seit dem Massaker war Behmai in aller Munde. Mit den Tötungen sollten angeblich der Mord an Phoolan Devis Geliebtem und ihre mehrfache Vergewaltigung gerächt werden. Noch nie in der Geschichte des lokalen Banditentums war eine Frau aus einer niederen Kaste beschuldigt worden, so viele hochkastige Männer umgebracht zu haben. Der Vorfall löste einen politischen Aufruhr aus, der vor allem in Uttar Pradesh hohe Wogen schlug, da die Erschossenen die Stimmabgabe der Landbevölkerung kontrolliert hatten. Die Thakurs (Grundbesitzer) aus Uttar Pradesh veranstalteten Demonstrationen in den Nachbarstädten, auf denen sie Gerechtigkeit forderten; die von Indira Gandhi geführte Regierung in Delhi mußte schließlich auf ihre Proteste reagieren, da die Thakurs das Wahlverhalten der Bevölkerung aus abgelegenen Gegenden kontrollierten, indem sie »Blockstimmen« abgaben.

Phoolan Devi war ein Jahr lang auf der Flucht, gejagt von Polizei wie Presse. Trotz des massiven Einsatzes paramilitäri-

13

scher Verbände, bei dem Hunderte von Polizisten aus drei Staaten – Uttar Pradesh, Madhya Pradesh und Rajasthan – abgestellt wurden, entkam sie mit ihrer Bande aus sieben Männern immer wieder der Gefangennahme und trotzte der Staatsmacht, während andere bei angeblichen »Zusammenstößen« und Schußwechseln getötet wurden.

Der Presse imponierten ihr Mut und ihre Unverfrorenheit, so daß regelmäßig über ihre Taten berichtet wurde. Man interviewte einen Polizisten, dessen Leistung darin bestand, daß er die Räuberkönigin während einer Routinepatrouille »beinahe« gestellt hatte. Es gab eine Schießerei. Er glaubte, sie verwundet zu haben. Blut war im Sand gewesen. Dann, sagte er, habe er »diese hohe, metallische, weibliche Stimme« gehört, die ihn neckte: »*Himat na tho chudiya le jao. Goliyan na ho tho goliyan le jao.*« (Wenn ihr keinen Mumm habt, nehmt meine Armreifen. Wenn ihr keinen Mut habt, nehmt meine Kugeln.)

Der im *Sunday* – einer gemäßigten englischsprachigen Zeitschrift aus Kalkutta – veröffentlichte Artikel ließ die Polizei nicht gut aussehen und trug zu den Legenden bei, die sich immer dichter um Phoolan Devi rankten. Aus politischen Gründen war die Situation unhaltbar, denn Kommunalwahlen standen bevor, und Indira Gandhi mußte die aufgebrachten Thakurs von Uttar Pradesh besänftigen. Ein hoher Polizeibeamter, der Superintendent of Police (SP) in Bhind, machte der Premierministerin klar, daß bei dem Versuch, Phoolan Devis habhaft zu werden, bereits zu viele Polizisten getötet worden seien. Er sah nur eine Möglichkeit, diese peinliche Angelegenheit zu beenden: Man mußte Phoolan Devi dazu bringen, sich zu stellen. Schon mehrfach – 1960 und 1972 – hatten sich in der Vergangenheit *dacoits* – bewaffnete Räuberbanden – gestellt, nachdem Gandhi-Politiker im Auftrag der Zentralregierung Bedingungen für ihre Kapitulation ausgehandelt hatten. Als die Premierministerin zugestimmt hatte, brauchte Rajendra Chaturvedi allerdings noch über zwei Jahre, um Phoolan Devi zu treffen, die weder der Polizei noch dem Staat traute.

Mehrere Monate verhandelte Rajendra Chaturvedi mit Phoolan Devi, bevor sie mit ihm eine Vereinbarung in Form einer mündlichen Übereinkunft traf. Sie würde sich unter den folgenden Bedingungen stellen: daß weder sie noch die Mitglieder ihrer Bande gehenkt würden, daß die Bande nicht nach Uttar Pradesh ausgeliefert würde, daß sie zwei Mahlzeiten pro Tag erhalten würden, daß ihre Familie nach Gwalior, Madhya Pradesh, umgesiedelt würde, daß ihre Ziege und ihre Kuh zusammen mit der Familie nach Gwalior gebracht würden und daß sie und ihre Bandenmitglieder nach acht Jahren entlassen würden.

Die Geschichte der Räuberbanden im Chambal-Tal reicht bis ins zwölfte Jahrhundert zurück. Damals wurde Raja Anangpal Tomar von seinem Cousin Prithviraj Chauhan aus Delhi vertrieben und floh in die Schluchten südlich von Agra. Von hier aus führte er immer wieder, wenn auch ohne großen Erfolg, Angriffe gegen seinen Cousin und die Stadt Delhi. Seit jener Zeit kennt man das Terrain als *baghi*- oder Rebellen-Territorium. Als im sechzehnten Jahrhundert die Mogule die Macht in Delhi übernahmen, diente die Region als Pufferzone zwischen den moslemischen Mächten im Norden und den Hindu-Königreichen im Süden. Nachdem noch später die East India Company auf den Plan getreten war und am Rand jener Wälder und Schluchten vorbeiführende Handelsstraßen eröffnet hatte, wurden immer wieder Reisende von Thug-Banden ermordet und ausgeraubt. Schließlich beauftragten die Briten im Jahr 1826 Captain William Sleeman damit, das Problem zu lösen.

Im Jahre 1840 glaubte Sleeman, wie in Lieutenant-General Sir Francis Tukers Buch *The Yellow Scarf* zu lesen: »...das Böse ist gebändigt.« Er irrte. 1857, ein Jahr nach Sleemans Tod auf dem Rückweg nach England, schlossen sich mehrere Rebellengruppen der Rani von Jhansi (Königin von Jhansi) an, die für die Unabhängigkeit von der Kolonialherrschaft kämpfte – im »Großen Aufstand«, wie der Erste Unabhängigkeitskrieg von den Briten genannt wird. Vom Zentralgefängnis von Gwalior aus, wo Phoolan Devi gefangengehalten wird, blickt man auf das Schlachtfeld, auf dem die legendäre »Jhansi ki Rani« von einem unbekannten britischen Soldaten getötet und die Revolte gegen ·das Empire vorübergehend erstickt wurde. Die berittene und Männerkleidung tragende Führerin wurde noch im Sattel von Kugeln durchsiebt und ist heute ein Teil der Legenden im Chambal-Tal.

Sleeman wußte wie Kipling um die tief in Religion, Folklore und Mythos verwurzelten Feinheiten der indischen Kultur. Über die legendären Ursprünge der Thugs, die damals die Schluchten und Wälder des Tales beherrschten, schrieb er folgendes:

Kali, die Göttin, die über Thuggee herrschte, wurde auch unter den Namen Bhowani und Devi verehrt. Sie war Weib des Mahadeo oder Shiva und erschien erstmals an den Ufern des Hooghli auf der Erde, an einem Fleck, den man im Angedenken an dieses Ereignis Kali Ghat nannte und heute Kalkutta nennt. Hier steht ihr meistverehrter Tempel, und hier wird immer noch mit strengen Riten ihr Hauptfest, das Durga Puja, gefeiert. Die Menschen nähern sich ihr mit größter Ehrfurcht, betiteln sie als Kankali oder als »Menschenfresserin« und stellen sie als große Mengen von Menschen- und Dämonenblut trinkend dar. Wird sie allein wiedergegeben, ist sie meist schwarz und von gräßlichem Anblick; aber in Gesellschaft ihres Gatten ist sie stets blond und schön. Früher einmal wurde die Welt von einem Dämonen namens Rukt Bij-dana heimgesucht, der die Menschheit so schnell verspeiste, wie sie geboren wurde. Er war von solcher Größe, daß die tiefsten Tiefen des Ozeans ihm nur bis zum Bauch reichten. Dieses entsetzliche Monstrum hieb Kali mit ihrem alles durchtrennenden Schwert entzwei, doch aus jedem Tropfen, der zu Boden fiel, entsprang ein neuer Dämon. Immer wieder zerstörte sie auch diese, bis die höllische Brut sich so schnell vermehrte, daß ihr zunehmend wärmer und sie über ihrer Aufgabe immer müder wurde. So hielt sie eine Weile inne und erschuf aus dem Schweiß, den sie sich von einem Arm wischte, zwei Menschen, denen sie ein *rumal* oder Handtuch gab, mit dem sie die Dämonen erwürgen sollten. Als die Menschen alle getötet hatten, wollten sie Kali das *rumal* zurückgeben, doch die Göttin bat sie, es zu behalten und der Nachwelt zu übergeben, mit dem ausdrücklichen Befehl, alle Menschen zu töten, die nicht von ihrer Art waren.

Die Sandklippen und Schluchten dieses Landstrichs waren seit Jahrhunderten durchwoben von Rebellion und Religion. Das Tal hat seinen Namen von dem Fluß Chambal, den man dort auch »Fluß der Rache« nennt. Er verläuft von seiner Quelle in Rajasthan ostwärts durch Madhya Pradesh hindurch nach Uttar Pradesh, wo er in die Yamuna mündet, die dreihundert Kilometer flußabwärts bei Allabahad mit dem Ganges zusammenfließt. Der Chambal windet sich durch drei Staaten des indischen Subkontinents und durchschneidet das Herz des Landes. Jeder Fluß hat seine eigene Legende. Die Yamuna und der Ganga, wie die alten indischen Namen lauten, werden als heilig angesehen. Die Menschen trinken ihr Wasser, bevor sie die Wahrheit bezeugen sollen, ähnlich wie in britischen Gerichtshöfen die Zeugen bei der Vereidigung ihre Hand auf die Bibel legen.

Der Chambal, sagen die Leute, wurde von Draupadi verflucht, der Gemahlin der fünf Pandava-Brüder aus dem uralten Hindu-Epos *Mahabharata*. Man erzählt, die Pandavas hätten bei einem Würfelspiel mit ihren Vettern, die zugleich ihre Rivalen waren, erst Stück für Stück ihr Königreich und schließlich auch ihre Frauen verspielt. Draupadi hätte den Fluß verflucht, damit sich auch kommende Generationen an ihre Rache erinnerten. Man sagt, wer Wasser von diesem Fluß trinkt, verändert sich für immer, denn er hat den Geist der Rache in sich aufgenommen.

Zu beiden Seiten des Flusses liegt das etwa 8000 Quadratkilometer große Ödland Zentralindiens, die Heimat der Räuberbanden. Es wird von einem Volk bewohnt, das seit Jahrhunderten dem Staat nur Verachtung, Gott jedoch tiefe Verehrung entgegenbringt.

Das Land ist wenig ertragreich, die Erosion stark. Jedes Jahr verschwinden fast 8000 Hektar Boden in den Schluchten, die dieses Ödland durchfurchen. Ganze Dörfer sind deswegen aufgegeben worden; denn wo kein Land mehr zu kultivieren ist, ziehen die Menschen fort, um sich einen neuen Flecken zu suchen, auf dem sie ihr Leben fristen können. Alles, was sie zurücklassen, sind zinnoberrote Streifen auf einem Fels oder einen ausgetrockneten Brunnen. Während der Monsunzeit überfluten die sturzbachartigen Regenfälle tiefer liegende Dörfer und waschen den Humus weg. Der Fluß trägt die einst urbare Erde davon, und die Schluchten breiten sich aus, in denen nur noch Dornengestrüpp gedeiht.

In dieser trostlosen, aus Sand und Dornen bestehenden Landschaft haben die Menschen immer schon ihre Angelegenheiten selbst geregelt, selbst *badla* – Rache – genommen, im Namen Gottes und der Gerechtigkeit getötet und verstümmelt. Phoolan Devi ist ein Produkt dieser grausamen, harten Umgebung.

Sie kann zwar nicht lesen oder schreiben, doch hat sie ihre Geschichte verschiedenen Menschen erzählt, die mit Papier und Bleistift umzugehen wissen. Diese Niederschriften bezeichne ich als ihre »Gefängnis-Tagebücher«. Zudem habe ich über einen Zeitraum von drei bis vier Jahren auf andere Weise mit ihr Verbindung aufgenommen – durch Briefe und persönliche Begegnungen. Ich bin mit ihrer Mutter, ihrem Bruder und ihren Schwestern zu dem Dorf ihrer Eltern und den Dörfern ihrer Verwandten gereist, weil ich das Land kennenlernen wollte, in dem sie lebte und agierte. So außergewöhnlich ihre Geschichte auch ist, sie ist in vieler Hinsicht typisch für das Leben, das Tausende von Frauen im ländlichen Indien führen.

Sie werden weiterhin gegen feudale Mechanismen kämpfen müssen – innerhalb einer »modernen« Gesellschaft, in der die Landwirtschaft zunehmend mit kapitalistischen Zwängen, Märkten und Technologien konfrontiert ist. In dem dort herrschenden sozialen System arbeiten jene, die den Boden bestellen, oft nicht für Lohn, sondern nur für Säcke Getreide.

Phoolans Familie besaß einen kleinen Flecken Ödland, der sie das ganze Jahr über mit billigem Getreide – aber auch nicht mit mehr – versorgte. Unter ihnen standen nur noch die Landlosen, die entweder als Pächter arbeiteten (sich also das Privileg erkauften, das Land eines anderen zu bestellen, wofür ihnen der Großteil der Ernte zustand) oder als Zwangsarbeiter, die, versklavt von den Schulden ihrer Vorfahren, für einen Hungerlohn schuften mußten. Devidin, Phoolans Vater, lebte zwischen zwei Klassen. Er besaß Land, war aber gezwungen, als Pächter gegen Lohn für wohlhabendere Bauern zu arbeiten. Er bewegte sich gefährlich nah dem Abgrund menschlicher Erniedrigung und Verzweiflung.

Es haben noch andere Räuberinnen ihre Spuren in der Geschichte des Chambal-Tals hinterlassen, doch hat keine von ihnen über ihre Erfahrungen berichten können. Ausnahmslos alle wurden erschossen, entweder bei Rivalitäten zwischen den Banden oder bei »Zusammenstößen« mit der Polizei. Phoolan Devi ist die einzige Überlebende.

Als ihre Kapitulation schließlich erfolgte, löste sie unvergleichliche Emotionen unter dem einfachen Volk aus.

Kurz nachdem Phoolan Devi die Waffen niedergelegt hatte, wurde sie von einem Journalisten auf einer Pressekonferenz gefragt, was sie vom Leben erwarte. Sie antwortete:

»Wenn ich Geld hätte, würde ich ein Haus bauen, das so große Zimmer hat wie die Halle in diesem Gefängnis. Aber ich weiß, daß das ein Traum ist. Wer das durchgemacht hat, was ich erlebt habe, kann sich kein normales Leben mehr vorstellen. Was kann ich denn schon, außer Gras schneiden und eine Waffe gebrauchen?«

KAPITEL 1

Die Nacht der Kapitulation

In der Nacht vor ihrer Kapitulation bekam Phoolan Devi plötzlich hohes Fieber. Es war im Februar 1983. Über diese Nacht erzählt sie: »Ich war sehr wütend und durcheinander und hatte drei Tage lang nichts gegessen. Ich fluchte auf jeden, der in meine Nähe kam und schmiß mit allem, was ich in die Finger kriegte. Ich war so sauer, daß ich nur noch rot sah und zu keinem vernünftigen Gespräch mehr fähig war. Der Superintendent der Polizei (SP) machte sich solche Sorgen, daß er die Kapitulationszeremonie vom 10. auf den 12. Februar verschob. Er brachte auch Man Singh dazu, mir das Gewehr wegzunehmen. Er meinte, daß ich in diesem Zustand gefährlich sei. Inzwischen fühlte ich mich recht erbärmlich, verwirrt und verunsichert. Alle anderen schienen sich auf Bhind vorzubereiten.«

Bhind, ein kleiner, staubiger Marktflecken in Madhya Pradesh, war auf Phoolan Devis Drängen hin für die Zeremonie ausgewählt worden. Der dortige Superintendent Rajendra Chaturvedi war der einzige Polizist – um genau zu sein, der einzige »Vertreter der Obrigkeit« –, dem sie vertraute. Er war der Mittelsmann gewesen, über den sie mit Indira Gandhis Regierung Modus und Bedingungen ihrer Kapitulation ausgehandelt hatte. Ihre letzte Forderung hatte darin bestanden, daß die Zeremonie in Bhind stattfinden sollte und daß Bilder der Göttin Durga und Mahatma Gandhis auf der Bühne aufgebaut werden sollten; auf diese Weise würde sich Phoolan Devi quasi diesen beiden, nicht der Polizei oder dem Staat ergeben. Als man deswegen die Premierministerin in Delhi konsultiert hatte, hatte diese geantwortet: »Was macht es schon für einen Unterschied, wo sie sich ergibt?« So fiel die Wahl auf Bhind, vierzig Kilometer von dem Dorf Inguie entfernt, wo die Polizei ein Rasthaus beschlagnahmt hatte. Dort hatte man die Mitglieder zweier *dacoit*-Banden, ihre Familien und die Reporter untergebracht, die bereits an ihren Berichten feilten, obwohl das eigentliche Ereignis noch gar nicht stattgefunden hatte.

Phoolan Devi war nach stundenlangem Marsch in dem Rasthaus angekommen und durchlebte nun extreme Gefühlsschwankungen. Tränen der Verzweiflung und des Zorns folgten auf Schwälle von Beleidigungen. Als ich Chaturvedi später interviewte, gab er zu, daß er zu diesem Zeitpunkt außerordentlich nervös und besorgt gewesen sei. Die Arrangements, die er für den nächsten Tag getroffen hatte, waren nicht mehr zu ändern. Arjun Singh, der Chief Minister von Madhya Pradesh, sollte um neun Uhr mit dem Hubschrauber aus Delhi eingeflogen werden, da es in Bhind weder einen Flughafen noch einen Bahnhof gab. Nur Jeeps, Lastwagen und Ochsenkarren meisterten die holprigen Staubpisten. Chaturvedi hatte sich ausgerechnet, daß sie das Rasthaus um sechs Uhr morgens verlassen mußten. Wenn irgend etwas dazwischenkam, wenn der Chief Minister aus irgendeinem Grund verärgert wurde, dann drohten ernsthafte politische Konsequenzen, die sich auch auf Chaturvedis Karriere auswirken würden.

Das sei ihm durch den Kopf gegangen, erzählte er, als er Phoolan Devi gesehen habe, die wie ein Kind bäuchlings mit zornig geballten Fäusten auf dem Bett lag und laut heulte. Noch wenige Minuten zuvor hatte sie trotzig das Gewehr umklammert und ihn angeschrien: »Sie glauben wohl, ich ergebe mich morgen? Das können Sie sich in den Arsch schieben!« Dann war sie im Zimmer herumgelaufen, hatte die Waffe auf das Bett geworfen und ihn ohne Umschweife gefragt: »Wieviel Geld kriegen *Sie* dafür?«

Chaturvedi erklärte mir, solche Szenen sei er inzwischen gewöhnt gewesen. Er wußte aber auch, daß nicht vorherzusagen war, wie Phoolan Devi nach einer solchen Konfrontation reagierte. »Sie ist die unberechenbarste Frau, die mir in meinem ganzen Leben begegnet ist!« fügte er mit einem fast liebevollen Lachen hinzu.

Damals hatte er sich gezwungen, geduldig und tolerant zu bleiben. Er war nicht einmal aus seinem Stuhl aufgestanden. »Ich tue das nicht für Geld«, antwortete er. »Das wissen Sie – das *müssen* Sie inzwischen wissen. Hatten Sie denn eine Wahl? Denken Sie darüber nach. Wollen Sie wie eine Hündin in den Schluchten sterben? Von der Polizei in Uttar Pradesh gefangengenommen oder erschossen werden? Vor Gericht gestellt und gehenkt werden?«

Erst hörte Phoolan Devi ihm schweigend zu, dann brüllte sie ihn an: »Das ist Ihnen doch egal! Macht das für Sie überhaupt einen Unterschied – ob Sie mich tot oder lebendig haben? Sie *haben* mich! Wie eine Ratte in der Falle! Oder etwa nicht? Sie sind doch alle gleich. Bastarde! Sie alle. Die Papierwallahs da draußen, die Fotowallahs – *alle*!«

Chaturvedi erinnerte sie daran, daß er die Regierung überredet hatte, ihre Familie nach Madhya Pradesh umzusiedeln und ihnen Land in der Nähe von Gwalior zu geben. Das war nicht leicht gewesen. »Jetzt sind sie wenigstens in Sicherheit«, beteuerte er ihr. »Sie können Sie sooft besuchen, wie sie wollen. Jeden Tag, wenn Sie das möchten«, ergänzte er in dem Versuch, sie zu beruhigen.

»Besuchen! O ja, es gibt viele Leute da draußen, die mich *besuchen* möchten, aber eines sage ich Ihnen: Noch stecke ich nicht im Käfig!« Dann begann sie mit allem, was ihr in die Finger kam, im Zimmer herumzuschmeißen: Erst erwischte sie einen Edelstahlbecher, dann schepperte ein Messingaschenbecher über den Boden und alarmierte den Wachposten vor der Tür, der mit gezogener Waffe ins Zimmer stürzte. Chaturvedi schickte ihn mit einer Handbewegung wieder hinaus und befahl ihm, die Tür zuzumachen. In diesem Augenblick warf Phoolan Devi sich auf ihr Gewehr, vergrub das Gesicht in den Kissen und begann mit einer Verzweiflung zu weinen, die dem Offizier angst machte.

Im Februar 1988, fünf Jahre später, ist Rajendra Chaturvedi Kommandant der Special Armed Force (SAF) und in Rewa im Nordosten Madhya Pradeshs stationiert, wo diese paramilitärische Einsatztruppe ihr Hauptquartier hat. Ich treffe mich mit ihm auf dem Rasen vor der Polizeiunterkunft. Wir sitzen unter einem eleganten Sonnenschirm und trinken Bier, während er sich an die Ereignisse im Irrigation Rest House von Inguie erinnert.

Er setzt seine Schilderung fort: »Ich stand aus meinem Stuhl auf, streichelte ihr den Hinterkopf – ich wollte ihr Mut machen, verstehen Sie? – und sagte ihr, sie brauchte sich keine Sorgen zu machen. Ich sagte: ›Vertrauen Sie mir.‹ Dann ging ich hinaus und versuchte, den aufgeregten Wachposten zu beruhigen. Ich sagte etwas wie: ›Gott verschone mich mit solchen Frauen‹, was ihn zu entspannen schien. Ich erklärte ihm, daß immer noch die gleichen Regeln gälten wie zuvor. Alle Mitglieder aus Phoolans Bande und ihrer Familie durften zu ihr, die Presse aber nicht. Ghanshyam ebenfalls – das war der zweite Bandenführer, der sich am nächsten Tag ergeben wollte. ›Baba‹ Ghanshyam nannte er sich. Die Leute sollten glauben, daß er mit Gott sprechen konnte!«

Chaturvedi ging damals hinaus, um Man Singh zu suchen, Phoolan Devis Liebhaber und der zweite Anführer der Bande. Rund um das Rasthaus ging es zu wie kurz vor einem Jahrmarkt. Lagerfeuer spendeten Wärme und Licht, und die Menschen saßen beieinander – *baghis* und ihre Verwandten, Journalisten und Übersetzer aus allen Ecken und Enden des Landes und der Welt. Man erzählte Geschichten von Tapferkeit, Unterdrückung, Ehre, Leid und tragischer Komik. Oft war jenes hohe, unechte Lachen zu hören, das große Anspannung und widerstreitende Gefühle verrät. Unsicherheit und Stolz, Angst und Erleichterung – all das machte sich in einer einzigen, turbulenten Nacht Luft. Fotografen wanderten herum, unterbrachen mit ihren wie Feuerwerk zuckenden Blitzen immer wieder die aufgeregten Gespräche. »Es war ein ziemliches *tamasha*!« erinnert sich Chaturvedi lächelnd.

Ghanshyam war auch da. Er trug eine frisch gestärkte, khakifarbene, mit Blumen und Gebetsperlen geschmückte Polizeiuniform sowie eine rote *tilak* auf der Stirn und saß mit geschlossenen Augen und gekreuzten Beinen im Lotossitz. Neben ihm spielte sein jüngerer Bruder Karan Singh an einer automatischen Maschinenpistole herum. So posierten sie für die Fotografen. »Sie genossen ihren Ruhm!« sagt Chaturvedi. Er suchte nach Man Singh. Mit Phoolan Devis Hilfe hatte er auch Ghanshyams Gang zum Aufgeben bewegen können. Das Chambal-Tal war nun frei von *dacoits* – wenigstens für die nächste Zeit. Wenn am nächsten Tag alles gutging und die Regierung zufrieden mit ihm war, waren seine Mühen, die Monate der Anspannung, nicht umsonst gewesen. Trotzdem machte er sich Sorgen. Er mußte Man Singh finden und ihn auf seine Seite ziehen. Man Singh mußte Phoolan Devi beruhigen, damit sie am nächsten Morgen wie geplant nach Bhind aufbrechen konnten.

Phoolan Devi erinnert sich ebenfalls an jene Nacht. Sie hörte, wie sich die Tür schloß, als Chaturvedi das Zimmer verließ. Jetzt, wo sie allein war und Zeit zum Nachdenken hatte, begann sie sich zu sammeln. Sie schaltete das Licht aus, schob das Gewehr beiseite und legte sich flach auf den Rücken. In einem Zimmer hörte sie eine Schreibmaschine klappern. Die Polizei erstellte eine Liste der abgegebenen Waffen. Sie hatte bereits ihre Patronen gezählt: 25 im Patronengurt und eine im Gewehr – insgesamt 26.

Das Flackern der Lagerfeuer draußen verlieh der Atmosphäre im Zimmer Wärme, aber die blauen Blitze der Kameras schmerzten ihr in den Augen. Von diesem Augenblick an, sagt sie, begann sie, alle Fotografen zu hassen. Durch das halboffene Fenster hindurch hörte sie die Stimme ihrer Mutter Moola, die auf alle möglichen Fragen antwortete, und die Stimmen der

Journalisten, die bisweilen ihre in fremden Sprachen gestellten Fragen übersetzen ließen. Phoolan lag ganz ruhig und lauschte.

»War sie ein wildes Kind?«

»Verehrt sie tatsächlich Kali?«

»Warum haßt sie die Thakurs?«

»Wurde sie wirklich von den Thakurs von Behmai vergewaltigt?«

Ihre Mutter antwortete ruhig, langsam und bedächtig, als würde sie jedes Wort abwägen. Einige Fragen überging sie einfach. »Sie hat ein schweres Leben gehabt«, erzählte sie. »Voller Armut und Verzweiflung. Wer außer Durga Mata kann über sie richten. Gebt ihr nicht die Schuld an dem, was sie getan hat oder was sie getan haben soll – es ist nicht ihr Fehler, es war ihr Schicksal. Der Eine, der über uns steht, weiß das...«

Phoolan konnte hören, wie ihre jüngste Schwester Munni, die damals neun Jahre alt war, ebenso ruhig wie ihre Mutter sagte: »Nein, sie will niemanden sehen und auch nicht fotografiert werden. Wissen Sie, sie hat immer noch ihr Gewehr und überlegt sich, ob sie sich nicht töten soll. Sie traut der Polizei nicht.«

Phoolan Devi weiß noch, wie dankbar sie beiden war und daß sie sich ihren Schal über die Augen legte, als die Blitzlichter nicht aufhörten, über die gegenüberliegende Wand zu zucken.

Ihre Gedanken begannen zu wandern. Sie dachte an Vikram Mallah, den ersten Mann, der sie ermuntert hatte zu lachen, zu fluchen und ihre Gedanken ungehemmt auszusprechen... Jetzt, am Vorabend ihrer Kapitulation, rief sie seinen Geist an, damit er ihr Kraft geben möge. Sie versuchte sich an seinen Körper zu erinnern, besonders an seine ironischen, jungenhaften Augen, die immer zu lachen schienen; an sein nachtschwarzes Haar, das sich so seidig anfühlte, die Hände, die so bewundernswert ruhig waren, wenn sie ein Gewehr hielten, unter welchen Umständen auch immer.

»Es half!« erzählt sie mir: Sie entspannte sich, indem sie sich die Zeit mit ihm ins Gedächtnis rief, und ihr Atem ging ruhiger.

Doch die Erholung war flüchtig und von kurzer Dauer. Bald tauchten andere Erinnerungen und Bilder auf. Plötzlich dachte sie daran, daß sie nur eine einzige Fotografie von Vikram Mallah besaß: ein Polizeifoto seiner von Kugeln durchsiebten Leiche. Ihr fiel ein, wie sie sich in jener Nacht gefühlt hatte. Sie erinnerte sich an die Kugelwunden. Wie oft hatten sie auf ihn geschossen? Sie war nicht sicher. Sie hatte versucht, ihn ein letztes Mal zu umarmen, aber ihre Feinde hatten sie fortgezerrt. Der tote, zusammengekrümmte Leib hatte so verwundbar auf dem ungemachten Bett ausgesehen, das sie geteilt hatten. Sie hatte gespürt, wie ihr die Glieder vor Entsetzen und Verzweiflung taub wurden. Es war genau das gleiche Gefühl, das sie jetzt überkam. Ihre Gedanken wanderten noch weiter, und sie sah die Einschußlöcher vor sich, versuchte sie zu zählen. Inzwischen war Phoolan Devi in kalten Schweiß gebadet, nahm alles überdeutlich wahr, was um sie herum vorging, vermischte Erinnerung mit Gegenwart, bis sie erschöpft einschlief.

In der kühlen Morgendämmerung versuchte sie, sich an die Ereignisse der vergangenen Nacht zu erinnern. Man Singh lag schlafend in seiner neuen Khaki-Uniform neben ihr, eine Hand auf dem Gewehr, so wie es seine Gewohnheit war. Die Uniform erinnerte sie an den Polizeischneider, der gekommen war, um ihre Maße zu nehmen. Sie hatte ihn angegriffen, ohne genau zu wissen warum, und gebrüllt: »Wenn ich mich ergebe, dann nur in meinen Kleidern.«

Chaturvedi hatte versucht, die Situation zu retten. »Aber das haben Sie doch so gewollt – Sie haben uns darum *gebeten*! Eine neue Polizeiuniform und neue Schuhe. Die Schuhe habe ich Ihnen schon gegeben.«

Sie wußte nicht mehr, was sie geantwortet hatte. Aber sie hatte auf die Laufschuhe gesehen, die in verschiedenen Ecken des Zimmers lagen, wo sie beide in einem Wutanfall hingeschleudert hatte.

Man Singh hatte ebenfalls Schwierigkeiten gemacht, als

wollte er sie unterstützen. »Was soll *das*? Ich sagte, ich will lange Ärmel.«

Chaturvedi hatte den Schneider angewiesen, die Ärmel zu ändern.

»Nähen Sie einen neuen Ärmel dran«, hatte Man Singh ihm nachgerufen, »stückeln Sie bloß nicht an!«

Die Sonne ging gerade auf, als Phoolan Devi Man Singh weckte. Sie hatte entschieden, daß ihr keine andere Wahl mehr blieb. Die Kapitulationszeremonie war weder zu vermeiden noch zu verschieben. Chaturvedi hatte recht. Ihr blieb nichts anderes übrig. Zwei Busse warteten im Hof des Rasthauses, umgeben von einer Flotte von Polizeijeeps, die sie nach Bhind eskortieren sollte. Sie stopfte sich den Pullover in die Hose, damit ihr wärmer wurde, zog ihre neuen Schuhe an und hob ihren roten Schal auf. Man Singh spülte sich nebenan im Bad den Mund aus und bespritzte sich das Gesicht mit kaltem Wasser. Obwohl er jahrelang in den Schluchten auf dem nackten Boden geschlafen hatte, beeindruckte ihn die vergleichsweise luxuriöse Ausstattung kein bißchen. Solche Dinge schienen ihm gleichgültig, während Phoolan stets alles Neue mit fast kindlicher Neugier untersuchte.

»Wo sind die anderen?« fragte sie und zog sich das Stirntuch auf dem Kopf zurecht. Ihre ganze Familie war da. Dafür hatte Chaturvedi gesorgt.

»Draußen«, antwortete Man Singh. »Sie bauen die Zelte ab.«

»Und mein Gewehr?«

»Ist unter dem Bett.«

In diesem Augenblick erinnerte sie sich daran, wie er ihr gestern abend sacht und mit besorgter Miene das Gewehr weggenommen hatte, und sie umarmte ihn. »Jetzt ist es soweit«, sagte sie, zog ihre .303 Mauser und prüfte, ob sie geladen war. Er nickte.

Als Phoolan Devi und Man Singh gemeinsam mit einigen Familienangehörigen und Bandenmitgliedern den Bus besteigen wollten, baute sich ein Fotograf vor ihnen auf. Phoolan Devi schoß auf ihn zu und schnappte nach seiner Kamera. Man Singh bekam den Apparat zu fassen und wollte gerade den Film herausnehmen, als Chaturvedi dem Mann zu Hilfe kam und ihm die Kamera mit den Worten zurückgab: »Machen Sie bloß keinen Ärger. Halten Sie sich zurück.« Der Fotograf war offenbar froh, daß der Verrückte mit dem langen, verfilzten Haar und den mordlustigen Augen seine Kamera nicht zerschmettert hatte, und ergriff die Flucht.

Später im Gefängnis erzählt Phoolan Devi: »Es war sechs Uhr früh, als wir losfuhren. Ich bat den Busfahrer neben mir, den Bus halten zu lassen, weil ich mit dem Superintendent sprechen wollte. Chaturvedi war mit Baba Ghanshyams Bande im anderen Bus. Der Bus hielt an, und der S. P. stieg aus, um mit mir zu reden. Er legte seine Hand auf meinen Kopf und sagte, ich solle Geduld haben und mir keine Sorgen machen. Dann sagte ich, ich würde nur weiterfahren, wenn mein Bruder Shiv Narain Arbeit bei der Regierung bekäme. Er war damals ungefähr vierzehn. Ich sagte: ›Wenn Sie sich weigern, bringe ich mich um.‹ Also stimmte der S. P. zu, rief meinen Bruder aus dem anderen Bus, schrieb seinen Namen in ein Notizbuch und sagte ihm, daß er als Kadett bei der Polizei von Madhya Pradesh arbeiten könne. Danach stiegen wir wieder in den Bus. Auf dem Weg nach Bhind versuchte er, mir alles zu erklären, um mich zu beruhigen. Als wir in Bhind angekommen waren, hielten wir auf dem Paradeplatz eines Colleges an. An einem Ende war eine Bühne aufgebaut worden. Ich sah eine Menschenmenge und wurde gebeten, mich umzuziehen. Wir hörten Hubschrauberlärm über uns, und dann Jubel: ›CM Sahib! CM Sahib!‹ Ich lief zu Chaturvedi und sagte: ›Sie haben mich also angelogen. Sie haben gesagt, ich würde mich dem Muhkya Mantri, Arjun Singh, ergeben, nicht irgendeinem CM Sahib.‹ Er erklärte mir, ›CM‹ sei die Abkürzung für Chief Minister, und das wäre der englische Ausdruck für Mukhya Mantri. Der Mann, der gerade gelandet war, sei Arjun Singh.«

Als sich Phoolan Devi im Februar 1983 ergab, arbeitete ich gerade in London. Eine Freundin hatte mir einen Artikel über ihre Kapitulation aus Indien geschickt, weil sie wußte, daß mich Phoolans Geschichte schon seit längerem fesselte. Ich wollte mehr über sie erfahren, aber sie war Tausende von Kilometern entfernt in einem indischen Gefängnis, und mir fehlten die Mittel für ein solches Unternehmen. Es sollte mehr als drei Jahre dauern, bis ich das Geld zusammenhatte, um ihre Geschichte für einen Dokumentarfilm zu recherchieren.

KAPITEL 2

Die Straße nach Gwalior

Im August 1986 kam ich nach Bhopal, der Hauptstadt und dem Verwaltungszentrum Madhya Pradeshs. Hier wollte ich mir die offizielle Genehmigung holen, Phoolan Devi im Zentralgefängnis von Gwalior interviewen zu dürfen. Der Ort liegt eine Nachtzugfahrt weiter nördlich in Richtung Delhi.

Der Tag war entmutigend verlaufen. Es gab einen neuen Chief Minister. Arjun Singh, dem sich Phoolan Devi ergeben hatte, war durch Moti Lal Vora ersetzt worden, der zwar ebenfalls der immer noch regierenden Kongreßpartei angehörte, sich aber einen anderen innerparteilichen Gruppierung zugehörig fühlte und seinen Vorgänger als politischen Rivalen betrachtete. Auch in Delhi gab es einen neuen Premierminister: Indira Gandhi war ermordet worden, und ihr Sohn Rajiv war jetzt an der Macht. Neue Kräfte lenkten das Land. Das politische Szenario hatte sich vollkommen verändert, und ich war nicht sicher, ob ich es durchschaute.

Der Chief Minister gab sich zunächst freundlich, doch mit meiner Bitte um ein Interview mit den *dacoits*, die im Gefängnis von Gwalior auf ihre Verhandlung warteten, biß ich auf Granit. Grimmig, ohne ein Lächeln, abweisend fragte er nach meinen Motiven, während er sich mit den Akten beschäftigte, die sich auf seinem Schreibtisch türmten. Ich erklärte, daß ich eine freie Journalistin sei und daß meine Bitte keinen »politischen« Hintergrund habe; ich wollte einfach etwas über diese Menschen und über das Leben erfahren, das sie geführt hatten. Das beeindruckte ihn kein bißchen. Ich hatte das Gefühl, daß er meine Bitte abweisen würde, doch er sagte, er würde die Ange-

31

legenheit noch einmal überdenken. Ich dankte ihm und ging. Das Gespräch hatte nicht einmal zehn Minuten gedauert – und dafür hatte ich stundenlang auf einer harten Holzbank vor seinem Büro gewartet, bis ich steif geworden war. Viele Bittsteller warteten dort, meist Lokalpolitiker und Geschäftsleute, die sich wahrscheinlich Gefälligkeiten oder Aufträge erhofften.

Draußen kampierten Gruppen von Menschen aus den Dörfern, die sich zum Schutz vor der sengenden Sonne unter die wenigen Bäume verzogen hatten. Wachleute standen gelangweilt herum; ihre Khaki-Uniformen waren schweißdurchtränkt. Der Fahrer meines Mietwagens war unter einem Baum eingeschlafen – kaum überraschend bei mehr als vierzig Grad im Schatten. Ich weckte ihn, und wir kehrten zum Wagen zurück. Es war, als würden wir in einen Backofen steigen. Die Plastiksitze waren so heiß, daß er Wasser holen und sie mit einem feuchten Tuch abreiben mußte. Er wischte auch das Steuerrad ab, das er kaum anfassen konnte, und erklärte mir, daß ich mich glücklich schätzen könne, mit dem Minister Sahib gesprochen zu haben. Die meisten Leute, die auf dem Gelände kampierten, warteten schon seit über drei Tagen; sie waren kilometerweit aus den umliegenden Dörfern herumgewandert. Auf dem Rückweg zum Hotel, der an Bhopals Zwillingsseen vorbeiführte, wurde mir langsam bewußt, was er gesagt hatte, und ich begann mein »Glück« zu begreifen. Jetzt war ich sogar für die harte Holzbank dankbar, auf der ich gewartet hatte. Wenigstens hatte dort ein Ventilator die heiße Luft durchgequirlt – was mir kaum angenehm vorgekommen, aber trotzdem eine Erleichterung gewesen war.

An der Hotelrezeption überreichte man mir ein Telegramm aus Bombay: »GENEHMIGUNG FÜR PHOOLAN-INTERVIEW VERWEIGERT STOP SOLL ICH TROTZDEM NACH GWALIOR KOMMEN FRAGE TICKET SCHON BESTÄTIGT STOP.« Ich rief meine Freundin in Bombay an, eine Journalistin, die für die *Times of India* arbeitete. Sie hatte Phoolan Devi kurz nach ihrer Verhaftung ausführlich interviewt und darum gebeten, die Geschichte weiterverfolgen zu dürfen, um mich einzuführen. Die Gefängnisleitung hatte abgelehnt.

Meine Freundin erklärte: »Das macht Phoolan zu einer Art politischer Gefangener. Die indische Verfassung besagt, daß ich oder jeder andere indische Journalist sich an das Hohe Gericht von Gwalior wenden und verlangen kann, im öffentlichen Interesse Zugang zu einem Untersuchungshäftling zu bekommen.« Sie fuhr fort, daß sie das leider nicht tun könne, weil ihr Chefredakteur nicht damit einverstanden sei und sie ihren Job verlieren könnte, wenn sie ohne seine Billigung arbeitete.

Ich sagte, daß sie dieses Risiko lieber nicht eingehen sollte. Ich würde dennoch nach Gwalior fahren, um mit Phoolans Familie Kontakt aufzunehmen. In Bhopal steckte ich in einer Sackgasse, deshalb nahm ich den Nachtzug nach Gwalior.

Dort verließ mich fast am nächsten Morgen der Mut, während ich im nächsten Hotelzimmer Kaffee trank. Die Aufgabe, die vor mir lag, schien fast unlösbar. Ich wußte nicht, wo ich anfangen sollte, und mein Kopf war wie verstopft von Selbstzweifeln. Ich sprach zwar die Landessprache, kannte aber weder die Stadt noch irgend jemanden, der hier wohnte. Ich hatte mich erkundigt, was es kostete, einen Wagen oder ein Taxi zu mieten; es war zu teuer, um in Betracht zu kommen. Nur eines war sicher: Phoolan Devi zu treffen würde viel mehr Zeit in Anspruch nehmen, als ich erwartet hatte. Ich mußte also mein Geld strecken, wenn ich das Vorhaben nicht ganz und gar aufgeben wollte. Als erstes brauchte ich ein Transportmittel, deshalb beschloß ich, eine Motorroller-Riksha zu mieten – ein dreirädriges Taxi auf dem Gestell einer Lambretta, das nur halb so teuer war wie ein Auto. Nach einigen chaotischen Handelsversuchen vor dem Bahnhof wurde ich mit einem der Fahrer einig. Er sah mich ziemlich mißtrauisch an, als ich das Zentralgefängnis von Gwalior als erstes Ziel angab. Mir erschien es ein logischer Ausgangspunkt.

Während wir durch die Stadt fuhren, schaute ich aus der Rollerrikscha. Angesichts der Festung von Gwalior, die wie ein uralter Monolith auf einer hohen Felsklippe steht und die Stadt und ihre Einwohner erdrückt, kam ich mir vor wie ein Zwerg. Die Burg stammt aus dem fünften Jahrhundert und soll angeblich von einem Stammeshäuptling namens Muraj Sen gegründet worden sein, einem unbedeutenden Gefolgsmann des Eremiten Gwalipa, der der Stadt ihren Namen gab.

Im Laufe der folgenden Jahrhunderte wurden Hindus wie Moslems von diesen Steinmauern aus regiert. Noch heute bricht sich in einigen der türkisen, grünen und gelben Mosaikkacheln, die früher die Wände bedeckten, das Sonnenlicht. Ihr Glitzern erweckt den Eindruck unermeßlicher Größe, den brüchigen Mauern und dem wettergegerbten, spröden Stein zum Trotz. Aus der Ferne wirkt die Burg wie eine eigene Festungsstadt. Babar, der erste Mogul, eroberte sie 1528; sie blieb bis zum Zusammenbruch des Mogulnreiches in der Hand der Moslems. Danach kehrte sie in den Besitz der Scindias, der örtlichen Hindu-Königsfamilie, zurück. Kurz vor der Eroberung durch die Moguln hatte Raja Man Singh, der Rajput-Herrscher jener Zeit, die Anlagen noch erweitert und einen Palast erbauen lassen, den Babar als »Perle unter den Festungen von Hind« bezeichnete. Der Überlieferung nach war es die unzugänglichste und daher am schwersten zu bezwingende Festung im Lande.

Darunter erstrecken sich, so weit das Auge reicht, Ebenen unter aufwirbelndem Staub. Das Treiben der Stadt, das Durcheinander von Menschen und Fahrzeugen vermitteln einem das Gefühl, Teil einer riesigen und dennoch bedeutungslosen Ameisenarmee zu sein. Der Rollerfahrer erklärte mir außerdem, daß die Stadt dem Gedenken an die Rani von Jhansi und an Tatya Tope geweiht sei, die 1857 den ersten Unabhängigkeitskrieg gegen die Briten führten.

Im Gefängnis bat ich, den Direktor, einen Mr. Saigal, sprechen zu dürfen. Ich erklärte, daß ich eben aus Bhopal eingetroffen sei, wo ich den Chief Minister getroffen hätte. Er erwäge, mir eine Genehmigung für ein Interview mit Phoolan Devi und anderen *dacoits* zu geben, die sich 1983 gestellt hatten. Ich begann, ihn nach seinen Erfahrungen und seiner Meinung über die Banditen zu befragen. Es schmeichelte ihm, von einer städtischen Frau interviewt zu werden; wahrscheinlich war er, wie so viele Beamte, von seiner Wichtigkeit höchst überzeugt. Zu meiner Überraschung lud er mich in ein Büro außerhalb des Haupttores im Gefängnis ein. Er stellte mir ein paar Fragen über meine Person und begann dann zu reden.

Er erzählte mir, daß Ghanshyam, der sich gemeinsam mit Phoolan Devi ergeben hatte, bei einem Freigang entflohen war und inzwischen tot sei. Er war in einen Hinterhalt geraten und erschossen worden. Wenige Monate, nachdem er seine Bande in den Schluchten Uttar Pradeshs neu formiert hatte, war sie von Polizei-Informanten infiltriert worden. Der Gefängnisdirektor erklärte mir, daß zwischen Phoolan Devi und Malkhan Singh erbitterte Feindschaft herrsche, die zu Problemen im Gefängnis geführt habe. Die beiden Banden waren getrennt worden, nachdem eines Nachts ein Kampf ausgebrochen war. Mitglieder beider Banden seien dabei verletzt worden.

Malkhan Singh war der Anführer der größten *dacoit*-Gang in den Schluchten gewesen. Er hatte damals mehr als 70 Männer unter seinem Kommando sowie moderne Automatikwaffen zu seiner Verfügung gehabt und war damals quasi der »Pate« des Chambal-Tals gewesen. 1982, ein Jahr vor Phoolan Devi, hatte er sich dem Chief Minister ergeben.

Offenbar war sein Selbstbewußtsein angekratzt. »Als er ins Gefängnis ging«, erzählte mir Saigal, »wollten ihn Hunderte von Reportern und Tausende von Dorfbewohnern sehen. Aber als Phoolan hierherkam, schlug sie ein wie ein Blitz. Wir mußten zusätzliche Polizisten anfordern, um die Menschen von den Toren wegzudrängen. Niemand interessierte sich mehr für Malkhan. Sie standen stundenlang vor dem Tor, nur um einen Blick auf Phoolan werfen zu können.«

Ungefähr eine Stunde unterhielten wir uns über die Rivalitäten zwischen den Banden und über Disziplinprobleme im Gefängnis. Dann kam Saigal auf das zu sprechen, was mich am meisten interessierte.

»Ihr Bruder Shiv Narain arbeitet jetzt für die Polizei von Madhya Pradesh«, erklärte er und lachte laut auf und schüttelte den Kopf angesichts dieser Verrücktheit. »Sie haben ihm sogar ein *Gewehr* gegeben«, fügte er hinzu, während er versuchte, sein Lachen zu unterdrücken, »damit er seine Pflicht erfüllen kann!«

Ich lachte ebenfalls und sagte: »Einer der Widersprüche unseres Landes.« Meine Reaktion gefiel ihm, und er erklärte mir, wo ich Phoolan Devis Bruder finden konnte.

Die Polizeiunterkünfte, düstere, dicht beieinanderstehende Betonblöcke, waren vom Gefängnistor aus zu sehen. Eine kleine Staubstraße voller Schlaglöcher und Steine führte daran entlang. Man hatte mich an den Eckblock ganz am Ende verwiesen. Als ich näher kam, sah ich eine weiße Kuh und eine riesige, königlich aussehende, langhaarige Ziege, angebunden an das Metallgeländer einer Treppe, über die man zu den Wohnungen gelangte. Dösend lagen sie beisammen wie zwei Schoßhündchen. Ich erkannte sie augenblicklich. Wie ich aus den Presseberichten wußte, hatte Phoolan darauf bestanden, daß die Tiere zusammen mit ihrer Familie unter Polizeischutz nach Madhya Pradesh gebracht werden sollten. Das war eine ihrer »Kapitulationsbedingungen« gewesen. Ohne große Schwierigkeiten fand ich das Zimmer im Erdgeschoß, das ihre Familie bewohnte: Moola, ihre Mutter, Rukhmini, ihre ältere Schwester, Rukhminis drei Kinder und Shiv Narain. Ich erklärte, wer ich war und warum ich hier war. Wenige Minuten später tranken wir Tee und schwatzten, als kannten wir uns seit Ewigkeiten. Die Frauen waren besonders entgegenkommend, Phoolans Bruder Shiv Narain anfangs eher zurückhaltend, vielleicht aus Vorsicht, denn nach einiger Zeit begann er offen mit mir zu sprechen.

Sie erzählten von ihren Erlebnissen. Moola erinnerte sich an die Nacht, in der die Polizei unter Chaturvedis Kommando ihre

Umsiedelung aus ihrem Heimatdorf in Uttar Pradesh organisiert hatte. Die Kuh und die Ziege hatten zuerst nicht in den Lieferwagen steigen wollen, auf den man ihre Besitzer geladen hatte, und mußten von Polizeibeamten hineingehoben werden. Phoolans Verwandten war das Leben in der Stadt fremd.

»Phoolan war die Königin«, erklärte mir Moola sachlich. »Während sich Tausende um sie scharten, wären wir beinahe verhungert. Die Polizei hatte uns zwei Mahlzeiten am Tag versprochen, aber wahrscheinlich hatten sie das vollkommen vergessen. Es gab viele Tage, an denen wir nicht einmal *dal* und *roti* hatten.«

Mir fiel ein, was ich in London über Phoolans erste Disziplinarstrafe im Gefängnis gelesen hatte. In dem Artikel, den man mir geschickt hatte, stand: »Ihr Schwager wurde beim Verlassen des Gefängnisses durchsucht. Man fand 2 Kilo und 400 Gramm *dal*, 2 Kilo Zucker, zwei Stück Lifebuoy-Seife und 2 Päckchen Panama-Zigaretten bei ihm.« Nach einigem Befragen hatte er gestanden, daß Phoolan die Sachen vor ihrer eigenen Ration für die Familie abgezweigt hatte. Die Sachen wurden konfisziert und Phoolan vorübergehend in Einzelhaft verlegt. Damals hatte ich es nicht fassen können, daß es Phoolan Devi im Gefängnis, materiell gesehen, besser ging als ihrer Familie draußen.

Als ich mich nach dem Vorfall erkundigte, antworteten sie mit stummem Nicken. Plötzlich spürte ich, wie sich Traurigkeit über die Familie senkte, und ich fragte Rukhmini, ob der Mann in dem Artikel ihr Gatte gewesen sei. Sie nickte wieder, mit Tränen in den Augen. Moola erklärte mir, daß Rukhminis Mann Rampal im vergangenen Jahr an einer unbekannten Krankheit gestorben sei; ihre Tochter war nun Witwe und außerdem für die drei kleinen Kinder verantwortlich.

»Erzähl ihr auch, wie sie ihn danach geschlagen haben«, sagte Rukhmini, deren Trauer jetzt dem Zorn wich. Sie wischte sich das Gesicht mit dem Zipfel ihres *saris* ab.

Ich fand nicht die rechten Worte, um mein Mitleid auszudrücken, deshalb legte ich ihr nur die Hand auf die Schulter. Wir beschlossen, uns am nächsten Tag wiederzutreffen.

Von da an besuchte ich sie regelmäßig; manchmal schnitt ich die Gespräche mit, manchmal lauschte ich einfach ihren Erzählungen. Ich machte Fotos mit meiner Instamatic, denn man hatte Phoolan mitgeteilt, daß ich in Gwalior war und sie und Man Singh sehen wollte. Sie hatte mich gebeten, ihr Bilder von ihrer Familie, ihrer Kuh und ihrer Ziege zu schicken, die sie sich an die Zellenwände hängen wollte. Die Kamera war leicht zu handhaben, und wir benutzten sie reihum. Alle waren fasziniert von dem automatischen Blitz. Tagsüber, wenn Shiv Narain arbeitete und die anderen Besuche im Gefängnis machten, suchte ich verschiedene Beamte auf, von denen ich mir in irgendeiner Weise Hilfe erhoffte.

So verabredete ich mich mit dem Commissioner der Stadt. Ich wollte wissen, ob der Chief Minister wegen meiner Bitte um ein Interview mit den ehemaligen *dacoits* Verbindung mit ihm aufgenommen hatte. Das hatte er nicht. Der Commissioner war durch und durch Städter und hatte wahrscheinlich eine der exklusiven Public Schools in Indien besucht. Er war ebenso freundlich wie verbindlich und schwärmte von alten Bauwerken. Endlos erzählte er von alten Festungen. Langsam wurde mir klar, daß er versuchte, sich vor mir als »Kulturmensch«, nicht als bloßer Bürokrat zu präsentieren. Antike Schnitzereien in Holz und Stein schmückten sein Wohnzimmer. Er lebte in einem geräumigen Bungalow mit Wachen am Tor, der sich in Gehweite von meinem Hotel befand. Immer wieder versuchte ich, das Gespräch auf die *dacoits*, das Chambal-Tal, Phoolan Devi und Malkhan Singh zu bringen. Er umging listig alle meine Fragen und ließ sich statt dessen weiter über das kulturelle Erbe unseres großen Landes aus. Langsam wurde ich ungeduldig, mußte aber, um die Höflichkeit zu wahren, Interesse heucheln. Denn ich brauchte seine Hilfe. Er war meine einzige Verbindung zum Chief Minister in Bhopal. Da ich mich mit Moola treffen wollte, nachdem sie von ihrem Besuch bei

Phoolan im Gefängnis zurück war, fragte ich schließlich ein letztes Mal: Hatte er Phoolan Devi je getroffen? Was hielt er von ihr?

Er schüttelte heftig den Kopf – und beide Hände –, als wäre Phoolan von einer ansteckenden Krankheit befallen, und sagte: »Ich habe sie einmal gesehen – aber nur aus der Ferne. Wieso interessieren Sie sich eigentlich so für Phoolan? Sie ist bloß ein gewöhnliches Bauernmädchen, nichts weiter. Nicht einmal hübsch. Ein gewöhnliches Bauernmädchen.«

»Aber sie wurde fast weltberühmt, oder nicht?« entgegnete ich.

Er lachte und schüttelte wieder den Kopf. »Die Welt besteht aus lauter Narren«, bekundete er und sah mir dabei in die Augen.

Ich versuchte, so zu tun, als wäre diese Platitüde eine tiefe Weisheit, über die es sich nachzudenken lohnte. Immer noch hoffte ich auf seine Unterstützung. »Trotzdem«, beharrte ich, »ist Phoolan Devi ein Phänomen.«

Die Antwort kam postwendend. »Ich weiß nicht, warum. Sie ist Analphabetin – wahrscheinlich kann sie nicht einmal ihren Namen schreiben. Die Presse, die Medien haben sie berühmt gemacht. Für sich allein ist sie gar nichts.«

Er riet mir noch, meine Zeit nicht mit Phoolan zu vergeuden, und versprach mir, einen Besuch in einigen berühmten alten Festungen der Umgegend zu arrangieren, damit meine Zeit in Gwalior »gut genutzt« sei. Ich dankte ihm, schaute auf die Uhr und erklärte, ich hätte noch eine andere Verabredung, würde mich aber wieder mit ihm in Verbindung setzen.

Als ich wieder in der Rikscha saß, erklärte ich Ashok, dem Fahrer, daß ich bereits eine halbe Stunde zu spät dran sei und wir uns deshalb beeilen müßten – eine unvorsichtige und dumme Bemerkung, da er auch sonst ein halsbrecherisches Tempo vorlegte. An diesem Tag schrammten wir knapp an einer Reihe von Unfällen vorbei – mit anderen Rollern, Ochsenwagen, Fußgängern und *tongas*. Ich versuchte ihm begreiflich zu machen, daß ich es nicht *so* eilig hatte – Moola würde warten –, aber inzwischen hatte er Phoolans Familie kennengelernt und sich für mein Projekt begeistert. Er versicherte mir, daß ich mir keine Sorgen zu machen brauche. Schließlich fuhr er schon seit vielen Jahren Roller und war nur in ein paar unbedeutende Unfälle verwickelt worden – die allesamt von anderen, weniger erfahrenen Fahrern verursacht worden waren. Über den Lärm der Hupen hinweg und durch die aufsteigenden Staubwolken hindurch erklärte er mir, daß sein Vetter vor einem Jahr ebenfalls *faraar* gegangen sei (sich also in die Schluchten abgesetzt hatte). Seitdem hatte niemand mehr von ihm gehört. Auf diese Weise wollte er seine brüderliche Solidarität demonstrieren. Hier war es eindeutig keine Schande, *baghi* zu sein.

Im Polizeiquartier bereiteten Moola und Rukhmini *roti* und Kartoffeln. Sie hatten die Besuchszeit am Morgen nicht wahrnehmen können und wollten deshalb nachmittags zu Phoolan gehen. Sie luden mich zum Essen ein und erklärten, die Reste würden sie Phoolan und Man Singh ins Gefängnis bringen. Ich sagte, ich würde dem Rollerfahrer sagen, daß er sich etwas zu essen besorgen und in einer Stunde zurückkommen solle, aber davon wollten sie nichts hören; sie luden ihn ebenfalls ein. Als ich ihnen beim Kochen zusah, wurde mir klar, daß sie trotz der drei Jahre in der Stadt im Grunde immer noch Bauern mit dörflichen Sitten waren. Sie kochten auf einem Holzfeuer. Rukhmini bemerkte, daß Kerosin stinke und den Geschmack des Essens beeinflusse. Ich stimmte zu und beobachtete, wie sie den qualmenden *choola*-Ofen anfachte.

Irgendwann sagte Rukhmini, daß Phoolan ein persönliches Zeichen von mir erwarte – etwas, das meine Absichten ihr gegenüber verdeutliche. Zuerst war ich verwirrt, dann erklärte Moola: »Ganz egal, was. Sie will Ihr *nishan* (Kennzeichen), etwas, das Ihnen gehört.« Die einzige Sache von Wert, die ich bei mir trug, war eine Silberkette mit einem ovalen Medaillon. Ich streifte sie mir über den Kopf und gab sie Rukhmini, wobei ich sagte: »Das ist das Wertvollste, was ich hier in Gwalior habe. Meine Schwester hat es mir geschenkt.« Rukhmini lächelte, stopfte es sich in die Bluse und buk weiter *rotis*.

Wir aßen, und sie fragten mich über mein Leben aus, wobei ich nach bestem Gewissen antwortete. Nichts schien ihnen seltsam oder ungewöhnlich vorzukommen. Sie akzeptierten einfach, daß ich in einer anderen Welt lebte und deshalb andere Gewohnheiten hatte. Moola kramte sogar in den Sachen ihres Sohnes herum – unter seinem Kopfkissen, in den Taschen seiner Zivilkleidung –, bis sie ein Päckchen Zigaretten gefunden hatte. Sie hatten mich rauchen sehen, allerdings hatte ich mich bis zu diesem Moment immer gefragt, ob ich das nicht lassen sollte. Normalerweise rauchen indische Frauen nicht, zumindest nicht in der Öffentlichkeit. Ein weiterer Mittelklasse-Komplex, dem Phoolans Mutter mit einem Streich den Garaus machte. Langsam hatte ich das Gefühl, daß wir Freundinnen wurden.

In dieser Nacht kam endlich der erhoffte Durchbruch. Moola und Rukhmini tauchten aufgeregt und verschwörerisch mit den drei Kindern in meinem Hotelzimmer auf. Phoolan, sagten sie, müsse am nächsten Morgen vor dem Hohen Gericht von Gwalior erscheinen. Es war eine Art Routinevernehmung ohne große Bedeutung. Ich solle um zehn Uhr im Gericht sein. Die Wachleute würden mich in ihre Zelle lassen. Zur Feier bestellten wir *pakoras* – Teigtaschen mit Gemüse –, Eiskrem für die Kinder und Limonade für uns. In mein Glas goß ich etwas Rum. Rukhmini nippte daran und rümpfte die Nase. Die Eiswürfel, die man zu dem frischen Limonaden-Soda reichte, wurden als großer Luxus angesehen.

KAPITEL 3

Begegnung mit Phoolan Devi

Schon früh am nächsten Morgen war der Hof vor dem Gerichtsgebäude überlaufen. Gefangene mit Fußeisen und Ketten hock-
ten in Gruppen zusammen, bewacht von gleichgültig aus-
sehenden Posten in Khaki, die ihre Gewehre lässig über die
Schulter gehängt hatten. Verwandte der Häftlinge, meist Dörf-
ler mit Bündeln voll selbstgekochtem Essen, lagerten auf dem
Gelände. Ich hatte keine Ahnung, wo ich in diesem Gedränge
nach Phoolan Devi suchen sollte.

Im Gebäude waren die Gänge voller schwarzgekleideter,
wachsam aussehender Anwälte. Ich erkundigte mich bei
zweien, vor welchem Gericht Phoolan Devi erscheinen würde.
Man sagte mir, für sie sei gar kein Termin angesetzt. Doch als
ich mich schon wieder zum Ausgang wandte, kam einer mir
nach und flüsterte mir zu: »Sie setzen nie einen Termin für sie
an – aus Sicherheitsgründen.« Ich dankte ihm für die Information und kehrte zurück in die Sonne und in das Durcheinander
im Hof, wo ich Moola oder Rukhmini zu treffen hoffte.

Nach einer Weile merkte ich, daß ein Mann in einem *lungi*
mir folgte. Er rauchte ein *bidi* – in ein Tabakblatt gerollten
Tabak –, und seine Anwesenheit war mir unangenehm, deshalb
mischte ich mich unter die Menge und versuchte so auszusehen,
als wüßte ich, wohin ich wollte. Irgendwann kam er auf mich zu
und fragte ebenso ruhig wie höflich: »Suchen Sie vielleicht
Phoolan Devi?«

Vollkommen überrascht nickte ich.

»Folgen Sie mir«, sagte er, machte kehrt und führte mich
zurück.

Jetzt war es zu spät, um noch einen Rückzieher zu machen, deshalb beschloß ich, mein Glück zu versuchen, obwohl das möglicherweise naiv war. Ich wußte, daß ich in meinen Stadtkleidern, so einfach sie auch waren, auffiel und daß die Menschen mich anstarrten. Ich wurde immer unsicherer.

Hinter dem Gerichtsgebäude kamen wir zu einer Art Schuppen: weiße, morsche Mauern mit einem primitiven Blechdach darüber und eine windschiefe Tür im Schatten eines *neem*-Baumes. Ich beschloß, auf keinen Fall mit diesem Mann dort hineinzugehen. Er schlug an die Tür, und ein in Khaki gekleideter Polizist mit einem Gewehr in der Hand öffnete. Hinter ihm sah ich Phoolan Devi.

Sie lächelte mich warm und herzlich an, drängte an dem Wachtposten vorbei und umarmte mich. »Ich habe Sie anhand der Bilder erkannt, die *amma* (Mutter) mir gebracht hat«, sagte sie. »Schnell! Kommen Sie herein!« Dann dankte Phoolan meinem Führer. Sie erklärte mir, daß er ein ehemaliges Mitglied ihrer Bande sei und auf Kaution freigelassen worden war. Er ging genauso gleichgültig, wie er mir gefolgt war und mich zu ihr geführt hatte.

Ich betrat die »Zelle«. Es war eher ein baufälliger Stall. Ein Gefangener mit schweren Ketten um Hand- und Fußgelenke saß auf dem Boden und rauchte. Phoolan Devi trug keine Handschellen und sah vollkommen entspannt aus. Ungefähr zehn bewaffnete Posten befanden sich in dem vier mal zwei Meter großen Raum.

Phoolan und ich saßen beieinander auf einem klapprigen, verrosteten Eisenblech, das über einem ehemaligen Ausguß angebracht war und jedesmal wackelte, wenn sich eine von uns bewegte. Wir hielten einander fest, um nicht herunterzufallen, und lachten. Sie untersuchte meine Kleider, erklärte mir, daß Rosa ihre Lieblingsfarbe sei, spielte mit den Glasringen an meinem Handgelenk, berührte mein Haar und stützte ihre Ellbogen auf mein Knie. Ich begann zu begreifen, daß sie mich wortlos überprüfte. In Anwesenheit der bewaffneten Posten konnte sie nicht frei sprechen. Also ging sie sinnlich, behutsam, instinktiv vor wie ein Tier. Ich entspannte mich. Ich wußte, daß sie, ebenso schlau wie geschickt, ohne jede Erklärung oder Vorwarnung meine Reaktion, meine *grundsätzliche* Einstellung ihr gegenüber prüfte.

Sie war in einen leuchtend gelben Nylon-*sari* gekleidet und trug einen Goldring in ihrem linken Nasenflügel, dazu meine Silberkette um den Hals. Sie spielte mit der Kette, neigte den Kopf und lächelte mich an. Das Geschenk, das ich ihr tags zuvor geschickt hatte, wurde aber mit keinem Wort erwähnt. Ich begriff, daß sie, was immer ich sagen mochte, genau wußte, wieviel unausgesprochen bleiben mußte. Sie trug silberne Fußreifen, und um ihr Handgelenk war ein schwarzes Band geknotet. Gelbe und goldene Glasarmreifen wiesen darauf hin, daß sie an einer *puja* – einem religiösen Ritual – teilgenommen hatte. Mit ihrem kleinen, schmalen Körper und dem lebhaften Mienenspiel – auf einem ländlichen Gesicht mit hohen Wangenknochen – sah sie fast wie ein Kind aus, das man aus irgendeinem Anlaß herausgeputzt hatte. Ich konnte sie mir kaum mit einer Waffe vorstellen. Sie sah nicht so aus, als könnte sie ein Gewehr halten, geschweige denn benutzen. Und doch hatte sie sich mit einem solchen Gewehr ergeben.

Zunächst wußte ich nicht, was ich sagen sollte. Ich wollte ihr erklären, wie wichtig dieses Treffen für mich war und was ich beabsichtigte, aber angesichts der Wachtposten fühlte ich mich gehemmt. Sie schien meine Gedanken zu erraten; in einer freundschaftlichen Geste piekste sie dem Mann neben ihr – der mir auch die Tür geöffnet hatte – mit dem Daumen in die Rippen. »Sie brauchen keine Angst vor ihm zu haben. Er kommt aus meinem Dorf.« Wir lachten.

Der Mann in Ketten begann mich zu befragen. »Woher kommen Sie? Was machen Sie?«

Ich erklärte ihm, daß ich auf Recherche sei.

»Was heißt das?« fragte er.

Ich fügte das Hindu-Wort für »Journalist« hinzu, und er

nickte verstehend. Dann begann er mir zu erzählen, daß er einer der meistgesuchten Mörder im Staat sei. Ich spürte, wie mich Phoolan Devi mit dem Ellbogen in die Seite knuffte.

Plötzlich betrat eine Gefängniswärterin die Zelle. Sie deutete auf mich und sagte zu Phoolan: »Sie wissen, daß sie hier ist. Sie haben deshalb Ihren Gerichtstermin abgesetzt, und Sie müssen zurück ins Gefängnis.« Dann überreichte sie einem der Wachtposten ein Papier.

Während Phoolan die Zelle verließ, eskortiert von allen Wachmännern im Raum bis auf zwei, versuchte ich, die Situation einzuschätzen. Die Aufseherin bedeutete mir zu bleiben, wo ich war. Der Gefangene, der mit seiner Geschichte noch nicht fertig und ärgerlich über die Unterbrechung war, versuchte mich wieder ins Gespräch zu ziehen. Er brüstete sich mit seinen Taten und mit seinen »politischen Kontakten«. Er fragte mich sogar, ob ich eine Tasse Tee wolle!

Nach ein paar Minuten kam die Aufseherin zurück, um mir mitzuteilen, daß Phoolan auf dem Rückweg und schon am Tor sei. »Sie sagen, daß sie zurück muß«, sagte sie achselzuckend und meinte plötzlich, ohne sich um die anderen im Raum zu kümmern: »Sie will wissen, wie lange Sie in Gwalior bleiben. Sie sollen sich mit jemandem treffen. Sie müssen mit ihrer Mutter sprechen.« Ich nickte und huschte, ohne ihr angemessen danken zu können, aus der Tür.

Meine Unsicherheit hatte sich völlig gelegt. Ich lief durch den Hof, bahnte mir rücksichtslos einen Weg durch die Menge, um zum Tor zu gelangen, von wo mehrere kleine Straßen wegführen. Ich hatte keine Ahnung, in welcher sie verschwunden waren.

Der Mann in dem *lungi* erwartete mich am Tor und wies mir die Richtung. Ich lief weiter, bis ich das Polizeiaufgebot mit dem strahlend gelben *sari* in der Mitte erspähte. Ich rief ihnen nach, auf mich zu warten. Verwirrt blieben die Polizisten stehen, aber ich ignorierte sie einfach.

Phoolan Devi sagte ebenso gelassen wie entspannt: »Besuchen Sie *amma*. Keine Angst, wir sehen uns wieder. Bleiben Sie noch ein paar Tage in Gwalior.«

Ich fragte den Wachmann, der aus ihrem Dorf stammte, ob ich sie ein paar Minuten sprechen könne. Er sagte, das sei nicht gestattet.

Phoolan unterbrach meine Überredungsversuche: »Reden ist nicht wichtig. Was wollen Sie noch?«

»Fotos«, antwortete ich. »Einen Beweis, daß wir uns begegnet sind.«

Sie starrte mich eingehend und durchdringend an – ihre Stärke zeigte sich am deutlichsten in ihren Augen – und sagte: »Fotografieren Sie. Jetzt. Und dann laufen Sie.«

Ich tat wie geheißen, arbeitete in höchster Eile, da ich wußte, daß sich hinter mir eine Menschenmenge ansammelte. Phoolan stellte sich für mich in Pose. In ein paar Sekunden war alles vorbei. Einer der Wachmänner kam ärgerlich auf mich zu. Ich schoß ein letztes Bild, wir lächelten einander an, dann befolgte ich ihren Rat und lief los.

Man war auf mich aufmerksam geworden, und ich fühlte mich verwundbar. Zum Glück sah ich Ashok vor den Gerichtstoren auf der Straße stehen. Er unterhielt sich mit dem Mann im *lungi*. Ich lief zu ihm und rief: »Kommen Sie, wir müssen uns beeilen.« Zu dem Mann im *lungi* sagte ich: »Wenn Sie ihre Mutter oder Schwester sehen, sagen Sie ihnen, daß ich sie heute abend besuchen werde.« Er nickte, dann folgte ich Ashok in eine bevölkerte Straße, wo er seinen Roller abgestellt hatte.

Am Nachmittag hatte ich eine Verabredung mit dem Deputy Inspector-General (DIG) der Polizei in Gwalior, Ayodhya Nath Pathak. Jetzt war ich versucht, den Termin abzusagen, da mich die Ereignisse am Morgen ziemlich mitgenommen hatten und mir die Nachmittagshitze zusetzte, aber Ashok riet mir davon ab.

»Man sagt, er sei ein guter Mensch«, erklärte er. Anscheinend schlüpfte er langsam in die Rolle meines Assistenten.

Er setzte mich vor dem Hotel ab und kehrte genau um 15 Uhr

30 wieder zurück. Der DIG war war ein »wichtiger« Mann, den man nicht warten lassen durfte.

Polizisten salutierten mir, als ich mich dem Büro des DIG näherte. Ich nickte grüßend und begann mich zu fragen, mit was für einem Tyrannen ich mich da treffen würde. Man ließ mich in einen weiten Raum mit riesigen Tischen ein, der fast wie ein Konferenzraum ausah. Bilder von Indira Gandhi und Rajiv Gandhi hingen an einer Wand. Ein weiteres Bild, das von Mahatma Gandhi, war mit frischen Blumen umkränzt. Auf dem Schreibtisch sah ich mehrere Telefone, aber wenig Papier.

Mr. Pathak, ein Mann von etwa Mitte vierzig, war ein alter Fuchs und ein Gentleman zugleich – er war gerissen, schlau und darauf trainiert, kein Detail zu übersehen, verhielt sich aber zugleich äußerst zuvorkommend. Als ich eintrat, erhob er sich und faltete die Hände zum *namaste*, statt mir die Hand zu geben. Unbeholfen verstaute ich meine Unterlagen und mein Notizbuch, bevor ich seinen Gruß erwiderte und mich dann in den Stuhl sinken ließ, auf den er wies.

Ohne Umschweife kam er aufs Thema zu sprechen. »Ich weiß, daß Sie Journalistin sind. Was möchten Sie wissen?«

Mit dieser Direktheit hatte ich, vor allem nach meiner Begegnung mit dem Commissioner, nicht gerechnet. So platzte ich heraus: »Ich möchte alles über Phoolan Devi erfahren.«

Er fragte mich, ob ich *lassi* trinken wolle, und bestellte zwei Gläser. »Sie möchten also etwas über Phoolan erfahren«, sagte er und lehnte sich mit meditativer Miene in seinem Sessel zurück.

»Ich möchte wissen, was Sie als Polizeibeamter von ihr halten«, erklärte ich in dem Versuch, meine allzu direkte Eröffnung abzuschwächen.

»Sie ist wie eine Naturgewalt«, antwortete er, »eine Art weiblicher Heathcliff.«

Ich war beeindruckt. So hatte ich noch keinen Polizeibeamten reden gehört. »Sind Sie ihr begegnet?« fragte ich.

»Aber ja, mehrere Male.« Gleichgültig klingelte er dabei mit der Messingglocke auf seinem Schreibtisch.

Ein bewaffneter Posten trat durch den Vorhang, der einen Nebenraum abtrennte. Pathak wies ihn an, dem »*sahib* Sekretär« auszurichten, er solle ihm Phoolan Devis Akte aus dem CID-Büro bringen. Wir tranken *lassi*, ich rauchte, er kaute Tabak, und wir unterhielten uns.

Er kenne die Familie gut, meinte er, und beschrieb Shiv Narain als »helles Bürschchen«. Er sagte, Rukhmini täte ihm leid, deshalb würde er versuchen, Mathra Prasad, ihren ältesten Sohn, als Kadetten in die Polizeischule zu bekommen. »So kann er wenigstens die Schule besuchen und erhält vielleicht sogar eine Ausbildung als Polizist. Sind *Sie* Phoolan begegnet?« drehte er unvermittelt den Spieß um. Ich erzählte ihm von den Schwierigkeiten, mit denen ich mich in Bhopal und Gwalior konfrontiert sah. Die Eskapade im Gericht verschwieg ich lieber.

Ich fragte ihn, wie eng der berufliche Kontakt mit Phoolan Devi sei. Er antwortete: »Ich tue, was ich kann. Rechtlich gesehen befindet sie sich im Strafvollzug, auf den die Polizei keinen Einfluß hat. Gelegentlich kommen mir von ihr oder ihrer Familie Klagen zu Ohren, dann überlege ich, wie ich ihnen helfen kann.«

»Sie wollen ihr also helfen?« fragte ich verblüfft.

»Aber natürlich.« Er lachte. »Ich stamme aus einer Bauernfamilie. Ich verstehe diese Menschen. Und ich weiß, wie die maßgeblichen Leute in dieser Gesellschaft denken.« Dann erzählte er mir eine charmante Anekdote über sein erstes Vorstellungsgespräch um eine Beamtenstelle in Delhi: »Eigentlich hatte ich mich für das Außenministerim beworben – das wäre meiner Mutter am liebsten gewesen, verstehen Sie? Außerdem für den IAS (Indian Administrative Service) und als drittes für die Eisenbahn.«

Ich lächelte. »Und wie sind Sie schließlich bei der Polizei gelandet?«

»Man setzte meinen Namen auf eine Liste – sie hatten alle Bewerber im Hinblick auf alle offenen Stellen geprüft –, und ich bekam diese Stelle zugewiesen.«

Bei dem Vorstellungsgespräch, erklärte er mir, hatten ihn die hochnäsigen Städter eingeschüchtert; sie waren mit Dingen vertraut, die er nie zuvor gesehen hatte. Zum Beispiel mit einem glänzenden Knauf an der Tür. Er hatte sich gefragt, ob der Knauf wohl einen Zweck hatte oder bloß zur Zierde diente. Er hatte keine Ahnung gehabt, daß man damit die Türen öffnen konnte.

»Als das Gespräch vorbei war, versuchte ich, aus dem Zimmer zu gelangen. Immer wieder drückte ich gegen die Tür. Es war mir so peinlich, aber sie wollte einfach nicht aufgehen!«

Inzwischen lachte ich aus vollem Halse. Ich genoß die Geschichte. »Was haben Sie dann gemacht?«

»Zum Glück«, antwortete er, »läuteten sie, bevor ich etwas sagen konnte, und ein uniformierter Wächter öffnete die Tür von der anderen Seite. Meiner Mutter erklärte ich, daß ich nicht genommen worden sei.«

Offenbar war er doch genommen worden und inzwischen zu einem der am meisten ausgezeichneten Polizeibeamten der indischen Polizei aufgestiegen. Auch das war eine Ironie: Seine Orden hatte man ihm dafür verliehen, daß er *dacoits* mit Hilfe eines Netzes von Kontaktleuten und Informanten in einen Hinterhalt gelockt und erschossen hatte.

Ich fragte ihn, ob er sich für Literatur interessiere, und er sagte: »Das ist eines meiner Lieblingsthemen.« Er zitierte ein paar Zeilen aus T. S. Eliots *Das wüste Land*, die er mit den Worten einführte: »Das ist wohl die korrekteste Beschreibung des Chambal-Tals, die ich Ihnen geben kann:

> ... unter Sonnbrand,
> Der tote Baum gibt Obdach nicht, die Grille Trost nicht
> Der trockne Stein kein Wasserrauschen ...«

Allerhand, dachte ich mir.

Die Akte wurde gebracht, und er begann, mir einige Fakten vorzulesen. Phoolan hatte 27 Forderungen vor ihrer Kapitulation gestellt. Zum ersten Mal war sie als Teenager angeklagt worden, und zwar wegen Körperverletzung, nachdem ihr Vetter einen *neem*-Baum auf dem Land ihres Vaters gefällt hatte. Ihre Eltern, arme Bauern, waren in Landstreitigkeiten hineingezogen worden, bei denen auch der älteste, inzwischen verstorbene Bruder ihres Vaters, Biharilal, eine Rolle gespielt hatte. Pathak urteilte nicht über Phoolan; er sagte, es sei Aufgabe der Polizei, Verdächtige zu verhaften, nicht, über Gefangene zu urteilen. Er hatte erstaunlich wenig Vorurteile. Ich müsse in abgelegene Dörfer reisen, riet er mir, um mit den Menschen dort zu reden und das Land und seine Kultur zu begreifen; erst dann könne ich Phoolan verstehen. Ein guter Rat. Er las mir die Namen der Dörfer in den Schluchten vor, die aus dem einen oder anderen Grund in Phoolans Akte auftauchten. Er sprach über die geschichtlichen Hintergründe und über legendäre Räuber – und er warnte mich vor einigen Dingen.

»Nennen Sie sie nicht *dacoits*, wenn Sie mit Menschen sprechen, die sie unterstützen. Das Wort stammt von dem indischen Wort *daku* ab, das einen abwertenden Beiklang hat. Sie haben es lieber, wenn man sie *baghis* nennt, weil sie sich als Rebellen im Kampf gegen die Ungerechtigkeit sehen.«

»Halten Sie sie auch dafür?« fragte ich.

Er lachte. »Also, das ist eine echte Fangfrage. Immerhin bin ich Polizist!« Jetzt lachte ich, während er fortfuhr: »So einfach ist es nicht. Das unterscheidet sich von Fall zu Fall. Ich habe gesehen, daß manche dieser Menschen zu extremer Grausamkeit fähig sind. Ich habe andere kennengelernt, die ein ausgeprägtes Ehrgefühl besitzen. Man darf da nicht verallgemeinern. Wenn Sie sich besonders für Phoolan Devi interessieren, sollten Sie sich an Rajendra Chaturvedi wenden, der jetzt in Rewa stationiert ist. Ein guter Polizist.«

Er schaltete die Gegensprechanlage auf seinem Schreibtisch

ein, fragte nach Chaturvedis Büro- und seiner privaten Telefonnummer, notierte beide und reichte mir dann den Zettel. Wir unterhielten uns lange, bis ich langsam das Gefühl bekam, ihn von der Arbeit abzuhalten. Draußen hatte ich eine Reihe von Leuten auf der Bank sitzen sehen, die ihn wahrscheinlich sprechen wollten. Also stand ich auf, dankte ihm herzlich und fragte, ob ich mich wieder an ihn wenden könne.

»Jederzeit«, beschied er mir. »Sie haben meine Nummer.« Er begleitete mich zur Tür. »Übrigens«, fragte er, als ich gerade hinausgehen wollte, »haben Sie *Das gelbe Tuch* gelesen, über Sir William Sleeman?«

Ich antwortete, daß ich es als Kind gelesen hätte (mein Vater hatte das Buch besessen), aber es sei inzwischen vergriffen.

»Sie müssen es noch einmal lesen. Wir benutzen es immer noch als Kompendium in der Polizei-Akademie. Sie können es sich in unserer Bibliothek ausleihen, wenn Sie versprechen, nicht damit nach Bombay zu verschwinden.«

Ich versicherte ihm, daß ich es nach wenigen Tagen zurückgeben würde, und nahm dankbar das Schreiben entgegen, das er mir für den Polizei-Bibliothekar mitgab.

Nachdem ich das Buch in Empfang genommen hatte, machte ich mich auf die Suche nach Ashok. Eine halbe Stunde oder länger irrte ich hilflos umher; die Roller-Taxis sahen alle gleich aus. Ich wünschte, ich hätte mir die Nummer notiert. Schließlich erkannte ich seine zweifarbigen Schuhe, die über den Fahrersitz ragten: Er war eingeschlafen und hatte sein Gesicht zum Schutz vor der Sonne mit einem Tuch abgedeckt. Ich weckte ihn und bat ihn, mich vor dem Hotel abzusetzen. Den restlichen Tag hätte er frei. Er erinnerte mich daran, daß Moola und Rukmini »uns« erwarteten, aber ich fühlte mich zu müde, um noch ein Gespräch zu führen. Also bat ich ihn, den beiden mitzuteilen, daß ich sie am nächsten Morgen besuchen würde. Ich sagte ihm, daß er völlig recht habe, was Pathak *sahib* anging.

Am Abend las ich im Hotelzimmer *Das gelbe Tuch (Geschichte und Leben des Thuggee Sleeman alias Major-General Sir William Henry Sleeman, KCB,1788–1856)*, verfaßt von Lieutenant-General Sir Francis Tuker. Sleeman war Offizier in der bengalischen Armee und im diplomatischen Dienst Indiens gewesen. Mir war sofort klar, warum Pathak ihn für eine so wichtige historische Persönlichkeit hielt. Die Aufzeichnung seines Lebens ist unersetzlich für jeden, der die Kultur und Tradition der heutigen *baghis* zu verstehen versucht. Vieles ist bis heute unverändert geblieben. Lebende Abbilder der ehemaligen Protagonisten gibt es noch heute auf beiden Seiten des Gesetzes.

Zum Beispiel beschrieb der Autor, wie Sleeman seine achtjährige Jagd auf Feringheea, den Prinz der Thugs, den er für einen »leibhaftigen Teufel« hielt, zu Ende gebracht hatte. Nachdem er von einem Informanten gehört hatte, daß Feringheea sich mit seiner Familie in einem bestimmten Dorf niedergelassen hatte, wo er offenbar neue Thug-Raubzüge vorbereiten wollte, hatte Sleeman die Polizei instruiert, nachts das Haus zu umstellen, in dem Feringheea schlafen würde. »Und vergessen Sie nicht«, hatte Sleeman gesagt, »die Familie ist fast so wichtig . . . Bringen Sie mir die, wenn Sie ihn nicht kriegen, und ich werde ihn hinter Gitter bringen, ehe der Winter vorbei ist.« In letzter Minute war Feringheea seinen Häschern entkommen, aber man nahm tatsächlich seine Mutter, seine Frau und sein Kind fest und ließ sie im Gefängnis von Saugor »in komfortablen Gewahrsam« nehmen. Und tatsächlich bekam man mit diesem Trick Feringheea zu fassen:

An einem strahlenden Morgen im Januar 1831 gab es einen Auflauf von Neugierigen, die sich um den großen Baum im Gerichtshof von Saugor versammelten. Inmitten einer Gruppe bewaffneter Polizisten stand ein großer, an Händen und Füßen gefesselter Mann, der den Mittelpunkt des Interesses darstellte. Er schien sehr dünn zu sein, wahrte aber seine Würde und hatte etwas an sich, das die Menge zum Schweigen brachte und in angemessener Entfernung hielt. Ein Inspektor der Polizei löste sich aus der Gruppe und kam in den Gerichtsraum, wo Captain Sleeman saß.

»Euer Ehren, ich habe Thug Feringheea gebracht. Soll ich ihn hereinführen?«

»Ja, führen Sie ihn herein«, und an seinen Büroboten gewandt: »Jetzt werden sie Sheitan (den Teufel) persönlich kennenlernen.« Sleeman nahm eine dicke Akte auf, legte sie vor sich hin und begann, sie zu studieren.

Der Wachmann brachte den Gefangenen herein.

»*Sahib*, Thug Feringheea«, verkündete der Inspector.

Sleeman setzte seine Lektüre fort, als wäre dieser Gefangene vollkommen bedeutungslos. Die Minuten verstrichen, bis schließlich der britische Beamte auf den Mann vor ihm blickte. Mit leichtem Erstaunen merkte Thuggee (Sleemans damaliger Spitzname), daß dieser Satan, den er über alle Maßen verabscheute, Würde und Selbstbeherrschung ausstrahlte und seine Aufmerksamkeit heischte. Gelangweilt aus dem Fenster blickend, fragte er den Thug auf hindustani, warum er gekommen sei – was er wolle. Feringheea antwortete gleichmütig, daß er gekommen sei, um die Freilassung seiner Familie zu verlangen, die Sleeman unrechtmäßig festhalte ...

Phoolan Devis Mutter war ebenfalls unrechtmäßig festgenommen worden. Sie hatte mir erzählt, daß die Polizei sie als Köder genommen habe. Die Beamten hatten gehofft, daß Phoolan, sobald sie von der Qual ihrer Mutter erfuhr, aufgeben würde, aber das war nicht passiert. Mutter und Tochter hatten die Strafe auf sich genommen, denn beide hatten in der Vergangenheit Schlimmeres ertragen.

Moola war, ihren Erzählungen nach zu schließen, keineswegs in komfortablen Gewahrsam genommen worden. Eines Tages war die Polizei in ihrem Haus im Dorf aufgetaucht und hatte sie ihm Polizeijeep zum Verhör mitgenommen. Als sie erklärte, nicht zu wissen, wo ihre Tochter sei, hatte man sie in eine Art »Beugehaft« genommen und ins Gefängnis von Orai im Staat Uttar Pradesh gesteckt. Dort hatte sie sechs Monate in einer winzigen Einzelzelle verbracht.

»Shiv Narain war damals in der Schule«, entsann sie sich, »aber jeden Sonntag kam er mich besuchen und brachte mir Milch und alles Essen, das sie zu Hause entbehren konnten. Den anderen sagte ich, sie sollten nicht kommen, sonst würden sie auch verhaftet. Ich glaubte, meinem Sohn könnte nichts passieren, denn schließlich war er noch ein Kind, aber eines Tages begannen sie ihn zu prügeln, schlugen ihn auf den Kopf und schubsten ihn vor meinen Augen zu Boden. Sie sagten, vielleicht würde mir so eher einfallen, wo Phoolan war. Ich war so erschüttert, daß ich ihm sagte, er solle mich nicht mehr besuchen, weil ich ihn nicht beschützen konnte. Von da an sah ich für die nächsten vier Monate niemanden aus meiner Familie.«

Sie wurde immer wieder verhört, manchmal auch mitten in der Nacht. Sie wurde geohrfeigt und geprügelt, bedroht und mißhandelt. Einmal wurde sie so brutal geschlagen, daß sie gegen die Wand prallte, ihre Kopfhaut platzte und sie genäht werden mußte.

»Schließlich änderte die Polizei ihre Taktik. Ich nehme an, sie wußten, daß sie mich nicht ewig festhalten konnten. Eines Nachts brachten sie mich in ein Zimmer und befahlen mir, mich hinzusetzen. Ich hatte Angst. Noch nie hatten sie mir einen Stuhl angeboten. Ich begann zu weinen, weil ich glaubte, sie würden mir erzählen, daß sie Phoolan gefunden und erschossen hatten. Dann schichtete der verantwortliche Offizier einen Stapel Geld vor mir auf – Geldbündel über Geldbündel. In meinem ganzen Leben hatte ich nicht soviel Geld gesehen. Er sagte mir: ›Diese Belohnung gibt die Regierung jedem, der sie zu Phoolan Devi führt. Sie gehört Ihnen, wenn Sie mich zu ihr bringen. Denken Sie nur, was Sie damit alles machen können.

Sie können Ihren Sohn auf eine höhere Schule schicken und Ihre Familie reich machen.‹ Er sagte mir, ich solle es mir genauer ansehen, solle es zählen. Ich habe das Geld nicht angerührt, schaute nicht einmal hin. Statt dessen stand ich auf, legte die Hand auf den Bauch und sagte: ›Mein einziges Verbrechen ist, daß ich sie geboren habe. Dafür können Sie mich erschießen, wenn Sie wollen, und Sie können sie auch erschießen, wenn Sie sie finden.‹ Dann begann ich wieder zu weinen – vor allem aus Erleichterung. Ich wußte, daß sie mich jetzt gehen lassen würden.«

Es ist immer noch gängige Praxis in Indien, vor allem im Umgang mit den Armen, daß man eine Geisel aus der Familie nimmt, wenn man eines Gesuchten nicht habhaft wird. Diese Menschen haben keine Rechte, weil sie die Gesetze nicht kennen.

Obwohl ich bei meinem ersten Besuch in Gwalior viel Wissenswertes erfahren hatte, wußte ich, daß ich bei meinem Vorhaben, Phoolan Devi zu interviewen, kein bißchen vorangekommen war. Und mir war klar, daß mir nur ein kurzes Treffen gestattet würde, selbst wenn ich die Genehmigung für einen Besuch bekommen sollte. Unter diesen Bedingungen würden wir uns weder offen noch ausgiebig unterhalten können. Mein Vorhaben erforderte es jedoch, viele Stunden mit ihr zusammenzusein und sie immer wieder in entspannter Umgebung zu treffen. Das wäre ganz bestimmt nicht möglich. Ich besprach das Problem mit ihrer Familie. Phoolans Verwandte gaben die Hoffnung nicht auf und ermahnten mich immer wieder, nicht den Mut zu verlieren. Phoolan hatte sich bereit erklärt, mir aus ihrem Leben zu erzählen, sie wollte mich sehen und sich mit mir unterhalten. Allein das, sagten sie, sei schon ein Wunder, denn Phoolan hatte sich in der Vergangenheit stets geweigert, mit anderen Menschen zusammenzuarbeiten, ein paar »Film-wallahs« aus Bombay eingeschlossen, die ihr anscheinend viel Geld für die Exklusivrechte an ihrer Geschichte geboten hatten. All das machte mir Mut, aber trotzdem wußte ich nicht, wie es weitergehen sollte. Dann kam mir eines Nachts wie aus heiterem Himmel eine Idee. Wenn Phoolan nicht mit mir direkt sprechen konnte, dann mußte sie ihre Geschichte jemand anderem erzählen, der sie für mich aufzeichnen würde. Seit wir uns begegnet waren, wußte ich, wie geschickt sie mit Worten umgehen konnte; außerdem hatte mich beeindruckt, wie sie in der Vergangenheit mit der Presse gesprochen hatte. Damals kam mir meine Idee ein bißchen abwegig vor, aber es schien tatsächlich keine Alternative zu geben.

Als ich am nächsten Tag mit Moola und Shiv Narain darüber sprach, erklärten sie, daß das möglich sei. Moola sagte, sie würde mit Phoolan darüber sprechen. Aus leicht nachvollziehbaren Gründen kann ich nicht beschreiben, *wie* wir es schließlich schafften, aber wir *haben* es geschafft – über einen Zeitraum von fast drei Jahren hinweg. Hätte irgend jemand geahnt, daß es so lange dauern würde, wären wir wahrscheinlich vor einem so mühsamen Unterfangen zurückgeschreckt. Phoolan fragte mich lediglich, wo sie anfangen solle; später erkundigte sie sich gelegentlich, was ich wissen wollte, um ihre Geschichte richtig wiederzugeben. Sie hatte das Gefühl gehabt, daß die Journalisten sie immer falsch verstanden und ihr nie gerecht geworden waren. Ein Großteil des Folgenden basiert auf diesen »Gefängnis-Tagebüchern«, die ich in Abschnitten als von verschiedenen Schreibern aufgezeichnete Hindi-Manuskripte erhielt.

Um meinen Anteil an dem Vorhaben zu erfüllen, befolgte ich Pathkas Rat und traf Vorbereitungen, um mit ihrer Familie und einigen anderen in die Schluchten zu reisen.

Zuvor jedoch fuhr ich nach Delhi, während sich Phoolan Devi daranmachte, ihre Geschichte zu erzählen.

KAPITEL 4

Das hora-Feld

Nach Gwalior zurückgekehrt, erfuhr ich, daß Moola eben in das Dorf ihres Bruders in Uttar Pradesh abgereist war; Shiv Narain konnte keinen Urlaub nehmen, und Rukhmini führte den Haushalt weiter, kochte jeden Tag für ihren Bruder, ihre Kinder und ihre jüngste Schwester Munni, die aus dem Dorf eines anderen Verwandten zurückgekommen war. Um nebenbei etwas Geld zu verdienen, arbeitete Rukhmini außerdem im Getreideladen der Polizei, wo sie für sieben Rupien pro Sack in Handarbeit den Weizen von der Spreu trennte. Ihre Hände waren rissig, aber das tat sie mit den Worten ab: »Ich bin solche Arbeit gewöhnt. Shiv Narains Lohn reicht nicht für uns alle.« Im Gegenteil, sagte sie, sie sei dankbar, überhaupt Arbeit gefunden zu haben. Sie kannte viele in der Stadt, die keine hatten, und außerdem hatte Munni, die damals ungefähr zwölf Jahre alt war, das Waschen und Saubermachen übernommen und konnte sich um die Kinder kümmern, solange Rukhmini nicht da war. Jedenfalls war niemand in der Lage, mit mir zu reisen, deshalb beschloß ich, einen Jeep zu mieten und alleine loszufahren. Mein erstes Ziel war Bhind. Außerdem war ein erster wichtiger Schritt getan: Ich hatte den ersten Teil von Phoolans Tagebuch. Ein halbes Notizbuch, um genau zu sein: Papier war kostbar, deshalb hatte man es sorgfältig in zwei Hälften geteilt. Während der Reise las ich es.

Es begann so:

»Ich heiße Phoolan. Meine Eltern waren sehr arm. Wir waren fünf Schwestern und ein Bruder, und für meine Eltern war es sehr schwer, sechs Kinder durchzubringen. Mein Vater arbeitete den ganzen Tag und kam abends mit dem Essen für uns zurück. Erst dann konnte meine Mutter uns allen etwas zu essen geben. Aber trotzdem sparten sie zugleich Geld für das Gerichtsverfahren. Ich hatte oft gehört, wie meine Eltern sagten, daß der Anwalt zuviel Geld verlange, und woher sollten sie das Geld nehmen? Ich weiß noch, wie meine Mutter fragte: ›Was ist ein Anwalt? Warum will er Geld von uns?‹ Und von ihr hörte ich diese Geschichte.

Mein Vater war einer von zwei Brüdern. Er heißt Devidin, sein älterer Bruder Biharilal. Mein Onkel hat einen Sohn, der Maiyadin heißt. Mein Vater kann nicht lesen, aber sein Bruder schon. Ohne daß es mein Vater wußte, hatte mein Onkel den *sarpanch* (den Bürgermeister des Dorfes) bestochen, der das Landverzeichnis führte. Er übertrug den ganzen Besitz meines Großvaters auf seinen Namen. Weil er das nicht wußte, bearbeitete mein Vater das Land weiter. Erst als er neunzehn oder zwanzig war, fragte er nach seinem Anteil. Doch da warfen die beiden – mein Onkel und mein Cousin – ihn aus dem Haus, und mein Vater mußte sich eine kleine Hütte am Ortsrand bauen. Sie nahmen den ganzen Grund an sich, und mein Vater bekam weder einen Teil der 80 *bighas* Land, die wir im Dorf besaßen, noch das zweistöckige Haus, das mein Großvater gebaut hatte.

Erst wandte sich mein Vater an die Dorf-*panchayat* (den gewählten Rat des Dorfes), die ihm helfen sollten, seinen Anteil zurückzubekommen. Versammlungen wurden einberufen, auf denen der Fall besprochen wurde. Biharilal leugnete vor dem ganzen Dorf, daß mein Vater sein ›echter Bruder‹ sei. Er sagte, er sei bloß ein Diener, mit dem er Mitleid gehabt hatte. Die Dorfbewohner kannten unsere Familie und wußten, daß das nicht stimmte, deshalb rieten sie meinem Vater, eine Klage einzureichen. Er machte das auch, aber Biharilal gewann immer wieder, weil er mehr Geld besaß. Manchmal hatte mein Vater kleine Erfolge. Deswegen schikanierten ihn mein Onkel und Maiyadin immer weiter. Sie wollten meine Eltern aus dem Dorf vertreiben, damit sie keinen Anspruch auf das Land mehr hatten. Mein Onkel bewahrte die ganze Ernte in seinem Haus auf, und selbst wenn mein Vater für jemand anderen arbeitete und einen Teil der Ernte als Lohn bekam, dann schickte mein Onkel seine Diener los, die nachts heimlich die Ernte stahlen und das gestohlene Getreide zu seinem gaben. Er versuchte ständig, meinen Eltern Steine in den Weg zu legen, und wenn meine Mutter oder mein Vater protestierten oder sich über ihn beklagten, schickte er *goondas* (Schläger) los, die sie überfielen. All das geschah, bevor wir Kinder geboren waren.

Seit meine Mutter mir diese Geschichte erzählt hat, ging mir nicht mehr aus dem Kopf, wie böse mein Onkel und mein Cousin waren. Ich trug das Feuer des Hasses in mir. Mein Onkel hatte vier Diener, die für ihn arbeiteten, und bekam Milch und *jalebis*, während meine Eltern von trockenem *roti* und Wasser lebten. Ich bettelte, bis meine Mutter mir die Felder zeigte, die sie unrechtmäßig an sich genommen hatten. Ein Teil des Landes lag auf der anderen Seite des Flusses, ein Teil bei Mangrolhar. Es war im Monat des Chait. Ich sagte zu meiner Schwester Rukhmini: ›Laß uns losgehen und ein paar *hora* (Kichererbsen) von unseren Feldern essen. Immerhin gehören sie eigentlich unserem Vater.‹«

Rukhmini hatte ohne große Überzeugung gefragt: »Und was ist mit Maiyadin?«

»Was soll mit ihm sein?« hatte Phoolan Devi lachend erwidert. Abenteuerlustig war sie ihrer Schwester voran in Richtung Fluß gelaufen.

Rukhmini hatte seit vielen Jahren nicht mehr an diesen Nachmittag gedacht, obwohl damals eine lange Kette von Ereignissen ihren Anfang genommen hatte. Sie hatte genausowenig wie Phoolan ahnen können, wie sehr dieser Tag noch ihr Leben prägen sollte. Auch Phoolan konnte das Datum nicht mehr bestimmen, wußte nur noch: »Es war im Monat des Chait«, des Frühlingsfestes, bei dem die Geburt der jungen Saat gefeiert wird. Sie war damals etwa zehn gewesen, ihre Schwester Rukhmini dreizehn.

Die Yamuna, zu dieser Jahreszeit ein ruhiger und berechenbarer Fluß, lief an ihrem Haus vorbei, das hoch über der Schlucht und am Ende des Dorfes Gorha Ka Purwa stand. Alle Dorfbewohner lebten an ihrem Ufer, tranken ihr Wasser, schwammen, badeten und wuschen ihre Kleider darin und verschmutzten ihren Lauf mit allen möglichen Abfällen. Landbesitzer und reiche Bauern nutzten den Fluß, indem sie hier und da mechanische Pumpen installierten, die das Wasser auf die Felder oberhalb der Sandklippen am Ufer beförderten.

Für Rukhmini und Phoolan war das tägliche Bad im Fluß ein Ritual, auf das sie sich beide freuten. Sie kamen gerade von dem drei *bigha* großen, ausgedörrten Feld ihrer Eltern, auf dem *bajra*, eine Hirseart, wuchs. Das *bajra* allein würde in diesem Jahr nicht mehr als sechshundert Rupien einbringen, nachdem das Nötigste für die Familie zurückbehalten war, deshalb hatte Devidin beschlossen, es mit dem Anbau von Sonnenblumen zu versuchen. Man hatte ihm erzählt, daß sie einen guten Preis einbringen würden, wenn er sie in Kalpi an die Fabriken für Sonnenblumenöl verkaufte. Außerdem brauchten sie nur wenig Wasser. Also hatte er sein neues »cash crop« unter das *bajra* gemischt, das bereits dreißig Zentimeter hoch auf dem Feld stand. Phoolan hatte ihrem Vater geholfen, Unkraut zu jäten, das einzige, das auf ihrem trockenen Landstück wirklich zu wuchern schien. Die Sonne stand hoch am Himmel und brannte ihnen auf den Rücken, während sie schweigend arbeiteten, die Köpfe zum Schutz gegen einen Sonnenstich in feuchte Tücher gewickelt. Als Rukhmini kam und ausrichtete, daß ihre Mutter ihn rief, entschloß sich Devidin, eine Pause einzulegen, und die beiden Mädchen gingen hinunter zum Fluß.

Bevor sie ins Wasser stiegen, band sich Rukhmini ihren *sari* wie eine kurze Hose um die Beine. Phoolan zog ihr dreieckiges Kleid aus und badete nackt. Abgesehen von ihrem langen, ungekämmten, sonnengebleichten Haar sah sie fast wie ein Junge aus. Beide schwammen wie Fische, über und unter Waser, zum anderen Ufer und wieder zurück, aber keine forderte an jenem Tag die andere zu einem Wettrennen heraus. Die Arbeit und die mörderische Mittagshitze hatten sie zu sehr erschöpft.

Rukhmini hatte am Morgen Kuhmist und Stroh in einem Eimer gemischt und mit der Masse ein Loch in der Wand ihrer Hütte geflickt. Mit einem weiteren Eimer voller Kuhmist und Wasser waren alle Böden ausgebessert worden.

Während sie gemeinsam mit ihrer Schwester den frisch gewaschenen *sari* zum Trocknen in den Wind hielt, wiederholte Phoolan Devi ihren Vorschlag, zu den Feldern zu gehen, die Maiyadin an sich genommen hatte. Rukhmini versuchte, Phoolan davon abzubringen, aber als Ältere beschloß sie, aus einem unbestimmten Verantwortungsgefühl heraus mitzugehen. Sie wußte nur zu gut, wie störrisch Phoolan sein konnte. Jeder in der Familie hatte sich schon oft über ihre vollkommene Sorglosigkeit, einen ihrer grundlegenden Wesenszüge, gefreut oder geärgert.

Rukhmini war ganz anders als ihre Schwester: ruhig und sanft, leise und leicht aus der Fassung zu bringen, aber immer zuverlässig. Sie teilte ihr Bett mit Phoolan, in dem sie bis tief in die Nacht miteinander flüsterten. Meist ergriff sie bei Auseinandersetzungen und Streitigkeiten in der Familie für Phoolan Partei. Auch jetzt, wo sie ihrer Schwester mit ein paar Schritten Abstand folgte, fühlte sie sich als deren Beschützerin. Sie kamen an ein üppig bewachsenes Feld: *hora* mit Senf gemischt.

»Das ist nur ein Teil«, erklärte ihr Phoolan. »Ist es nicht schön? Komm, wir setzen uns mittenrein!«

Rukhmini folgte allen Bedenken zum Trotz ihrer Schwester, wobei sie vorsichtig über die jungen Setzlinge hinwegstieg. Das *hora* stand bereits kniehoch. Phoolan Devi sprang übermütig zwischen den strahlend gelben Senfblüten herum, wandte sich dann an Rukhmini und erklärte inbrünstig: »Eines Tages wird das hier *uns* gehören!« Rukhmini bezweifelte das, ließ sich aber neben ihrer Schwester nieder, die das grüne *hora* von den größeren Pflanzen zupfte. Sie saßen da, schwelgten im Luxus ihrer Umgebung und kauten die weichen, nußartigen Erbsen, bis sie Maiyadins Diener und Wachmann quer über das Feld auf sich zukommen sahen.

Phoolan Devi packte ihre Schwester am Handgelenk und sagte: »Überlaß das mir.« Rukhmini hatte erwartet, daß es Ärger geben würde, und war wenig begeistert, als sich ihre Erwartung so schnell erfüllt hatte.

»Was macht ihr beiden hier?« wollte der Diener von ihnen wissen. »Geht heim!«

»Wir sitzen hier nur«, antwortete Phoolan Devi. »Außerdem *sind* wir hier eigentlich daheim«, erklärte sie ihm lachend und bot ihm etwas *hora* aus ihrer Handfläche an.

»Spar dir die *bakwas* – Maiyadin wird dir die frechen Antworten schon austreiben. Wenn ihr nicht gleich verschwindet, hole ich ihn.«

»Dann holen Sie ihn halt«, sagte Phoolan und lächelte weiter, als könne sie kein Wässerchen trüben.

Wie erwartet, kehrte der Diener mit seinem Herrn zurück. Rukhmini wollte weglaufen, aber Phoolan war entschlossen zu bleiben, deshalb blieb sie ebenfalls. Sie sahen, wie Maiyadin, in gestärkten, weißen Kleidern, über die Felder in ihre Richtung kam.

»Sieh ihn dir an«, sagte Phoolan zu Rukhmini. »Er kleidet sich wie ein Thakur. Dabei ist er in Wahrheit ein ganz gewöhnlicher Dieb.«

Maiyadin, der immer näher kam, sah selbstbewußt und arrogant aus. Seine Miene war zu der eines mächtigen Mannes verhärtet, obwohl er erst Anfang zwanzig war. Er fixierte Phoolan Devi, die er als Urheberin dieser Szene identifizierte, und sagte ruhig, aber bestimmt: »Geht heim.«

»Aber hier *sind* wir daheim«, erwiderte sie trotzig. »Das habe ich schon deinem Diener erklärt.«

»Verschone mich mit deinen vorlauten Reden. Steht auf.

Beide. Steht auf und verschwindet – und laßt euch nie wieder auf meinem Land blicken.« Er brüllte jetzt.

Vollkommen ungerührt pflückte Phoolan Devi eine Senfblüte und starrte ihn an: »*Dein* Land? Wer sagt denn, daß das dein Land ist? Hä?«

Maiyadin wandte sich an seinen Diener und befahl ihm, die beiden zu verjagen. Der Diener, der sich lieber nicht mit Phoolan Devi anlegen wollte, packte Rukhmini und begann, sie zum Feldrand zu zerren. Phoolan eilte ihrer Schwester zu Hilfe, wurde aber von Maiyadin beiseite gezogen. Sie wehrte sich mit aller Kraft, biß ihm in die Hand, beleidigte ihn und schaffte es sogar, ihn zu Boden zu werfen, indem sie ihre Beine um seine schlang. Einen winzigen Augenblick lang konnte sie das Gefühl auskosten, die makellosen weißen Kleider ihres Cousins dreckbefleckt zu sehen. Er kam sich gedemütigt vor, und sein Gesicht war wutverzerrt. Phoolan kann sich nicht erinnern, was dann geschah, weil sie das Bewußtsein verlor. Sie nimmt an, daß er ihr mit einem Holz oder einem Stein auf den Kopf schlug.

In ihrem Tagebuch steht: »Er ließ uns dort, ging zu unserem Haus und brachte meine Eltern vor den Dorf-*sarpanch*. Er beklagte sich: ›Die Töchter dieses Mannes haben *hora* von meinem Feld gestohlen.‹ Der *sarpanch* befahl, daß meine Eltern geschlagen werden sollten, da sie für unser Verhalten verantwortlich seien. Meine Mutter flehte ihn an und sagte, wir seien doch noch jung, aber trotzdem wurden meine Eltern verprügelt und mißhandelt. Meine Mutter sagte mir später: ›Es war, als wollten sie mir jeden Knochen im Leibe brechen.‹ So zugerichtet kamen meine Eltern auf das Feld, um uns zu holen. Meine Mutter weinte immerzu und sagte, wir könnten nicht im Dorf bleiben. Sie bettelte meinen Vater an, passende Bräutigame für meine Schwester und mich zu suchen. Es war das Jahr 1967. Innerhalb weniger Wochen besuchte mein Vater einen Jungen aus dem Dorf Teoga, den er für Rukhmini ausgesucht hatte, weil sie älter war als ich. Er kam zurück und sagte, daß der Junge und seine Familie zu ihr passen würden.

Meine Mutter bat, er solle versuchen, sich etwas Geld für die Hochzeit zu borgen, aber obwohl er zu fast jedem im Dorf ging, wollte ihm niemand etwas geben, weil sie sich alle vor dem *sarpanch* und vor Maiyadin fürchteten. Also ging mein Vater schließlich ins Dorf Narhan, besorgte sich dort etwas Geld, für das er sein Land als Sicherheit gab, und meine Schwester wurde verlobt.

Man traf alle Vorbereitungen, und alles war für die Hochzeit bereit, aber acht Tage vor dem gesetzten Termin erfuhr der *sarpanch* davon und fragte, woher der *baraat* (die Familie des Bräutigams) käme. Jemand erzählte ihm, sie sei aus dem Dorf Teoga im Distrikt Kanpur.

Meine Eltern hatten keine Ahnung, was vor sich ging. Unsere Verwandten hatten sich vor unserem Haus versammelt, und die Feier hatte begonnen. Am Tag der *tikka*-Zeremonie gingen die Verwandten vor das Dorf, um den Bräutigam zu empfangen, aber weder der *baraat* noch der Bräutigam waren zu sehen. Sie kehrten nach Hause zurück und fragten sich, was passiert sein mochte und warum der *baraat* noch nicht eingetroffen war. Kurz darauf kamen Maiyadin und der *sarpanch* zusammen mit der Polizei und erklärten, daß meine Schwester minderjährig sei. Sie beschuldigten meinen Vater, sie verkauft zu haben. Mein Vater stritt das ab und sagte, er hätte das Geld geliehen, aber sie schenkten ihm kein Gehör. Statt dessen bedrohten sie unsere Verwandten und verlangten, sie sollten ihnen die Wahrheit sagen.«

Die indischen Gesetze verbieten Kindesheiraten und die Zahlung von Mitgift, aber unter den sozialen und ökonomischen Gegebenheiten in den Dörfern sind diese Gesetze bedeutungslos. Sie dienen lediglich dazu, Menschen zu erpressen und jene einzuschüchtern, die den Behörden ein Dorn im Auge sind. Im übrigen werden die uralten Traditionen nicht nur geduldet, sondern innerhalb der Dorfgesellschaft sogar gefördert. Von wenigen Ausnahmen abgesehen, wird diese Sitte in fast jedem Dorf noch praktiziert.

»Schließlich zog der *sarpanch* meine Eltern beiseite und sagte, er würde die Polizei überreden, sie ›diesmal‹ noch laufenzulassen. Allerdings würde das etwas kosten. Mein Vater hatte 2000 Rupien für die Hochzeit geborgt, die sie ihm abnahmen; Maiyadin kettete außerdem eine seiner Kühe los und übergab sie dem *daroga* (Inspektor). Erst dann zog die Polizei wieder ab.

Weil mein Vater so aufgeregt und verzweifelt war, sagte einer unserer Verwandten, er kenne noch einen Jungen, mit dem man Rukhmini schnell und in aller Stille verheiraten konnte, um ihr ein Leben in Schande zu ersparen. Mein Vater ging zu seiner Familie. Die Leute waren sehr arm und waren augenblicklich einverstanden, und meine Schwester wurde in aller Eile verheiratet. Ich wußte, daß ich als nächstes drankommen würde.«

All den Erniedrigungen zum Trotz, die sie vor ihrer Hochzeit hatte ertragen müssen, liebte Rukhmini ihren Ehemann Rampal. Sie bekamen drei Kinder, bevor er einige Jahre später in Gwalior starb. Es waren die Kinder, die ich in den Polizei-Unterkünften kennengelernt hatte: Mathra Prasad, Usha und Santosh.

KAPITEL 5

Kindsbraut

Während ich in einem gemieteten Jeep über den Chambal fuhr, der die Grenze zwischen Madhya Pradesh und Uttar Pradesh bildet, brütete ich über Phoolan Devis Notizen. Seit meiner Schulzeit hatte ich kaum mehr Hindi gelesen, und so kämpfte ich mich im Schneckentempo durch die handgeschriebenen Seiten und die unvertraute Schrift. Manchmal half mir der Fahrer des Jeeps, Lakshman Rao, beim Entziffern der Sätze und Absätze, die ineinander überzugehen schienen und Auge und Verstand ermüdeten. Obwohl mir die Schrift mit der Zeit vertrauter wurde und ich besser zurechtkam, wurde mir irgendwann klar, daß ich, wenn ich nicht zuviel Zeit vergeuden wollte, jemanden in Bombay oder Delhi engagieren mußte, der mir den Text ins Englische übersetzte.

Doch so mühsam der Prozeß auch war, Phoolans Leben rollte langsam vor mir ab, während wir durch die Schluchten Zentralindiens fuhren. Gegen Abend machten wir halt, sobald sich uns eine Gelegenheit bot.

Es war Mai. Wasser war knapp, was uns große Probleme bereitete. Die Brunnen waren entweder trocken oder enthielten nur noch Wasserreste am Grund. Die stets hilfsbereiten Dorfbewohner liehen uns ihre an endlos lange Seile gebundenen Eimer, damit wir das Wasser heraufziehen konnten. Wir förderten eine schlammigbraune, keineswegs trinkbar scheinende Brühe zutage. Der Fahrer erklärte mir, daß er dieses Wasser nicht einmal für den Kühler des Jeeps brauchen konnte, der inzwischen literweise Wasser verschlang. So begannen wir, an Bächen und Flüssen anzuhalten, in die Mitte zu waten, wo

66

die Strömung am stärksten war, und das Wasser zu trinken. Wir konnten nur hoffen, daß es dort weniger verschmutzt war als am Ufer.

Die Flüsse waren unsere Rettung. Insgesamt fünf schlängelten sich durch das Gebiet. Abgesehen davon, daß wir Trinkwasser und Wasser für den Jeep brauchten, machte uns auch die schmorende Sonnenhitze zu schaffen. Auf Vorschlag des Fahrers kaufte ich in einem Marktflecken zwei Handtücher sowie einen Plastikeimer, den wir mit Wasser füllten und im Jeep auf den Boden stellten. Etwa eine halbe Stunde weichten wir die Handtücher ein und wickelten sie uns während der Fahrt um. Das brachte große Erleichterung – eine Art primitive Klimaanlage! Ein weiteres technisches Problem stellte sich. Der Metallboden des Jeeps war so heiß, daß der Plastikeimer zu schmelzen begann, deshalb besorgten wir uns einen neuen aus Metall. Danach mußten wir uns mit heißem Wasser für die Handtücher begnügen, die aber beim Trocknen im Fahrtwind abkühlten.

Zum ersten Mal in meinem Leben bekam ich zu spüren, wie entsetzlich Durst sein kann und wie wichtig Wasser ist. Essen wurde bedeutungslos. Ich begann zu begreifen, was für ein Leben Phoolan Devi geführt hatte. Sie hatte viele solcher Sommer fast schutzlos in den Schluchten verbracht.

Wir waren auf dem Weg nach Kanpur, als mir klar wurde, daß wir dabei durch Kalpi kommen würden, jener Stadt, der Phoolan Devis Geburtsdorf am nächsten liegt. Das Dorf Nagina, aus dem ihre Mutter Moola stammte, lag ganz in der Nähe. Moola war dort gerade auf Besuch. Also bat ich den Fahrer, in Kalpi anzuhalten und nach dem Weg zu fragen. Er sah recht resigniert aus, als er hörte, daß ich schon wieder ein Dorf in den Schluchten besichtigen wollte, statt in die Stadt zu fahren, wo uns wenigstens etwas Komfort und Schutz vor der gnadenlosen Hitze erwarteten. Ich versprach ihm, daß wir dort Schlafplätze, Wasser und Essen bekommen würden, außerdem lag der Ort am Ufer der Yamuna, so daß er baden und nach

Herzenslust schwimmen konnte, während ich Phoolans Mutter und die anderen Familienmitglieder interviewte. Er lachte und antwortete: »Um mich brauchen Sie sich keine Gedanken zu machen – ich bringe Sie, wohin Sie wollen. Wenn Sie es aushalten können, dann kann ich es auch. Immerhin bin ich ein Mann!«

Bei Einbruch der Dunkelheit erreichten wir das Dorf Nagina. Lakshman Rao hatte die Sache in die Hand genommen und wies mich an, im Jeep zu bleiben, während er nachforschte, wo das Haus oder die Hütte stand. Ich befolgte dankbar seine Anweisungen, denn ich wußte, daß er weniger Aufsehen im Dorf erregen würde als ich, wenn ich auf der Suche nach Phoolan Devis Mutter in der Dunkelheit herumgewandert wäre. Ich zündete mir eine Zigarette an und stapelte die verstreut im Jeep liegenden Sachen aufeinander. Ich wußte, daß wir alles würden tragen müssen.

Aber ich irrte mich. Nach einer Weile sah ich eine Gruppe auf den Jeep zukommen – Schatten im Dunkeln, da das Dorf ohne Strom war. Es war Lakshman Rao, gefolgt von Moola, ihrem ältesten Bruder und einer Horde Kinder. Der Empfang war unbeschreiblich. Sie behandelten mich wie einen Ehrengast, denn sie waren beeindruckt, daß ich eine so lange Reise unternommen hatte, um sie zu besuchen. Die Kinder wollten im Jeep fahren, und Moolas Bruder erklärte mir, das Auto solle aus Sicherheitsgründen beim Haus geparkt werden. Die Straße führte direkt zu seinem Kuhstall. Die Kinder drängten sich im Auto, während die Erwachsenen, der Fahrer ausgenommen, im Scheinwerferlicht vorangingen.

In ihrem ummauerten, nicht überdachten Hof unterhielten wir uns im Licht der Kerosinlampen bis tief in die Nacht. Sie waren unvorstellbar gastfreundlich. Eilends wurde gekocht – *dal*, Kartoffeln und heiße *rotis*. Wasser, das in einem riesigen, irdenen Topf gebracht wurde, schien es im Überfluß zu geben. Man erklärte mir, daß es »sicher« sei, da es aus einem tiefen Röhrenbrunnen stammte, der bis weit unter den natürlichen

Grundwasserspiegel des Dorfbrunnens gebohrt worden war. Moola bot an, das *charpai* – ein Seilbett – mit mir zu teilen, so daß ich mit ihr im Hof schlafen konnte, dem kühlsten Ort des Hauses. Lakshman Rao meinte, es mache ihm nichts aus, im Jeep zu schlafen, aber davon wollte die Familie nichts hören. Der Jeep, sagten sie, sei beim Kuhstall völlig sicher; er würde ebenfalls Bettzeug bekommen und könne auf dem Dach schlafen, dem zweiten kühlen Fleck des Hauses. Ganz offensichtlich fühlte er sich wohl und entspannt; inzwischen hatte er sich unserem Projekt ganz und gar verschrieben.

Ein paar Dinge beeindruckten mich. Sobald wir mit dem Essen fertig waren, sagte Moola: »Rauchen Sie Ihre Zigarette – keine Angst, Sie sind unter Freunden.« Sie wußte, daß ich mir das Rauchen verkniffen hatte, weil ich keinen schlechten Eindruck bei ihrer Familie machen wollte. Sie erklärte mir, die Menschen sollten sich nicht von der Meinung anderer einschränken lassen, solange ihr »Herz und ihre Absichten« rein waren. Ich lachte und reichte mein Zigarettenpäckchen unter den Männern der Gruppe herum. Keiner rauchte Zigaretten. Alle zogen *bidis* vor und boten mir im Gegenzug eines an. Lakshman Rao fragte mich leise, ob er die Rumflasche bringen solle, die er für mich in Kalpi gekauft hatte. Ich sagte, er solle die anderen fragen. Alle waren der Meinung, daß wir feiern sollten, und so tranken wir Rum und erzählten uns Geschichten, bis Moola fand, daß es Zeit zum Schlafen war.

Am nächsten Tag erwachten wir im Morgengrauen. Moola verriet mir, daß zu dieser Tageszeit die Frauen im Fluß baden konnten, ohne daß sie jemand beobachtete. Offensichtlich standen die Frauen als erste im Dorf auf und bereiteten sich auf den Tag vor. Als wir durch das stille Dorf zum Fluß gingen, schlug sie sich plötzlich in ein Feld, reichte mir einen Blechbecher voll Wasser und sagte: »Es ist gut für den Boden. Am besten hockt man sich genau über die Risse der Erde, aber im Grunde ist das egal. Wir sehen uns am Fluß.«

Während wir im Fluß badeten und die Kleider wuschen, die

wir tags zuvor getragen hatten, fragte ich sie, ob ich sie interviewen könne.

»Sie können mich jederzeit befragen«, sagte sie. »Vielleicht fahre ich sogar mit Ihnen nach Gwalior zurück. Reden Sie mit Mannu.«

»Wer ist Mannu?« fragte ich.

»Ein entfernter Verwandter. Er weiß viel über Phoolan und hat ihr früher oft geholfen. Er weiß noch mehr als ich.« Sie erklärte mir, daß er ein schüchterner Mensch sei, der nicht gern im Mittelpunkt stehe und sich deshalb möglichst nicht in die Familienangelegenheiten mischte. Sie sagte, sie würde mich ihm vorstellen, nachdem wir unsere Kleider getrocknet und etwas gegessen hätten.

Mannu war genau so, wie Moola ihn beschrieben hatte: schüchtern, zurückhaltend, vorsichtig und kein Mann großer Worte. Sie stellte uns einander vor und erklärte ihm fast verschwörerisch, daß Phoolan beschlossen habe, mir zu vertrauen. Allein für diese Offenbarung war ich ihr schon dankbar. Nachdem sie mich eingeführt hatte, erklärte sie, daß sie zum Kochen gehen müsse und mich später wiedersehe.

Mannus am Rand der Schlucht gelegene Hütte war äußerst einfach, aber schön. Die Lehmwände waren zur Hälfte mit überhängenden Ästen bedeckt, die aus dem Dschungel dahinter herauswuchsen. Auch hier gab es einen offenen, nicht überdachten Innenhof, in dem wir saßen. Ich beschloß, gleich auf das Wesentliche zu kommen, um sein Mißtrauen abzubauen, und zeigte ihm, was ich von Phoolan Devis »Tagebüchern« besaß. Er las ausgesprochen interessiert darin, während ich schweigend daneben saß. Ich erklärte ihm, daß ich zwar einigermaßen Hindi sprechen konnte, das Lesen mir aber Schwierigkeiten machte. Er nickte nur. Ich war bis zu der Schilderung von Phoolans Hochzeit gekommen, die nach Rukhminis stattgefunden hatte, und fragte ihn, ob er mir etwas über die damalige Zeit erzählen könne. Er sagte, er sei bei der Feier nicht dabeigewesen, aber er sei Zeuge der vorausgegangenen Verhandlungen gewesen. Ich bat ihn, mir alles zu erzählen, was er noch über dieses Ereignis wußte. Er erzählte mir folgendes:

Er hatte seine Tante besuchen wollen und festgestellt, daß sich die Familie große Sorgen machte. Sie fürchteten sich vor Maiyadins Macht und Einfluß im Dorf und vor dem, was die Zukunft ihnen bringen mochte. Devidin brauchte Hilfe beim Bestellen der Felder, deshalb bot Mannu ihm an, eine Weile dazubleiben. Er selbst hatte es sich damals in den Kopf gesetzt, Arbeit in Kanpur zu finden, wo er einige Leute kannte, und wartete zur Zeit auf »eine Antwort«.

Am Spätnachmittag sah er zum ersten Mal Puttilal, jenen Mann, den ihr Onkel mütterlicherseits für Phoolan Devi ausgesucht hatte. Puttilals Verwandte lebten in Gorha Ka Purwa, Devidins Dorf, deshalb hatte es bereits Gespräche zwischen den beiden Familien gegeben. Phoolan wußte das nicht, doch ihre Mutter hatte sich anfangs gegen den Vorschlag gesperrt. Sie hatte erklärt, Puttilal sei zu alt – er war zwanzig Jahre älter als ihre Tochter –, und war wütend auf ihren Bruder, der ihren Mann auf diese Idee gebracht hatte. Devidin hatte jedoch nicht nachgegeben, sondern betont, daß die Familie des Bräutigams wohlhabender sei als seine und daß Phoolan eine feste Hand brauche. Allen Protesten seiner Frau zum Trotz hatte er Puttilal eingeladen, um die Verlobung zu besprechen. Als schließlich der Tag gekommen war, ließ sich Moola ihre Abneigung nicht anmerken.

Zwei mit bunten Decken belegte *charpais* waren die einzige Sitzgelegenheit in dem winzigen, lehmummauerten Innenhof. Die Idee einer eigenen Intimsphäre war im Dorf unbekannt. Jeder wurde ununterbrochen beobachtet, bis die Zuschauer sich langweilten oder das Interesse verloren. So versammelten sich, sobald Puttilal zusammen mit einem älteren Mann – seinem Vater oder einem Verwandten – eingetroffen war, immer mehr Menschen vor der Tür zur Straße. Phoolan fühlte sich elend und niedergeschlagen. Sie war im Haus, um sich angemessen anzukleiden, umgeben von ihren jüngeren Schwestern und anderen Mädchen ihres Alters aus dem Dorf. Man hatte ihr das Haar gewaschen und geölt, die Kleider frisch geschrubbt. Das einzig neue Kleidungsstück war eine rosa *dupatta* – ein dünner Schleier –, mit der sie sich den Kopf bedecken sollte, bevor sie dem Mann gegenübertrat, den sie heiraten sollte.

Devidin hatte seinen Sohn auf dem Schoß und saß Puttilal und seinem unbekannten Verwandten gegenüber. Shiv Narain war der Beweis für seine Männlichkeit. Seine Töchter waren der Beweis für seine Bürde. Mannu saß neben ihm, während Moola damit beschäftigt war, den Gästen Tee und Süßigkeiten zu reichen. Die Atmosphäre war gespannt, die Konversation wurde immer zäher. Die Zuschauer aus dem Dorf verfolgten mit zunehmender Neugier das Schauspiel, wobei die Kinder am vorwitzigsten waren. Sie schlüpften in den Hof und schossen wieder hinaus, bis Moola, die an sie gewöhnt war, einem einen Schubs gab und ihnen befahl, sich im Hintergrund zu halten.

Mannu machte der Anblick jenes Mannes, den seine Cousine heiraten sollte, traurig. Puttilal war hager, schien humorlos und sah älter aus, als er war. Phoolan hingegen war ein aufgewecktes Kind, voller Freude und Lachen und ebenso leichtsinnig wie rebellisch. Sie hatte an jenem Tag kaum mit Mannu gesprochen und ihn wie einen Verräter behandelt, dabei war er, wie er erklärte, ein ebenso hilfreicher Beobachter wie alle anderen. Jahre später sollte sie ihn um Hilfe bitten, aber das konnte an jenem Nachmittag im Hochsommer noch niemand ahnen.

Als ihnen die unverfänglichen Themen endlich ausgingen, kam Puttilals Verwandter auf den Punkt. »Können wir das Mädchen wenigstens sehen? Es wird spät, und wir möchten den Handel heute noch abschließen, bevor wir gehen.«

Moola, die gerade *puris* briet, rief ins Haus: »*Bitia!* Wieso brauchst du so lange? Komm heraus!« Phoolan trat wie befohlen mit bedecktem Haupt aus der Tür, die Augen fest auf den Boden gerichtet, und setzte sich wortlos neben ihren Cousin.

Der Preis wurde in ihrer Gegenwart ausgehandelt. Puttilal und der ältere Mann musterten sie schamlos. Sie wirkten nicht überzeugt, aber das war, wie Mannu erklärte, wahrscheinlich ein Trick, um einen guten Preis auszuhandeln. Sein Onkel Devidin spürte ihren mangelnden Enthusiasmus und sagte: »*Vo sai hai.*« (Sie ist keusch.) »*Kisi ne uspe haath nahin dala.*« (Niemand hat Hand an sie gelegt.)

»Darum geht es nicht«, erwiderte Puttilal sofort. »Wenn wir daran Zweifel hätten, wären wir gar nicht gekommen. Unsere Familie ist im Dorf hoch angesehen. Ich will wissen, wieviel Sie für sie wollen.«

»Ich bin ein armer Mann«, erwiderte Devidin. »Wie Sie sehen können, ist sie noch jung. Sie kann auch schwer arbeiten. Sie kann arbeiten wie ein Mann.«

»Wir haben es in letzter Zeit auch nicht leicht gehabt«, wandte Puttilal ein. »Meine erste Frau ist gestorben. Ich bin auch ein armer Mann. Wie wäre es mit einer Milchkuh und einem Fahrrad – für Ihren Sohn?«

Devidin betonte noch einmal, daß er Geld, Bargeld brauche.

Plötzlich gab es einen Aufruhr. Die Dorf-»Irre«, der Phoolan hin und wieder geholfen hatte und die mit ihr und Rukhmini im Fluß gebadet hatte, drängte sich durch die Menge und schrie Devidin an, eine Hand in die Hüfte gestemmt: »Kennst du keinen Anstand? Eine Kuh und ein Fahrrad? Ihr sagt, ich bin verrückt, aber in Wirklichkeit seid ihr verrückt – gefangen in eurer Gier!« Sie machte kehrt und bahnte sich wieder einen Weg durch die Zuschauer, wobei sie alle Anwesenden verfluchte. Ihr dürrer Leib wurde notdürftig von einem zerrissenen, schäbigen *sari* verhüllt. Doch ihre Intervention brachte nichts.

Moola sprach zum ersten Mal. Sie wandte sich direkt an Puttilal und bestand auf der *gauna*. So bezeichnet man in dieser Gegend eine Übereinkunft, in der festgelegt wird, wann die Kindsbraut zu ihrem Ehemann zieht. Sie forderte drei Jahre, und schließlich wurde man handelseinig. Puttilal erhöhte sein erstes Angebot um 100 Rupien – damals ungefähr 30 DM.

»Was sich danach ereignete«, sagte Mannu, »weiß ich nicht.

Sie wurde verheiratet, nachdem ich fortging, und ich sah sie erst ein paar Jahre später wieder.«

Ich erkannte, daß ich einen begabten Geschichtenerzähler mit einem erstaunlichen Erinnerungsvermögen vor mir hatte, und fragte ihn, ob ich ihn noch einmal besuchen dürfe. Er sagte, daß er mit uns nach Gwalior reisen und Phoolan im Gefängnis besuchen würde. Er wisse noch viel mehr über Phoolan Devi, betonte er, aber das meiste könne er erst erzählen, nachdem er mit ihr gesprochen habe. Ich erklärte mich einverstanden und erzählte, daß ich eines Tages in Phoolan Devis Dorf reisen wolle. Er riet mir, mit der »Irren« zu sprechen, die von der Gesellschaft ausgestoßen worden, aber »eigentlich gar nicht so verrückt« sei. Ich sagte, daß ich das machen würde; und viele Monate später tat ich es auch.

Als ich mich später an jenem Abend mit Moola unterhielt, fragte ich, was aus der *gauna*-Übereinkunft geworden sei. Ich hatte gelesen, daß Phoolan weniger als drei Monate nach ihrer Hochzeit zu ihrem Ehemann gezogen war.

Sie schüttelte den Kopf und sagte mit tränenerstickter Stimme: »*Bitia*, Armut ist etwas Schreckliches. Sie zwingt uns zu schrecklichen Taten. Wie kann ich es anders erklären?«

Ich beschloß, die Frage auf sich beruhen zu lassen. Phoolan würde mir die Antwort geben können; ich hatte nur die Fakten überprüfen wollen, um den genauen Ablauf der Ereignisse herausarbeiten zu können.

Phoolan Devi antwortete mir viel später in einem Brief auf die gleiche Frage:

»Er kam mich schon nach ein paar Monaten holen, weil er eine Frau brauchte, wie er sagte. Er erklärte meinem Vater, wenn er nicht einverstanden sei, dann würde die Heirat annulliert, und er würde sich eine andere, geeignetere Frau suchen. Mein Vater erklärte sich bereit, mich gehen zu lassen, und sagte, daß meine ›Schande‹ nur noch größer werden würde, wenn ich nicht ginge.«

Als Phoolan mit ihrem kleinen Kleiderbündel das Haus verließ, weinte ihre Mutter; ihr Vater brachte die Kuh auf die Weide, und ihr Bruder fiel von dem Fahrrad, das viel zu groß für ihn war. Schweigend folgte Phoolan Devi ihrem Ehemann mit ein paar Schritten Abstand, und sie wußte, daß ein Abschnitt ihres Lebens zu Ende war. Der Mann, der ihr in das Dorf Maheshpur Ki Mariya voranging, war ihr vollkommen fremd. Trotzdem hatte sie bereits gelernt, ihn zu fürchten.

In ihren Tagebüchern steht: »Ich wußte nicht, was es bedeutete, einen ›Ehemann‹ zu haben, und als er zudringlich wurde, schrie und brüllte ich, weil ich nicht wußte, was das zu bedeuten hatte. Meine Angst machte ihn wütend, und dann schlug er mich. Er behandelte mich wie ein Tier. Er faßte mir an die Brüste, sagte, ich sei wie ein Baby-*teetar* (ein Rebhuhn), und fragte, wann ich endlich zur Frau werden würde. In meinen Augen war er pervers. Bald darauf erfuhr ich, daß seine erste Frau im Alter von vierzehn Jahren im Kindbett gestorben war – zusammen mit dem Kind. Als er mich mit nach Hause nahm, war ich elf.

Vor Angst wurde ich krank. Meine Mutter hörte davon und schickte meinen Vater, um mich zu holen. Zuerst wollte er nicht. Man hatte ihn beleidigt und gedemütigt, als er mich das letzte Mal besuchen wollte. Sie hatten Geld dafür verlangt, daß sie ›mich ertragen‹ mußten. Aber meine Mutter bettelte immer weiter, und so kam er doch. Sie sagte, wenn Gott einem Kinder schenkt, dann sollte er die Armut nicht im gleichen Zug austeilen. Als mein Vater mitten in der Nacht kam, um mich nach Hause zu holen, wurde er wieder beleidigt. Mein Ehemann sagte, man habe ihm ›vorgetäuscht‹, daß ich eine ganz andere Art von Frau sei. Er würde mich nur wieder aufnehmen, wenn mein Vater ihm 10 000 Rupien zahlte.

Ich weiß noch, daß es Nacht war und regnete. Sie gaben einfach nicht nach. Wenn er nicht bezahlen könnte, dann sollte er mich mitnehmen und gehen. Ich hatte hohes Fieber, deshalb trug mich mein Vater drei *kos* (zehn Kilometer) auf dem Rücken, in eine Decke gewickelt, bis in den *thana* (Bezirk) Sikandra. Dort fand er einen Doktor, der meine Krankheit als Masern diagnostizierte. Mein Vater kaufte für zehn Rupien Medizin und trug mich zur Bushaltestelle. Dort lag ich die ganze Nacht und wartete auf den Morgenbus zu unserem Dorf.

Meine Mutter schluchzte, als sie sah, in welcher Verfassung ich nach Hause kam. Sie meinte, es wäre besser gewesen, wenn ich gestorben wäre. Woher sollten sie 10 000 Rupien nehmen, und wie sollten sie es sich leisten können, mich ein Leben lang mit durchzufüttern? Außerdem hatte Puttilal mich mehr oder weniger hinausgeworfen, und es würde sich im Dorf herumsprechen, daß ich ›Schande‹ über meine und über seine Familie gebracht hatte. Niemand würde mich heiraten, weil ich immer noch seine ›Ehefrau‹ war, und alle würden erfahren, daß er mich verstoßen hatte. Die Reaktion meiner Mutter erschreckte und verletzte mich, aber ich wußte, daß sie recht hatte. Es gab für mich keine Zukunft im Dorf. Damals fühlte ich mich zu krank, um lange darüber nachzudenken. Ich war nur froh, wieder daheim zu sein, ganz egal, was für Folgen das auch haben mochte.

Als Maiyadin herausfand, daß mich mein Ehemann aus dem Haus geworfen hatte, kam er wieder mit dem *sarpanch* und sagte, wenn mein Vater ein gestempeltes Papier unterschreibe, würden sie dafür sorgen, daß Puttilal mich wieder aufnähme. In seiner Verzweiflung ließ mein Vater sich überreden und wollte schon unterschreiben, da zog jemand meine Mutter beiseite und erklärte ihr, daß das Papier, das keiner von uns lesen konnte, eine Erklärung enthielte, daß mein Vater nicht Biharilals leiblicher Bruder sei und deshalb keinen Anspruch auf das Land und Eigentum meines Großvaters habe. Als meine Mutter das hörte, packte sie die Hand meines Vaters und sagte, sie würde ihn auf keinen Fall unterschreiben lassen, ganz egal, ob ich zu meinem Ehemann zurückginge oder nicht. Maiyadin tobte vor Wut. Damals war ich dreizehn oder vierzehn.«

Moola beschloß, Phoolan vorübergehend ins Nachbardorf Teoga zu schicken, wo sie bei einer entfernten Tante wohnen sollte, deren Schwiegertochter gerade entbunden hatte. Der Besuch, dachte Moola, würde beiden nützen. Phoolan konnte ihrer Tante im Haushalt helfen; und bis sie zurückkehrte, hofften alle, wäre der Tratsch über sie und Puttilal vergessen.

Als Phoolan in das Haus ihrer Tante kam, wurde sie ihrem Sohn Kailash vorgestellt. Er war frisch verheiratet, doch langweilte er sich bereits mit seiner Frau und dem Baby. Phoolans Ankunft in ihrem Haushalt verlieh seinem Leben neuen Reiz. Seine Cousine hatte viel vom Leben gesehen und nicht so zurückgezogen gelebt wie seine Ehefrau. Phoolan hatte Witz und Humor und war für jeden Spaß zu haben. Ihre scharfe Zunge, ihre Zuversicht, die sie trotz allem, was sie durchgemacht hatte, bewahrt hatte, beeindruckten ihn. Eines Tages lud er sie ein, ihn nach Kanpur zu begleiten, damit er ihr die Stadt zeigen konnte. Phoolan, die noch keinen größeren Ort als Kalpi gesehen hatte, war begeistert. Sie hatte ihren Vater zu einem Gerichtstermin nach Allahabad begleitet, aber das zählte nicht; von Allahabad hatte sie nichts gesehen außer einer Busfahrt von der Busstation zum Gericht und die Gänge und Räume des Gerichtsgebäudes.

Sie fuhr im Bus mit Kailash nach Kanpur. Die Stadt war riesig, atemberaubend, und Phoolan kam sich in ihrem Dorf-*sari* und den billigen Plastiksandalen wie eine Bettlerin vor. Doch Kailashs Aufmerksamkeit – er kaufte ihr einen Satz gläserner Armreifen in verschiedenen Farben und führte sie durch Marktstraßen, wo er ihr alles zeigte – schlugen sie so in Bann, daß sie an jenem Tag kaum etwas außer ihm wahrnahm. Er schien die Stadt gut zu kennen, und auch das beeindruckte sie. In einem berühmten Tempel erklärte er ihr, daß er sie heiraten wollte. Sie lachte und sagte ihm, er solle keine Dummheiten reden, er sei bereits verheiratet und hätte sogar ein Kind! Um seine Gefühle zu verdeutlichen, legte er im inneren Schrein des Tempels eine Girlande über ihren Kopf und verkündete, daß sie »im Geist« seine Ehefrau sei. Nur sie würde er wirklich begehren. Phoolan Devi hatte, abgesehen von Puttilal, keinerlei Erfahrung mit Männern, und eine solche Romanze war ihr vollkommen neu.

Kailash nahm sie mit in einen Teeladen voller Männer. Sie fühlte sich als einzige Frau fehl am Platz, aber in Gesellschaft ihres Cousins trotzdem sicher. Auch hier nahm er auf ihre Gefühle Rücksicht und stellte sie gleich der alten Frau vor, deren Sohn das Geschäft gehörte. Phoolan unterhielt sich mit der alten Frau und schaute in den Schwarz-Weiß-Fernseher, der hoch an einer Wand hing. Die lebenden Bilder faszinierten sie. Sie erinnerte sich an Filmausschnitte mit Hindu-Liedern. Sie beobachtete Kailash, der sich mit einer Gruppe kartenspielender junger Männer unterhielt. Später, auf dem Heimweg, machte Kailash eine Bemerkung, daß »sie alle miteinander« *baghis*, Banditen, seien. Sie glaubte ihm nicht. Vermutlich wollte er nur Eindruck schinden, indem er geheime Verbindungen zu jenen Gesetzlosen andeutete, vor denen die meisten Menschen in der Gegend große Ehrfurcht hatten.

Die Wochen vergingen, und ihre Affäre entwickelte sich weiter, bis Kailashs Frau ihn eines Nachts zur Rede stellte. Sie hatte Tratsch im Dorf gehört. Ein paar Kinder hatten offenbar beobachtet, wie sie flußaufwärts nackt gebadet hatten. Phoolan Devi war überzeugt, daß ihr Liebhaber zu dem Schwur stehen würde, den er im Tempel geleistet hatte, aber Kailash beugte sich, obwohl er lange standhaft geblieben war, schließlich dem Druck der Familie und war damit einverstanden, daß man sie zurück zu ihren Eltern schickte. Verletzt und gedemütigt fuhr Phoolan Devi mit dem Boot über den Fluß zurück nach Gorha Ka Purwa. Wieder einmal stand sie im Mittelpunkt der wildesten Gerüchte. Nach kurzer Zeit hatte sie die Geschichte eingeholt und Maiyadin einen öffentlichen Skandal daraus gemacht.

Ich hatte Gelegenheit, Kailashs Dorf zu besichtigen, als ich Phoolans jüngere Schwester Ramkali besuchte, die dort mit ihrem Ehemann lebte und vor kurzem ihr erstes Kind geboren hatte. Damals war Kailash bereits tot, doch seine Witwe und seine beiden Kinder lebten noch mit ihren angeheirateten Verwandten im selben Haus. Ich hatte von Moola den Rat bekommen, mich »nicht mit ihnen einzulassen«, aber dem Klatsch und den Phantastereien konnte ich nicht entkommen. Eine alte Frau versicherte mir: »Phoolan Devi tanzte für diesen Mann nackt im Mondschein!« Viele vermuteten, daß Phoolan etwas mit seinem Tod zu tun gehabt hatte. Die Wahrheit scheint allerdings zu sein, daß er als »loses Mitglied« für mehrere *dacoit*-Banden in der Gegend arbeitete, Besorgungen erledigte, Essensvorräte anlegte und Nachrichten weitergab, wofür er offensichtlich gut bezahlt wurde. (Seine Familie lebte in einem der wenigen Ziegelhäuser vor Ort.) Möglicherweise überschritt er seine Grenzen oder mißbrauchte das in ihn gesetzte Vertrauen, so daß er von einer kleineren Bande aus Uttar Pradesh erschossen wurde. Seine kurze Affäre mit Phoolan Devi führte zu weiteren Konflikten. Inzwischen begann man ihr nachzusagen, sie sei allzu freizügig.

In ihrem Tagebuch steht: »Ich lebte wieder bei meinen Eltern. Wir arbeiteten eine Zeitlang schwer und lebten in Frieden. Drei meiner Schwestern waren noch nicht verheiratet, und mein Bruder war noch jung. Er war der erste in unserer Familie, der in die Schule ging. Mein Vater hatte begonnen, etwas Obst anzubauen, Honig- und Wassermelonen, auf einem Landstück neben dem Fluß, das er in seiner Verzweiflung einfach in Besitz genommen hatte. Ungefähr ein Jahr ging es uns gut, denn die Ernte war reichlich.

Dann begann Suresh Chand, der zweite Sohn des *sarpanch*, mir nachzulaufen. Ich mißtraute ihm, denn ich wußte, daß sein Bruder Ashok Chand Maiyadins Freund war. Ich ignorierte ihn so gut wie möglich, aber er begann, meine Mutter zu besuchen. Er war immer höflich und respektvoll und sagte, daß er auf unserer Seite sei. Sie mochte ihn, und sie bereitete ihm immer einen herzlichen Empfang, kochte ihm Tee und so weiter.

Sobald sie nicht in der Nähe war, machte er mir obszöne Gesten, zwinkerte mir zu und zeigte mir sein Geld. Wenn ich zum Brunnen ging, pfiff er mir nach, flirtete in aller Öffentlichkeit mit mir oder warf zum Spaß Steinchen auf meinen Krug. Ich erzählte das meiner Mutter, aber sie sagte, er sei einfach noch jung. Ich solle mich gar nicht um ihn kümmern. Im Grunde hielt sie ihn für harmlos. Er hatte es geschafft, sich bei ihr einzuschmeicheln, aber ich hielt Abstand zu ihm, denn tief in meinem Innersten wußte ich, daß ich ihm nicht trauen konnte. Schließlich wurde er zu einem regelmäßigen Gast in unserem Haus. Mein Vater freute sich ebenfalls über seine Besuche, denn jetzt sah es so aus, als würde wenigstens einer der Söhne des *sarpanch* auf unserer Seite stehen.«

KAPITEL 6

Entehrt

An manche Ereignisse aus ihrer Jugendzeit erinnert sich Phoolan Devi erstaunlich genau.

Es war spät am Abend, erzählte sie mir und beschrieb die Stimmung, die damals geherrscht hatte: Die Sonne hatte aufgehört zu brennen, und alles um sie herum war ruhig und still. In der Ferne hörte sie die Stimmen von Menschen auf dem Heimweg ins Dorf, Kuhglocken und das Kreischen der Vögel, die sich um die wenigen sicheren Nachtquartiere stritten.

In der Dämmerung beginnen auf den wenigen Bäumen, die in den Schluchten stehen, die Vögel mit großem Gezeter um ihre Lieblingsplätze zu raufen. Ich hatte ihnen oft zugeschaut und sofort verstanden, warum Phoolan das Wort »Kreischen« verwendet hatte, obwohl ich damals nicht wußte, welche Bedeutung diese Klänge und Bilder für sie hatten. Um das abergläubisch beobachtete Verhalten der Vögel und Tiere ranken sich viele Volkssagen im Chambal-Tal.

Die Felder um sie herum waren schon verlassen, als sie sich am Rande des Feldes ihres Vaters niedersetzte, um einen Augenblick zu verschnaufen. Das geschnittene *bajra* mußte noch gebündelt und mit langen, trockenen Schilfgräsern zusammengebunden werden. Danach würde sie es in mehreren Etappen auf dem Kopf zurück ins Dorf tragen. Die Ernte war mager. Das Getreide klammerte sich an den abgelegenen, von Schluchten und Klippen umgebenen Hang abseits der ergiebigeren Felder. Phoolan war so gedankenversunken, daß sie nicht bemerkte, wie hinter ihr auf dem Feldweg ein Fahrrad anhielt. Als sie eine Männerstimme ihren Namen rufen hörte, erschrak sie zuerst, sah dann aber zu ihrer Erleichterung, daß es Suresh Chand war. Seine Gesellschaft war ihr zwar unangenehm, doch immerhin war er ihr und ihrer Familie bekannt.

»Ach, du bist es«, hatte sie leichthin geantwortet und war aufgestanden, um die herumliegenden *bajra*-Bündel aufzusammeln. Er setzte sich neben sie und unterhielt sich eine Weile mit ihr, erzählte sie, dann bot er ihr an, die Last für sie auf seinem Fahrrad zu transportieren. Sie nahm dankbar an, denn dadurch ersparte er ihr viel Zeit und Mühe. Ermutigt durch ihre Dankbarkeit und ihr nachlassendes Mißtrauen, versuchte er, mit ihr zu flirten. Sie tat, als würde sie weder ihn noch seine Bemerkungen zur Kenntnis nehmen, und konzentrierte sich ganz auf ihre Arbeit.

Irgendwann hatte er sich ihr genähert, hatte ihr scheinheilig die Hand auf die Schulter gelegt und in etwa gesagt: »Man sagt, daß du gut auf dem Feld bist – daß ein Mann nie genug von dir bekommen kann.«

Augenblicklich war ihr klargewesen, was er im Schilde führte. Sie hatte sich gegen ihn gewehrt, ihn in die Hand gebissen und ihn mit Verwünschungen überhäuft. Danach war sie, so schnell sie konnte, den Abhang der Schlucht hinauf ins Dorf gelaufen.

Sie hatte den Dorfplatz erreicht, war an den verdutzten Dörflern vorbeigerannt und wollte gerade in die Gasse zu ihrem Haus einbiegen, als Suresh Chand mit seinem Fahrrad neben ihr zum Stehen kam. Er warf es zu Boden, stellte sich ihr in den Weg, streifte seine Ledersandale ab und begann sie damit ins Gesicht und auf den Kopf zu schlagen. Sie warf sich zu Boden, um sich vor den Schlägen zu schützen.

Sofort liefen die Leute herbei. Suresh Chand brüllte, außer sich vor Zorn: »Du *Sudra-Mallah*, du gemeine Hure! Ich werde dich lehren, dich zu benehmen!« Er begann sie zu treten und erklärte den Umstehenden, sie habe ihn in die Hand gebissen, weil er ihr einen Gefallen verweigert habe.

Sie schrie immer nur: »Er lügt ... Er lügt!« Er spie dicht

neben ihrem Gesicht in den Schmutz, dann hob er sein Fahrrad wieder auf und ließ sie inmitten der Schaulustigen zurück. Nie sollte sie vergessen, wie er sie an diesem Tag gedemütigt hatte.

»Nach diesem Vorfall sagten meine Eltern zu mir: ›*Beti* (Tochter), wir sind arme Leute. Sie sind reich. Wir können uns nicht wehren, deshalb mußt du diese Geschichte vergessen. Wir können es uns nicht leisten, gegen diese Menschen zu kämpfen.‹ Ich war voller Zorn und Scham. Mir wurde klar, daß es keine Gerechtigkeit auf der Welt gibt. Ich flehte Durga Mata an, Suresh Chand zu bestrafen, aber er stolzierte weiterhin wie ein eingebildeter Pfau durch das Dorf. Von da an hetzte er das ganze Dorf gegen uns auf. Freunde meiner Familie rieten meinen Eltern, das Dorf zu verlassen, aber wir konnten nirgendwohin. Ich kann gar nicht beschreiben, wie sie uns drangsalierten.«

Ungefähr zu dieser Zeit stattete Maiyadin dem Haus einen Besuch ab, scheinbar, um die Familie zu beraten. Er sagte, er sei sehr beunruhigt über all den Klatsch im Dorf. »Was immer auch in der Vergangenheit vorgefallen ist«, sagte er zu ihrem Vater, »was sie jetzt über deine Familie reden, betrifft auch meine.« Er sprach von »Familienehre« und der Notwendigkeit, eine Lösung zu finden. Er sagte, daß er mit Puttilals Verwandten im Dorf gesprochen habe. Sie seien der Meinung, daß Phoolan aus eigenem Antrieb zu ihrem Ehemann zurückkehren sollte. Nur so könnte sie den Bruch kitten und alle Betroffenen vor weiteren Beleidigungen und dem Ruin bewahren. Schließlich ließ Devidin sich überreden.

»Maiyadin war entschlossen, mich zu meinem Ehemann zurückzubringen, dabei jagte mir allein der Gedanke an Puttilal Angst ein«, erzählt Phoolan in ihrem Tagebuch. »Also verließ ich unter lautem Heulen und Klagen meine Eltern und ließ mich von Maiyadin zurück zu diesem Tier bringen.

Puttilal hatte sich eine neue ›Frau‹ genommen – eine Frau namens Vidya –, die wissen wollte, warum ich zurückgekommen war. Mein ›Ehemann‹ führte mich in eine winzige Kammer, gab mir eine dünne, grobe Decke und erklärte mir, daß ich hier wohnen würde. Die Kammer war hinten im Haus, direkt beim Kuhstall. Wenig später kam seine zweite Frau und begann wieder zu schreien, beschimpfte mich und drohte Puttilal, sie würde sich umbringen, wenn er mich nicht zurück zu meiner Mutter schickte. Ich versicherte ihr, daß ich nichts außer ein paar *rotis* wollte, daß ich alles tun würde, was sie von mir verlangte, und daß ich mich nicht in ihr Leben drängen würde. Ich erklärte, daß ich mich nicht für ihren Ehemann interessierte und gegen meinen Willen von meinem Cousin zurückgebracht worden sei. Da gab sie mir zwei trockene *rotis* zu essen und eine alte Matte, auf der ich schlafen konnte.

Bei Tagesanbruch schickte sie mich hinaus, um Futter für das Vieh zu schneiden. Danach bekam ich eine Tasse *lassi* zu trinken. Acht Tage ging das so. Ich arbeitete bis zum Umfallen und war oft hungrig. Ich dachte oft an meine Mutter und an daheim. Selbst Puttilal bekam Mitleid mit mir, als er mich so darben sah, und sagte, ich sollte etwas essen. Vidya sah, wie er mir etwas zu essen aus der Küche holte, stürzte sich auf mich und schimpfte, ich sei absichtlich gekommen, um ihr den Mann auszuspannen. Hysterisch riß sie mir die Reifen vom Handgelenk. Sie zerbrach sie und schubste mich aus dem Zimmer. Zu essen hatte ich nichts bekommen ...

Um vier Uhr früh befahl sie mir, vier Kilo Weizen zu mahlen. Bis sie zurückkam, hatte ich erst zweieinhalb Kilo mahlen können. Sie schlug mich und sagte, ich bekäme nichts zu essen, wenn ich nicht arbeitete. Sie gab mir einen großen Eimer und schickte mich zum Brunnen, Wasser holen. Danach befahl sie mir, Kuhmist von der Dorfstraße aufzusammeln und ihn mit den Händen zu einer Paste für den Boden zu verrühren. Mein ›Ehemann‹ schaute schweigend zu, wie mich diese Frau schikanierte, mich dauernd anbrüllte und beschimpfte. Ständig fiel ihr etwas Neues ein!

Das ging einige Jahre so, und ich wurde immer wieder krank. Irgendwann erklärte sich Puttilal einverstanden, mich heimzubringen. Er sagte, ich könnte etwas Zeit bei meiner Familie verbringen und mich ausruhen. Ohne etwas Böses zu ahnen, begleitete ich ihn.

Er ließ mich am Ufer der Yamuna stehen, gegenüber meinem Dorf, und sagte, er würde einen Fährmann suchen, der uns hinüberbringen sollte. In fünf Minuten wäre er zurück. Es war vier Uhr nachmittags, doch ich wartete bis spät in die Nacht auf ihn. Es wurde dunkel. Ich setzte mich hin, weinte und wartete, weil ich wußte, daß ich ohne Begleitung nicht ins Haus meiner Eltern zurückkehren konnte. Schließlich hatten sie mich auf Maiyadins Drängen hin zu meinem Ehemann zurückgeschickt.

Plötzlich hörte ich ein Boot. Erst hatte ich Angst und fragte mich, was mir wohl als nächstes zustoßen würde, aber dann hörte ich, wie mich meine Eltern riefen. Mein Cousin Mannu war bei ihnen. Ich brach in Tränen aus, als ich sie sah. Weinend erzählte ich ihnen meine Geschichte. Meine Mutter sagte, sie hätte nichts anderes erwartet, da ich nur Maiyadins wegen zu Puttilal zurückgeschickt worden war. Mein Vater schwieg, aber meine Mutter erklärte ihm, daß ich nun völlig entehrt sei und sie mich nach Hause mitnehmen würde. Ich fragte sie, wie sie mich gefunden hatten. Sie sagte, es hätte sich herumgesprochen, daß eine Frau im Sand sitzen würde. Der Klatsch im Dorf hatte sie auf den Gedanken gebracht, daß es ihre Tochter sein könnte.«

Phoolan Devi konnte das damals nicht ahnen, doch zu dieser Zeit, Mitte der siebziger Jahre, lenkten in den Städten überall im Land feministische Gruppen aller Schattierungen das öffentliche Interesse auf Erfahrungen wie ihre. Unzählige Fälle von »Mitgiftmorden« und sexueller Nötigung gegen Frauen wurden geschildert, Demonstrationen organisiert und der Ruf nach einer Änderung der Gesetze laut. Doch diese Entwicklungen, die vor allem die städtische Mittelklasse betrafen, waren für Phoolan Devi bedeutungslos. Sie fühlte sich, wie ihre Mutter bestätigt hatte, völlig allein und entehrt.

Die fehlende Verbindung zwischen Wort und Leben, zwischen Erfahrung und Aktion war ein fast universelles Merkmal jener Zeit, und die Tatsache, daß eine Frau wie Phoolan Devi – wie Hunderttausende anderer, die wie sie in den Dörfern Indiens lebten – keine Verbundenheit mit der »Bewegung« empfanden oder auch nur von ihr wußten, geben lediglich Aufschluß über die »Bewegung« selbst und ihre mangelnde Erfahrung. Die marschierenden Frauen förderten mit großem Engagement Fakten und Einzelschicksale ans Tageslicht, um die herum sie ihre Kampagnen organisierten, aber die Frauen, die im Zentrum ihrer Kampagnen standen, blieben gesichts-, wenn nicht gar namenlos. Das soll nicht heißen, daß die Demonstrationen nutzlos, die Slogans falsch oder »realitätsfern« waren. Es verdeutlicht nur das Ausmaß der Unterdrückung, der sich Frauen in einer durch und durch feudalen, sich gegen jede Veränderung sperrenden Gesellschaft ausgesetzt sehen. Was die Frauen in den Städten taten oder sagten, hatte keinerlei Einfluß auf Phoolan Devis Leben.

Statistiken beweisen, daß zu jener Zeit Hunderte von Frauen von ihren Ehemännern ermordet wurden, wenn es ihnen nicht gelungen war, mehr Geld in Form einer nachträglichen Mitgift zu erschleichen. Die verbreiteste Methode war und ist es, die Frau mit Kerosin zu übergießen, sie anzuzünden und dann zu behaupten, die Frau habe Selbstmord begangen. Im Fall einer Vergewaltigung wird der Frau meist vorgeworfen, »unmoralisch« gelebt oder ihre Vergewaltiger ermuntert zu haben – selbst wenn diese Frau nach ihrer Verhaftung von Polizisten vergewaltigt wurde!

Manchmal waren die politischen Aktionen erfolgreich. Zum Beispiel berichtete Jyoti Punwani, ein Journalist aus Bombay:

1978 wurde Rameeza Bi, eine in einen *burquah* gekleidete Frau, von vier Polizisten auf der Polizeiwache Nallakunta in Hyderabad vergewaltigt. Als ihr Gatte die Polizisten beschimpfte, wurde er von ihnen zu Tode geprügelt. Daraufhin kam es im ganzen Staat Andhra Pradesh zu Protesten gegen

die Polizei. Achtzehn Polizeiwachen wurden niedergebrannt, sechsundzwanzig Menschen von der Polizei erschossen. Die Armee mußte zu Hilfe gerufen werden, und eine
gerichtliche Überprüfung wurde veranlaßt.

Die Polizei von Hyderabad, vom DIG bis zu den betroffenen Beamten, versuchte nach Kräften zu beweisen, daß Rameeza Bi eine Prostituierte und ihr Mann ein Zuhälter gewesen sei. Man verhörte Prostituierte und Zuhälter, forschte
Rameeza Bis Vergangenheit im Dorf aus und fälschte sogar
den Obduktionsbericht. Die Muktadar-Kommission wies jedoch alle von der Polizei vorgebrachten Beweise zurück und
befand die Polizei der Vergewaltigung und des Mordes für
schuldig.

Doch wurde von demselben Journalisten auch ein anderer Fall
aufgezeichnet:

Einer Dorfjugendlichen namens Mathura, die auf einer Polizeiwache in Maharashtra von zwei Polizisten vergewaltigt
worden war, wurde seitens der Polizei vorgeworfen, sich
unmoralisch verhalten und freiwillig mit ihren Vergewalti-
gern geschlafen zu haben. Das oberste Gericht schloß sich
dieser Darstellung an.

Keines dieser Ereignisse, die im ganzen Land Beachtung fanden, änderte jedoch etwas an Phoolan Devis Leben, nachdem
sie in ihr Geburtsdorf zurückgekehrt war. Sie arbeitete wieder
mit ihrem Vater und ihrem Cousin Mannu auf dem Feld und
half ihrer Mutter bei der Hausarbeit. Sie wollte beiden um
jeden Preis beweisen, daß sie keine Last darstellte. Denn nichts
fürchtete sie so sehr, wie wieder zu ihrem »Ehemann« zurückgeschickt zu werden. Ihre Mutter, glaubte sie, verstand sie und
hatte die Unabänderlichkeit ihrer Lage akzeptiert; die Reaktion ihres Vaters dagegen konnte sie nicht einschätzen. Sie
beobachtete ihn nervös und voller Angst.

Devidin Kewat hatte niemals etwas anderes als Armut, Leid und Enttäuschung gekannt. Mit zunehmendem Alter schienen sich seine Probleme noch zu vervielfachen, statt abzunehmen. Bald nachdem er Moola geheiratet hatte, trotz ihres schlanken Körpers eine durchsetzungsfähige, schwer arbeitende, kräftige Frau, bekam sie ihr erstes Kind, zur großen Freude und Erleichterung aller. Für eine Frau war es ein Fluch, unfruchtbar zu sein; alle in ihrer Umgebung würden darunter leiden. Die Eltern hatten auf einen Sohn gehofft, aber Rukhmini war ein gesundes, hellhäutiges Mädchen, auf das beide stolz waren. Söhne würden folgen, hatte man ihnen versichert. Als Moola nicht einmal zwei Jahre später wieder schwanger wurde, flehte Devidin die Götter um einen Sohn an.

In Kalpi wandte er sich an einen Heiligen Mann, der ihm riet, seiner Frau in der nächsten Neumondnacht eine zerstampfte Perle zu essen zu geben, dann würde sie einen Jungen bekommen. Devidin betrat zum ersten und zum letzten Mal in seinem Leben den Laden eines Juweliers und kaufte eine Perle, die er sich eigentlich nicht leisten konnte. Trotzdem wurde die Perle bei einer schlichten *puja*-Zeremonie zerstampft. Der Heilige Mann, der ebenfalls bezahlt und besser verköstigt werden mußte als die Eltern, hatte die Zeremonie organisiert, bei der Moola das Pulver in einem Glas warmer Milch trank.

Devidin arbeitete gerade auf dem Feld, als Mannu zu ihm gelaufen kam, um ihm mitzuteilen, daß seine zweite Tochter geboren war. Devidin war, als lege sich ein Stein auf seine Brust. Er hatte alles in seiner Macht Stehende getan, er hatte sein *dharma* und *karma*, seine Pflicht und sein Schicksal angenommen, aber er war nicht dafür belohnt worden. »Ich komme gleich«, erklärte er dem sechsjährigen Jungen vor ihm und wandte sich wieder seiner Hacke und dem unnachgiebigen Boden zu.

Ihrer eigenen Enttäuschung zum Trotz nannte Moola ihre zweite Tochter Phoolan Devi – Göttin der Blumen. Doch niemand feierte ihre Geburt.

Die Erinnerung daran plagte Devidin unaufhörlich, der, so erzählte Moola, im Laufe der Jahre immer resignierter wurde. Für ihn stand fest, daß er einen Sohn brauchte, der seine Last mittragen würde, der später das Land bebauen und ihn beerben würde. Auf gar keinen Fall brauchte er noch eine Tochter. Wie um ihn zu bestrafen, so betonte er noch Jahre später, schickten ihm die Götter zwei weitere Töchter. Sein fünftes Kind war ein Sohn, sein sechstes wieder ein Mädchen. Sein Sohn war zu jung, um ihm eine große Hilfe zu sein, als Phoolan Devi von Puttilal am Ufer ausgesetzt worden war und heimkam. Außerdem hatte die Mutter darauf bestanden, ihn in die Dorfschule zu schicken, deshalb wurde er nicht nach alter Sitte erzogen und würde höchstwahrscheinlich aus seinem Elternhaus fortziehen wollen, sobald er erwachsen war. Wie viele andere aus seiner Generation würde es ihn unausweichlich in die Stadt ziehen.

Devidin war in eine Fischerkaste – die Kaste der Mallahs – hineingeboren worden, eine Subkaste tief in der Hindu-Hierarchie. Es gab drei höhere Kasten mit Hunderten Subkasten. Die Priester aus der Kaste der Brahmanen standen an der Spitze, unabhängig von ihrem persönlichen Wohlstand. Darunter kamen die Kasten der Kshatriyas und Vaishyas, der Krieger und Händler; und schließlich kamen die Sudras wie er selbst, die niedrige Arbeit verrichteten und von der übrigen Dorfgemeinschaft verachtet wurden. Ärmer und machtloser als er waren allein die »Unberührten« – die den Müll und die Exkremente anderer Menschen beseitigten – und die Zwangsarbeiter, deren Vorfahren in die Schuldknechtschaft eines Geldverleihers oder Landbesitzers geraten waren und die über Generationen hinweg die Zinsen der vergangenen Schuld abarbeiten mußten.

Auch in seiner Kaste hatte Devidin den Bodensatz noch nicht erreicht. Sein Vater und sein Großvater hatten als Fährleute auf der Yamuna gearbeitet, bevor nach der indischen Unabhängigkeit die Stahlbrücke zwischen Orai und Kanpur errichtet worden war, die die Fährleute überflüssig gemacht hatte. Sein

Vater hatte Arbeit auf dem Land gesucht und nach Jahren rastloser Plackerei mit Hilfe seiner beiden Söhne ein zweistöckiges Ziegelhaus im Dorf erbauen können – jenes Haus, das Maiyadin nun bewohnte. Maiyadins Wohlstand und Reichtum stellten ihn ökonomisch und sozial auf eine Stufe mit den Thakurs, einer Subkaste der Kshatriyas. Das ist bezeichnend für das Indien von heute: Allein mit Geld und Besitz lassen sich die traditionellen Grenzen der Kasten überwinden. Maiyadins Vater Biharilal war gestorben, ohne den Bruch zwischen den beiden Brüdern zu kitten. Er hatte sich sogar geweigert, mit Devidin zu sprechen. Dies war seine Hinterlassenschaft. Auch Devidin würde das Ende des Rechtsstreites nicht mehr erleben, der 1949 vor den Gerichten Indiens begonnen hatte; aber 1978 konnte das noch niemand ahnen.

Im Gegenteil, zum ersten Mal seit vielen Jahren schöpfte Devidin neuen Mut. Getrieben von all dem, was sie durchgemacht hatte, und voller Wut auf ihren Cousin hatte Phoolan Devi ihren Fall leidenschaftlich und überzeugend vor der Dorf-*panchayat* vorgetragen; die Dorfältesten im Rat waren beeindruckt von ihrem Fakten- und Detailwissen. Es war ihr gelungen, eine neue Anhörung durchzusetzen, und ihr Fall war vom Ortsgericht in Kalpi an das Hohe Gericht in Allahabad weitergegeben worden, was einen Sieg der Familie darstellte. Maiyadins »Einfluß« bei der örtlichen Polizei und seine Bestechungsgelder würden in der Stadt wenig ausrichten. Diesmal würde sich Phoolans Cousin nicht auf vertrautem Terrain bewegen und operieren können.

Begleitet von Phoolan Devi unternahm Devidin regelmäßige Reisen nach Allahabad, um den Anhörungen vor Gericht beizuwohnen. Der Anwalt, den sie diesmal genommen hatten, schien sympathisch und ein ehrlicher Mann zu sein. Jedesmal, wenn er eine Nachricht ins Dorf schickte, marschierten sie ungefähr zehn Kilometer zur Hauptstraße und nahmen dort den Bus in die Stadt. Die Reise begann in der Morgendämmerung, und nie kehrten sie vor Einbruch der Dunkelheit heim.

Devidin machten die schrecklichen Strapazen wenig aus, obwohl der Bus nach Allahabad und zurück normalerweise ein
Glutofen auf Rädern und oft so voll war, daß es keinen Platz
zum Sitzen gab. Jedesmal kamen sie zu Tode erschöpft zurück,
aber Devidin war überzeugt, daß Gott ihm diesen Hoffnungs-
schimmer endlich nicht umsonst gegeben hatte.

Währenddessen war Phoolan Devi froh, wieder bei ihrer
Familie sein zu können. Sie hatte sich in den Kopf gesetzt,
ihrem Vater ein für allemal zu beweisen, wie wertvoll sie für
ihn war. Er sollte endlich vergessen, wie verzweifelt er bei ihrer
Geburt gewesen war. Zugleich würde sie ihrer Mutter das
Gefühl vermitteln, recht gehandelt zu haben, als sie sich gegen
Phoolans Heirat mit Puttilal gesperrt hatte.

KAPITEL 7

Der neem-Baum

Der Regen ließ auf sich warten. Im Dorf sprach man kaum mehr über etwas anderes. Angst machte sich breit, man fürchtete eine weitere Trockenheit. Es war ein schlechtes Jahr gewesen. Die Nachrichten aus dem übrigen Land warnten vor der drohenden Dürre und den Überschwemmungen, die folgen würden, falls und sobald der Monsun eintraf. Der Boden hatte längst die Fähigkeit verloren, das Regenwasser zu halten oder aufzunehmen. Nach den ersten Schauern floß es über die baumlosen Hänge hinab, wusch den Humus fort und ließ das Land der Bauern noch ausgezehrter als zuvor zurück.

Man schätzt, daß der Regen jedes Jahr Hunderttausende Hektar fruchtbares Land erodiert. In den Schluchten Zentralindiens ist das Problem am gravierendsten. Der lange herbeigesehnte Regen lockert den Boden, und große Feldschollen rutschen über die sandigen Abhänge in die Flüsse darunter und zerbröseln, so daß sich die Schluchten immer weiter ausdehnen.

Devidin flehte wie die anderen um Regen, war aber entschlossen, kein Risiko einzugehen. In einem nahen Dorf fand er Arbeit als Ziegelbäcker, eine Fertigkeit, die er schon früher erworben hatte. Jeden Morgen stand er vor Anbruch der Dämmerung auf und ging zu seiner Arbeitsstelle, wo er um sieben Uhr anfangen mußte. Wieder wurde er von Phoolan begleitet, die den ganzen Tag über Ziegelsteine in einem Korb auf dem Kopf wegbrachte, damit er schneller arbeiten konnte. Der Lohn betrug fünfzehn Rupien pro Tag – damals ungefähr 2,50 DM –, aber dank der Hilfe seiner Tochter konnte Devidin zehn

Rupien mehr verdienen. Währenddessen lag ihr Land in der Dürre brach. Die Erde war hart wie Stein, und Staubstürme wehten den sandigen Lehm in alle Richtungen.

In dieser öden Landschaft gibt es nur wenige *neem*-Bäume. Devidin besaß einen solchen Baum auf seinem sonnendurchglühten Landflecken. Der Baum war von seinem Großvater gepflanzt worden und erfüllte ihn mit Stolz auf seine Familie. Er bot Schutz vor der glühenden Sonne, spendete den einzigen Schatten, den es auf ihren Feldern gab. Die gelben Beeren und Blätter sollen, zerstampft und gekocht, Wunden heilen und Hautkrankheiten wie Windpocken, Blattern und Masern lindern. Mit seinen Trieben kann man sich die Zähne gründlicher als mit jeder Zahnpasta reinigen. Sie hinterlassen einen bitteren, aber sauberen Geschmack und schützen gleichzeitig vor Würmern. Oftmals hatte dieser Baum Moola den langen Weg nach Kalpi erspart, wo sie ansonsten einen Arzt für eines ihrer Kinder hätte holen müssen. Shiv Narain hatte als Sechsjähriger einen alten Gummireifen an ein Seil gebunden und es an einen Ast geknotet. Seit damals diente der Baum den Kindern als Schaukel.

Phoolan Devi erinnert sich, daß ihr Vater eines Morgens die Familie wie unter Schock aufs Feld rief. Sein Gesicht zerfurcht und wettergegerbt wie das Land, auf dem er arbeitete, verriet, wie erschüttert er war.

Draußen erblickten sie die zertrampelten jungen *bajra*-Pflanzen, die sie erst kürzlich ausgesät hatten. Sie hätten die Familie das ganze Jahr über mit Getreide versorgt. Entsetzt untersuchten sie ihre Felder. Die Früchte wochenlanger harter Arbeit waren niedergetrampelt und von Kuhhufen und den schweren Holzrädern eines Karrens untergepflügt worden. Devidin war überzeugt, daß Maiyadin und seine Bande von Strolchen aus dem Dorf das getan hatten – als Warnung und aus Rache, weil Devidin es geschafft hatte, den Fall vor das Hohe Gericht von Allahabad zu bringen.

Ein paar Tage später, erzählt Phoolan Devi, kam Shiv Narain

weinend in den Hof gelaufen und brüllte hysterisch: »Maiyadin hackt mit einer Axt den *neem*-Baum um!« Sie erinnert sich, hinausgelaufen zu sein. Die anderen Familienmitglieder folgten. Wahrhaftig, genau das tat ihr Cousin, umringt von vier Freunden. Die jungen Männer stammten aus wohlhabenden Familien im Dorf. Unter ihnen war auch Ashok Chand, der Sohn des *sarpanch*.

Weil die Männer mit ihrer Axt ihr angst machten, beschimpfte Phoolan Devi sie aus sicherer Entfernung und bewarf sie mit kleinen Steinen und Erdklumpen. Ein Stein traf Maiyadin über dem Auge, und er begann leicht zu bluten. Seine Freunde packten Phoolan, fesselten sie und riefen die Polizei. Ihre Mutter versuchte sie zu befreien, wobei sie Maiyadin unausgesetzt anschrie, aber ihr Vater versuchte, die Situation gütlich zu klären. Konfrontationen behagten ihm nicht.

Phoolan Devi wurde, begleitet von ihrer Mutter, in einem Jeep auf die Polizeiwache nach Kalpi gebracht. Maiyadin und seine Freunde sagten, in makellos weißer Kleidung, gegen sie aus. Es waren fünf Aussagen gegen zwei. Maiyadin, erinnert sie sich, hatte sich den Kopf bandagiert, um mehr Eindruck mit seiner Wunde zu machen. Phoolan Devi sagt, sie habe sich von Anfang an in der Defensive gefühlt.

Ein *paan* kauender, fettbäuchiger Polizeibeamter belehrte sie vor allen Anwesenden: »Sie haben Schande über Ihre Familie gebracht.« Dabei ging er ununterbrochen vor ihr auf und ab und um sie herum. »Sie haben schon genug Ärger gemacht. Man hat mir erzählt, daß Ihr Ehemann Sie deswegen sogar verlassen hat. Schämen Sie sich nicht? Haben Sie keinen Respekt vor anderen?«

Phoolan Devi weiß noch, daß ihr vor Scham die Tränen kamen. Für eine Frau aus einem Dorf ist es eine entsetzliche Schande, gefangen auf eine Polizeiwache geschleppt zu werden. Damit war ihr Ruf, der ohnehin schon schlecht genug gewesen war, endgültig ruiniert. Daß sie weinte, sagt sie, faßte man als Eingeständnis ihrer Schuld auf.

In den Polizeiakten von Kalpi steht: »Biharilal (Maiyadins Vater) schlug einen *neem*-Baum auf dem Land ihres Vaters um, was zu einem Streit führte, und Phoolan Devi wurde nach Paragraph 452 des indischen Strafgesetzes inhaftiert. Sie wurde einen Monat später entlassen, nachdem von Thakur Phool Singh eine Kaution für sie hinterlegt wurde.« Das war am sechsten Januar 1979.

Ich bat sie, von ihrem ersten Aufenthalt im Gefängnis zu erzählen, aber sie kann sich lediglich daran erinnern, daß sie sich verletzlich und verängstigt gefühlt hatte und weder richtig schlafen noch essen konnte. Ein Loch in einem offenen Kanal stellte die Toilette dar, und sie sagt, sie habe viele Stunden lang den Fliegen zugeschaut, die darüber kreisen.

Ich fragte sie, ob sie von den Polizisten vergewaltigt worden sei, weil andere Berichte das nahelegten. Sie sagte damals nur: »*Un log ne mere saath kafhi mazaak ki – khub mara bhi.*« (Sie haben sich köstlich auf meine Kosten amüsiert und mir auch die Seele aus dem Leib geprügelt.) Es ist nicht ungewöhnlich, daß Frauen überall auf der Welt, und ganz besonders in Indien, sich weigern, über sexuelle Mißhandlungen zu sprechen. Schließlich leben sie in einer Gesellschaft, die sie für die Gewalt verantwortlich macht, die ihnen angetan wird, und die ihnen ein Gefühl der Schwäche und Unreinheit einzuimpfen versucht.

Sie erinnert sich an den Tag ihrer Entlassung. Es war immer noch kalt, und ihre Mutter hatte ihr eine Decke für die Heimreise geschickt. Thakur Phool Singh hatte auf der Polizeiwache 20 000 Rupien als Kaution für sie hinterlegt. Er beschäftigte ihren Vater und war mit ihm befreundet. Devidin, der einer niedrigeren Kaste angehörte und während der mageren Monate dringend Geld brauchte, hatte viele Stunden auf dem Land des Thakurs gearbeitet. Allen Vorurteilen zum Trotz hatte sich eine Freundschaft zwischen den beiden entwickelt. Phool Singh war ein freundlicher Mann, aber ebenso ernst wie ihr Vater. Sie gingen schweigend nebeneinander her. Er hatte die

Situation einige Wochen lang überdacht. Während dieser Zeit hatte Phoolan Devi isoliert, schutzlos und in entsetzlicher Angst gelebt.

Als sie sich auf einem staubigen Feldweg trennten, um in ihre jeweiligen Dörfer zu gehen, die in verschiedenen Richtungen lagen, sagte er: »Ihre Eltern haben Ihretwegen gelitten. Machen Sie ihnen keinen Ärger mehr und vergessen Sie nicht, vor Gericht zu gehen, wenn über Ihren Fall verhandelt wird. Schließlich will ich mein Geld zurück.« Sie nickte und empfand jene demütige Dankbarkeit, die Menschen fühlen, wenn sie wissen, daß sie machtlos sind. Sie kniete nieder, um seine Füße zu berühren. »Ich habe das für Ihren Vater getan«, fügte er hinzu.

Sie weiß noch, wie sie versuchte, ihm zu erklären, daß auch sie das, was sie getan hatte, für ihren Vater und für die Familie getan hatte. Sie versuchte ihm klarzumachen, daß sie nicht durch ihre Wildheit und Unbeherrschtheit ins Gefängnis gekommen war; aber ihre Rechtfertigungen verhallten ungehört. Thakur Phool Singh hatte den Eindruck, daß sie trotzig und ohne jede Reue war, und wurde noch ernster. Als sie heimkam, mußte sie gegen die Tränen der Verzweiflung ankämpfen, denn sie wußte, daß sie von nun an »vorbestraft« war. Sie war einundzwanzig.

Ihr wurde ein begeisterter Empfang bereitet, als sie den Hof betrat. Shiv Narain eilte als erster auf sie zu und schlang seine Arme um sie. Sein Kopf reichte ihr inzwischen bis an den Bauch. Moola hatte einen großen Fisch gekocht, den ihr Cousin Mannu am Morgen im Fluß gefangen hatte, und ihre jüngste Schwester, Munni, hatte zur Feier des Tages den *sari* ihrer Mutter angezogen. Auch ihr Vater begrüßte sie warmherzig, allerdings weigerte er sich, den Fisch zu essen, da er strenger Vegetarier war und meinte, daß ihn schon der Geruch krank mache. Alle waren ausgelassen, obwohl sich die Familie in Schulden gestürzt hatte, um sie freizubekommen. Phoolan Devi wußte, welche Anstrengungen ihr Vater ihretwegen un-

Oben: Phoolan Devi mit Familienmitgliedern am 11. Februar 1983, dem Vorabend ihrer Kapitulation, im Irrigation Rest House, Inguie, Madhya Pradesh. *(Jagdish Yadav)*
Kleines Bild: Phoolan Devi, Gwalior, 1986. *(Mala Sen)*
Unten links: Phoolan Devis Cousin Maiyadin. *(Jagdish Yadav)*
Unten rechts: Phoolan Devis Vater Devidin. *(Jagdish Yadav)*

Oben: Phoolan Devis Heimatdorf Gorha Ka Purwa. Im Vordergrund Moola und ihre jüngste Tochter Munni. *(Jagdish Yadav)*
Kleines Bild: Rukhmini, Moola und eine Dorffrau beim Bad in der Yamuna, 1986. *(Mala Sen)*
Unten: Ein typisches, gut verstecktes Dorf in den Schluchten *(Prashant Panjiar)*
Rechte Seite: In einem Schluchtdorf. *(Prashant Panjiar)*

Oben: Kamele auf der Handelsstraße von Rajasthan über Uttar Pradesh nach Madhya Pradesh
durchqueren den Chambal. *(Prashant Panjiar)*
Unten und kleines Bild: Fährleute aus der Kaste
der Mallahs auf dem Chambal-Fluß. *(Prashant
Panjiar)*

Oben: Die Schluchten nahe dem Fluß Betwa. (Horace Ové)
Unten: In den Schluchten. *(Prashant Panjiar)*

Oben: Polizeipatrouille in den Schluchten. *(Prashant Panjiar)*
Kleines Bild: Ein Polizist aus Uttar Pradesh wartet in einem Hinterhalt auf *dacoits.*
(Prashant Panjiar)
Linke Seite: Dacoits in den Schluchten. *(Prashant Panjiar)*

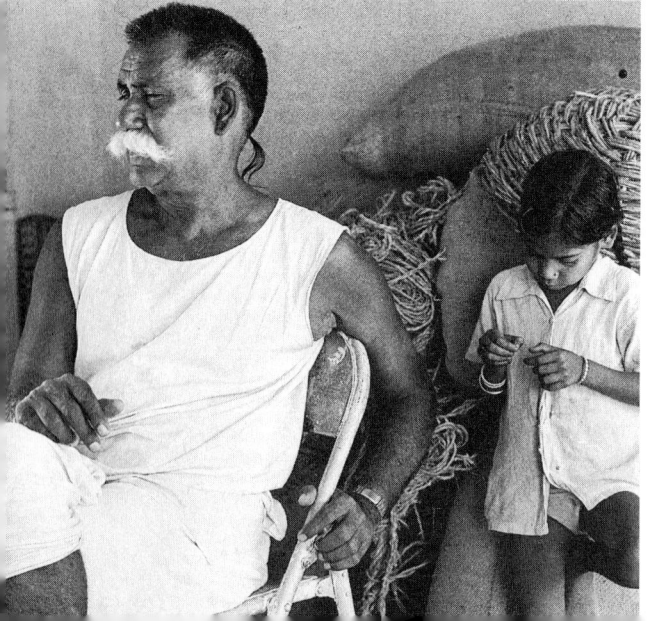

Oben: Der legendäre Banditenkönig »Dau« Mansingh, der 1956 bei einem »Zusammenstoß« mit der Polizei getötet wurde. *(Prashant Panjiar)*

Kleines Bild: Mansinghs Nichte an ihrem Hochzeitstag in den vierziger Jahren; links ihr Mann, der Sohn eines reichen Landbesitzers. *(Prashant Panjiar)*

Unten: Tehsildar Singh, der Sohn Mansinghs, mit seiner Enkelin in seinem Heimatdorf Kahre Rathor. *(Prashant Panjiar)*

ternommen hatte, deshalb berührte sie seine Füße und weinte demütig.

Moola machte sich Sorgen, denn sie wußte, daß es ihre Tochter im Dorf schwerhaben würde, und fürchtete weitere Auseinandersetzungen mit Maiyadin und dem *sarpanch*, aufgrund der Aktivitäten seines Sohnes. Der *sarpanch*, gab sie zu, war kein »schlechter Mensch«, aber seine Söhne führten immer wieder Situationen herbei, in denen er für sie Partei ergreifen mußte. Sie war wie besessen von dieser Sorge und redete oft bis tief in die Nacht, bis ihr irgendwann alle zustimmten, daß es das beste wäre, wenn Phoolan eine Weile fortging – in das Dorf, in dem Rukhmini mit ihrem Ehemann lebte. In der Zwischenzeit würde sich die Familie auf die Verhandlung vorbereiten und andere Dorfbewohner nach Kräften dazu bewegen, zu ihren Gunsten auszusagen. Sie würden vor Gericht zu beweisen versuchen, daß Maiyadin ihnen allen Unglück und Not gebracht hatte.

Phoolan Devi freute sich darauf, zu ihrer Schwester zu ziehen. Sie war Rukhmini immer nahe gewesen und wußte, daß man sie willkommen heißen würde. Sie hätten Zeit füreinander, konnten sich Geschichten erzählen und Spaß zusammen haben. Außerdem würde sie Rukhminis erstes Kind, Mathra Prasad, zu sehen bekommen.

Devidin brachte Phoolan Devi zur Hauptstraße, wo sie einen Bus bis zu der Abzweigung nahm, die zum Dorf ihrer Schwester führte. Er gab ihr 25 Rupien. Ihre Mutter hatte ein Proviantbündel für die Reise geschnürt, und Munni hatte ihr als Talisman eine Gräte aus dem Fluß geschenkt.

Was folgte, wird von Phoolan in ihrem Tagebuch geschildert:
»Rukhminis Haus liegt im Bezirk Etawah. Als ich ankam, war meine Schwester gerade auf dem Weg ins Krankenhaus und nahm mich mit.

Wir hatten keine Ahnung, was in unserem Dorf vorging, aber am dritten oder vierten Tag kam die Polizei und erklärte meinem Schwager Rampal, daß ich in eine *dacoity* (einen bewaffneten Überfall) auf Maiyadins Haus verwickelt wäre und daß man Anklage gegen mich erhoben hätte. Rampal erzählte, meine Eltern seien auf die Polizeiwache gebracht worden und würden dort auf mich warten. Er bot mir an, mich zu begleiten, obwohl Rukhmini immer noch im Krankenhaus war. Wir beschlossen, zuerst in mein Dorf zu gehen, weil wir herausfinden wollten, was eigentlich geschehen war.

Ich kam also in einem Boot an, bewaffnet mit einem Papier, das bewies, daß ich bei meiner Schwester im Krankenhaus gewesen war. Der Besitzer des Bootes war ein freundlicher alter Mann. Er riet uns, im Boot zu bleiben, während er nachschaute, ob die Polizei immer noch im Dorf war. Während wir warteten, versammelte sich fast das ganze Dorf und stürmte auf das Boot zu. Sie drohten uns mit *lathis* (Holzknüppeln) und beschimpften mich. Sie dachten, ich hätte die *dacoit*-Bande aus Haß auf Maiyadin ermutigt oder beauftragt, das Dorf zu überfallen. Natürlich wußten alle von unserer Feindschaft. Sie beschuldigten mich, Maiyadins Haus ausgeraubt zu haben, und fragten, wohin ich geflohen sei. Ich hätte meine Eltern allein zurückgelassen und wäre schuld daran, daß sie von der Polizei verschleppt worden waren.

Ich erklärte, bettelte und flehte, aber niemand schenkte mir Gehör. Sie riefen die Polizei und ließen mich verhaften. Als mein Schwager zu erklären versuchte, daß wir auf dem Weg zur Polizeiwache im Dorf haltgemacht hätten, glaubten sie ihm auch nicht.

Um vier Uhr nachmittags kam ich auf der Polizeiwache an. Wieder fielen die Polizisten über mich her und schlugen mich. Sie drohten, daß ich es bereuen würde, wenn ich Maiyadin und dem Rat des *sarpanchs* nicht folgte. Ich schwor, daß ich alles tun würde, was sie wollten, worauf der diensthabende Beamte, Jagdish Singh, sagte, ich hätte von Anfang an so einsichtig sein sollen, dann wäre ich gar nicht erst in Schwierigkeiten gekommen.«

Es waren dieselben Polizisten, die sie damals mißhandelt und

geschlagen hatten, aber diesmal war es anders. Voller Entsetzen darüber, welche Reaktionen sie im Dorf ausgelöst hatte,
war sie auf die Polizeistation gekommen. Sie bekam ihre Eltern
zu sehen, durfte aber nicht mit ihnen sprechen. Der diensthabende Offizier machte sich über das Schreiben aus dem Krankenhaus lustig, knallte es auf den Tisch und erklärte, dieses
Stück Papier beweise überhaupt nichts. Jedesmal, wenn sie
etwas zu sagen versuchte, fuhr er ihr über den Mund. Er belä-
stigte sie außerdem vor allen Leuten, indem er mit seinem
Stock ihren *sari* anhob, sie von Kopf bis Fuß begutachtete,
während seine Untergebenen das »Verhör« verfolgten und
ihre groben, obszönen Kommentare dazu abgaben.

Auch die Prügel prägten sich ihr tief ein. Sie versuchte, ihr
Gesicht mit dem Arm abzuschirmen. Ihre Mutter weinte hemmungslos, als sie die Schwielen auf Phoolans Rücken und die
blutigen Wunden sah, um die herum das Fleisch anschwoll.
Während der nächsten drei Tage suchte Moola nach einem
Anwalt, der ihr von einem Stoffhändler in der Stadt empfohlen
worden war. Phoolan Devis Eltern kannten ihn nicht, aber
seine Tante lebte in ihrem Dorf und war auf ihrer Seite. Für
Moola war er der einzige Mensch in Kalpi, den sie um Hilfe
bitten konnte. Devi Gulam war ein freundlicher, älterer Mann,
außerdem ein Musiker und Sänger selbstkomponierter Lieder.
Jahre später sollte er selbst verhaftet werden, weil er ein Lied
über Phoolan Devi, die Räuberkönigin (s. S. 304 ff.), geschrieben und auf einem öffentlichen Konzert vorgetragen hatte. Als
Moola ihn zum ersten Mal in seinem Laden in einer geschäfti-
gen Marktstraße Kalpils aufsuchte, hatte er noch nicht einmal
von ihrer Familie gehört, erklärte sich aber, um seiner Tante
willen, dennoch bereit, ihnen zu helfen.

Nach einer Zeitspanne, die heute niemand mehr genau zu
benennen vermag, erreichte der Anwalt Phoolans Entlassung.
Devidin mußte eine neue Anleihe von Thakur Phool Singh
aufnehmen, um das von der Polizei verlangte *chalan* zu bezahlen. Ich versuchte von Moola zu erfahren, ob das Geld als Strafe

oder Kaution gedacht war. Hatte man Phoolan überhaupt eines Vergehens angeklagt? Für Moola lag das alles zu weit zurück; sie hatte seither so viel durchgemacht und erlebt, daß die Frage ihr vollkommen abstrakt erschien. »Wir haben uns Geld geliehen und es ihnen gegeben, an mehr kann ich mich nicht erinnern. Wer weiß, was sie alles auf ihre Papiere schreiben?«

Obwohl der Vorfall im ganzen Dorf für großes Aufsehen gesorgt hatte, kehrte Phoolan Devi mit ihren Eltern nach Gorha Ka Purwa zurück. Es war eine angespannte, unangenehme Situation:

»Viele Menschen aus dem Dorf und ihre Besucher lungerten vor unserem Haus herum, weil sie das Mädchen sehen wollten, das eine *dacoity* begangen hatte. Meistens blieb ich im Haus und beachtete sie gar nicht. Wenn ich draußen etwas zu erledigen hatte, zeigten sie manchmal mit den Fingern auf mich, machten obszöne Bemerkungen, lachten und stellten mir dann Fragen. Dann überschüttete ich sie mit den schmutzigsten Flüchen, die ich mir ausdenken konnte, und manchen drohte ich mit meinem Schuh.

An einem Morgen fegte ich gerade den Stall aus, als ein Junge kam und mich fragte, wo Phoolan Devi lebte. Ich fragte ihn, wie er hieß, und er sagte ›Bhura‹ (alter Mann). Ich mußte lachen, denn er war höchstens sieben oder acht Jahre alt. Wir kamen ins Gespräch, und ich fragte ihn, weshalb er Phoolan Devi sehen wollte. Er sagte, er habe eine Botschaft für sie. Sie sollte das Dorf verlassen, weil sie sonst von einer *dacoit*-Bande entführt würde. Ich fragte ihn, wo die *dacoits* wären, und er sagte: ›In Miras Haus.‹ Ich fragte ihn, wo das war, aber das wußte er nicht. Er stammte aus Khartala auf der anderen Seite des Flusses. Ich sagte ihm, daß Phoolan Devi nebenan wohnte und heute nicht im Dorf wäre. Ich versprach ihm, ihr die Nachricht zu überbringen und meinte noch: ›Bhaiya (Bruder), sag deinen *dacoit*-Freunden, sie sollen das nur tun. Sie hat schon zuviel Ärger in unser Dorf gebracht.‹ Danach zeigte ich auf das verschlossene Haus unserer Nachbarn, die gerade Verwandte besuchten, und erklärte ihm, daß Phoolan Devi dort wohne. Er nickte, spielte eine Weile mit meiner Ziege und verschwand dann.

Sobald er fort war, rannte ich zu meiner Mutter und sagte ihr: ›*Amma*, ich habe gerade mit einem kleinen Jungen geredet, der sagt, daß *dacoits* kommen und mich entführen wollen.‹ Zuerst war sie ungeduldig und ärgerlich. Sie sagte: ›Jetzt glaubst du schon, daß dich fremde Männer entführen wollen! Warum sollten sie so etwas tun? Du bist keine so große Schönheit! Warum redest du immer solchen Unfug?‹ Erst nachdem ich immer wieder davon anfing, erzählte sie es schließlich meinem Vater. Nach einem langen Gespräch zwischen beiden gingen meine Mutter und ich schließlich auf die Polizeiwache in Kalpi.

Erst machte man uns Schwierigkeiten, doch dann erlaubte man uns einzutreten. Wir gingen zum Commanding Officer und einem Inspector, den ich schon einmal gesehen hatte. Der CO fragte: ›Was ist das für ein Mädchen? Warum ist sie gekommen?‹ Der Inspector erwiderte, daß ich wahrscheinlich wieder meinen Onkel und den Dorf-*sarpanch* ärgern wollte. Jedesmal, wenn ich versuchte, die Lage zu schildern, befahl man mir, ruhig zu sein. Meine Mutter faltete die Hände und bettelte um Schutz, aber auch ihr verbot man den Mund. Der Inspector machte sich dermaßen über uns lustig, daß meine Mutter in Tränen ausbrach. Trotzdem rief er höhnisch, man solle mich zu meinem Ehemann zurückschicken oder sonstwohin, wo ich keinen Ärger mehr machte. Er sagte dem CO, daß ich eine ›Wichtigtuerin‹ sei und das ganze Dorf ›in Verruf‹ gebracht hätte. Wir wußten, daß wir unsere Zeit vergeudet hatten, deshalb kaufte meine Mutter noch etwas auf dem Markt ein, dann gingen wir nach Hause zurück.«

Ein paar Tage später erhielt Phoolan Devi einen Brief. Da sie nicht lesen konnte, wartete sie auf ihren Bruder; Shiv Narain war inzwischen elf Jahre alt und der einzige in der Familie, der eine Schule besucht hatte. Sie ließ ihren Blick über die fernen Felder schweifen, weil sie hoffte, seine weiße Uniform zu erblicken. Stunden vergingen, bevor sie ihn quer über ein fremdes Feld auf sich zukommen sah. Sie rannte ihm durch den feuchten Lehmsand entgegen, denn sie wollte nicht, daß ihre Familie vor ihr erfuhr, was in dem Brief stand. Es waren bestimmt keine guten Neuigkeiten. Bis jetzt hatte ihr noch niemand in ihrem ganzen Leben geschrieben.

Sie setzten sich an den Fluß, der nach den Regenfällen in den Hügeln im Norden angeschwollen war, und sie zeigte ihrem Bruder den Brief, den er schweigend las. Von Zeit zu Zeit sah er seine Schwester nervös an. Phoolan Devi wurde allmählich ungeduldig.

»Mach schon. Lies ihn laut. Was steht darin?«

»Darin steht, daß du eine Thakur-Geliebte geworden bist. Sie sagen, sie werden dir eine Lektion erteilen, die du nicht vergißt...«

»Weiter, was noch?«

»Sie sagen, sie werden dir die Nase... die Ohren abschneiden..., damit du Thakurs wie Phool Singh nicht mehr gefällst.«

»Wer hat diesen idiotischen Brief geschrieben?«

Shiv Narain musterte den Gummistempel unten auf dem bekritzelten Papier und erklärte ihr, er komme von der Bande Babu Singh Gujars, einer berüchtigten *dacoit*-Bande aus der Gegend. Beide hatten schon von seinen Taten und seinen gnadenlosen Racheakten gehört; er stand in dem Ruf, unvorstellbar grausam zu sein. Sein »Lieutenant«, Vikram Singh Mallah, sollte angeblich mit Maiyadin im Bunde sein.

Phoolan Devi entsinnt sich, in das schlammige Wasser der Yamuna gestarrt und die Göttin Durga um Schutz und Mut angefleht zu haben. Ihr Bruder hing an ihrem Arm und lehnte sich an sie. Damals hatten sie ein enges und inniges Verhältnis zueinander. Sie ölte und kämmte jeden Morgen sein Haar, wenn er sich anzog, um in die Schule zu gehen.

»Was wirst du tun, *jiji* (Schwester)?« fragte er.

Man hatte Phoolan Devi nur unter der Bedingung freigelassen, daß sie sich von Maiyadin und seiner Familie fernhielt; es war ihr auch nicht gestattet, seinen Besitz zu betreten. Also kam es gar nicht in Frage, daß sie mit ihm sprach. Außerdem war sie überzeugt, daß er hinter dieser neuen Drohung steckte. Sie sah, wie ängstlich ihr Bruder sie anschaute, und sagte, um ihm Mut zu machen: »Keine Angst, das sind nur Worte. Gehen wir heim.«

Insgeheim war sie sich jedoch darüber im klaren, daß sie die Drohung ernst nehmen mußte. »Nasenabschneiden« und »Ohrabschneiden« ist in dieser Region nichts Ungewöhnliches. Es ist eine traditionelle Bestrafungs- und Züchtigungsweise, ähnlich dem »Kniescheibenzerschlagen« in Nordirland. In abgelegenen Dörfern wird zum Beispiel einer Frau, die ihrem Mann untreu ist, die Nase abgeschnitten; manche sind dabei verblutet. Das entstellte Gesicht soll ein Leben lang an die Schande erinnern.

Zuerst hatte Phoolan Devi ihren Bruder angewiesen, niemandem von dem Brief zu erzählen, und ihn – wie auch sich selbst – überzeugt, daß höchstwahrscheinlich Maiyadin dahintersteckte, der sie und den Rest der Familie auf diese Weise einschüchtern wollte. Ihre Eltern hatten schon genug durchgemacht, sie wollte ihnen nicht noch einen Schrecken einjagen. Sie spielte mit dem Gedanken, das Dorf für eine Weile zu verlassen und bei Rukhmini und Rampal zu wohnen. Ihre Eltern wären erleichtert, und außerdem würde das die immer stärker werdende Anspannung mildern, der sie sich ausgesetzt sah. Bevor sie diese Idee mit ihrer Mutter besprechen konnte, erhielt sie einen zweiten Brief. Darin stand mehr oder weniger das gleiche wie im ersten, und sie beschloß, ihn ihren Eltern zu zeigen. Bei einer Familienversammlung wurde die Lage besprochen und diskutiert, was man dagegen unternehmen konnte.

Am selben Tag noch kam der Diener des *sarpanch*, Radheyshayam, um sie zu warnen: Die Drohung sei ernst gemeint, er würde ihr raten, das Dorf zu verlassen. Wieder machten sich Moola und Phoolan Devi auf den Weg nach Kalpi. Radheyshayam, das wußten sie, war aus Mitleid gekommen. Wie sie stammte er aus einer Subkaste der Sudras und kannte die Tyrannei der Mächtigen. Er hatte im Haus des *sarpanchs* eine Menge mit angesehen und empfand ebensowenig Respekt vor wie Zuneigung zu seinem Herrn.

Phoolan Devi erinnert sich folgendermaßen an diesen letzten Besuch auf der Polizeiwache von Kalpi: »Ich zeigte der Polizei die zwei Briefe, die ich bekommen hatte. Meine Kautionsakte hatte ich auch dabei. Der Diener des *sarpanch*, erklärte ich ihnen, hätte mich gewarnt, daß diese Drohungen ernstgemeint seien. Er hatte mir gesagt, daß die Bande nicht weit weg in Kishanpur lagerte und ich jeden Augenblick entführt werden könnte. Diesmal las der CO die Briefe und befahl dem Inspector, eine Polizeipatrouille in unser Dorf zu schicken. Meine Mutter fragte, ob wir mitfahren könnten, aber das erlaubte er nicht. Statt dessen befahl er uns, nach Hause zu gehen, weil er im Augenblick zu wenige Männer habe. Die Patrouille würde ›bald‹ nachkommen.

Es regnete stark. Als wir heimkamen, kochte ich für meinen Bruder und meine Schwester das Essen, fütterte das Vieh, dann breiteten wir schließlich unsere Betten aus, bevor wir erschöpft einschliefen. Die Polizei war noch nicht da, aber inzwischen glaubte ich nicht mehr, daß die Drohung wahrgemacht würde. Sie bluffen nur, sagte ich mir, als ich mich neben meine jüngste Schwester Munni legte, die schon eingeschlafen war.

Ungefähr um Mitternacht erwachte ich, weil ich hörte, wie jemand in unser Haus kam – es klang, als würden vier oder fünf Menschen über den Boden huschen. Ich lugte aus dem Haus und sah Polizeiuniformen und Fackeln. Schnell lief ich zu meiner Mutter, um sie zu wecken: ›*Amma*, die Polizei ist mit Fackeln ins Haus gekommen.‹ Meine Mutter sagte: ›Vielleicht ist das gar nicht die Polizei. Versteck dich irgendwo. Ich sage ihnen, du seist bei deiner Schwester.‹

Bei der *choola* stand ein großer Stapel trockenen Holzes. Darin versteckte ich mich. Sie fesselten meine Eltern und schubsten sie in den Hof, dann fragten sie: ›Wo ist eure Tochter?‹ Meine Mutter begann zu weinen und sagte, ich sei von Kalpi aus direkt zu meiner Schwester gegangen. Mein Vater behauptete das gleiche. Man schlug sie und beschimpfte sie als Lügner, aber sie blieben bei ihrer Behauptung. Dann schnappten sie sich meinen Bruder und diskutierten darüber, ob sie ihn statt meiner mitnehmen oder ihm bloß die Ohren abschneiden sollten. Meine Mutter schrie. Ich beschloß, mein Versteck zu verlassen. Ich sagte ihnen: ›Ich bin Phoolan. Ihr könnt mich töten, wenn ihr wollt, aber laßt meinen Bruder und meine Familie in Frieden.‹

Im Hof sah ich ungefähr fünfundzwanzig Bewaffnete. Bei ihnen war Radheyshayam, der Diener des *sarpanch*, der mich noch tagsüber gewarnt hatte. Jetzt hatte er die Bande zu meinem Haus geführt und ihnen geholfen, mich zu finden.«

KAPITEL 8
Entführt

Die Verschleppung geschah am Tag des Festes von Sawan Dui, Anfang Juli 1979. Jahre später beschrieb Phoolan Devi in Anwesenheit ihrer Mutter und ihrer Schwester Munni, was in den Tagen darauf geschehen war.

Es hatte ohne Unterlaß geregnet, und die Straßen im Dorf hatten sich in schlammige Flüsse verwandelt. Abgesehen von den Ziegen und Hunden, die sich in die Hauseingänge drückten, lag das Dorf wie ausgestorben. Phoolan Devi war aus dem Haus geschleift worden, ehe sie daran gedacht hatte, Sandalen anzuziehen, und ihre nackten Füße sanken in den nassen Lehm, so daß sie jeder Schritt Kraft kostete. Man hatte ihr die Hände mit einem Strick zusammengebunden. Über Schlamm und Stein rutschend und strauchelnd, versuchte sie im Dunkeln, wie sie noch weiß, tief durchzuatmen und ruhig zu bleiben. Aber das war unmöglich. Als sie sich an einem Strauch festhielt, um an einem Abhang das Gleichgewicht zu halten, bohrten sich Dornen in ihre Handflächen. Normalerweise nahm sie den Weg über die Felder, wenn sie zum Fluß wollte, in jener Nacht jedoch schlugen sie sich durch das Dornengestrüpp, das am Rande der Schluchtabhänge wuchs und eben diese Felder umgab. Niemand sagte ein Wort.

Babu Singh Gujar führte die Gruppe an, die anderen folgten im Gänsemarsch. Ab und zu wurde sie von hinten geschubst, von einer Männerhand oder einem Gewehrkolben, als wollte man sie daran erinnern, daß sie eine Gefangene war, die kein Mitleid verdiente. Sie war überzeugt, daß Maiyadin für das Martyrium verantwortlich war, das sie durchleiden mußte. Für die Bande war ihre Entführung bloß ein weiterer »Job« oder ein »Gefallen«. Nun würden sie sich auch in Zukunft auf Maiyadins Unterstützung verlassen können. Immerhin war er ein »angesehener Bürger« im Dorf und hatte einflußreiche Freunde in der *panchayat.* Verglichen damit war sie ein Niemand.

Der Weg nach Kalpi und zurück – insgesamt etwa 35–40 Kilometer –, hatte sie erschöpft, und ihre Beine versagten ihr den Dienst. Alle blieben stehen. Sie versuchte, Babu Singh Gujars Herz zu erweichen, der die Gruppe anführte; sie bettelte ihn unter Tränen der Verzweiflung an, sie laufenzulassen. Er schob ihr den Lauf seines Gewehres zwischen die Beine und lachte, bevor er sie mit aller Kraft ins Gesicht schlug. Er verlangte ein Messer und drohte, ihr damit die Nase abzuschneiden. Der Schock des Schlages, sagt sie, verlieh ihr auf eigenartige Weise plötzlich innere Kraft, und sie hörte augenblicklich auf zu weinen.

Einer der Männer, offenbar der zweite Anführer, half ihr auf. Sie konnte seinen Augen ansehen, daß er nicht damit einverstanden war, wie sein Anführer mit ihr umging. Außerdem hatte sie das Gefühl, ihn irgendwie schon einmal gesehen zu haben. Sie versuchte sich zu erinnern, wo das gewesen sein könnte. Als sie anfing zu sprechen, deutete er mit dem Gewehr nach vorn und befahl ihr, den Mund zu halten und weiterzugehen.

Am Fluß war nahe dem Ufer ein großes, barkenartiges Boot festgemacht. Tagsüber transportierten derartige Fähren Kamelkarawanen und ihre Ladung, die auf einer alten Handelsroute von Rajasthan über Uttar Pradesh nach Madhya Pradesh und zurück zogen. Die Strömung war stark und der Fluß bereits über die Ufer getreten. Alle waren durchnäßt, als sie in das Boot kletterten. Phoolan Devi wurde hineingestoßen, dann befahl man ihr, sich auf den Boden des Bootes zu legen. Sie tat, wie ihr geheißen, und landete in einer Brühe aus Flußwasser und Kameldung. Die Bandenmitglieder saßen über ihr auf

Holzplanken, die das Boot überspannten; in ihrer Erinnerung sieht sie sich von Männerstiefeln umgeben.

Sie hörte, wie sich die Männer untereinander unterhielten, als hätten sie sie vollkommen vergessen. Jemand erzählte von Kanpur, und in diesem Augenblick fiel ihr wieder ein, woher sie den Mann kannte, der ihr aufgeholfen hatte. Es war in Kanpur gewesen, in jenem Teeladen, den sie vor ein paar Jahren zusammen mit Kailash besucht hatte; er hatte am Kartentisch gespielt.

Phoolan Devi sagt, man habe sie flußabwärts ans gegenüberliegende Flußufer gebracht. Es war ihr unmöglich zu schätzen, wie weit sie gefahren waren. Ihre Angst war viel zu groß, als daß sie ihrem Zeitgefühl hätte trauen können. Fünf Minuten hätten fünfzehn sein können. Fünf Kilometer zehn. Sie weiß noch, daß sie zitterte und kaum sprechen konnte. Babu Gujar zahlte die Fährleute mit einem Geldbündel aus, und beide knieten zum Dank nieder, um seine Füße zu berühren. Die ganze Reise über hatten sie ihn genau wie alle anderen mit »Thakur Sahib‹ angesprochen. Er war ein grobschlächtiger Mann, kompakt wie ein Betonklotz, und wirkte dadurch kleiner, als er war. Jedenfalls war das Phoolan Devis Eindruck, als sie beobachtete, wie er die Fährleute bezahlte. Sie wurde aus dem Boot herausgeholt, und Vikram Mallah schnitt das Seil durch, mit dem ihre Hände gefesselt waren. Nun begann eine weitere Wanderung durch hohes Gras und nassen Sand.

Jeden Tag verlegte die Bande ihr Lager. Manchmal nahmen die Männer Essensvorräte mit, manchmal übernachteten sie in kleinen Weilern, wo sie bei Sympathisanten und Informanten verköstigt wurden. Übernachtete die Bande in einem Dorf, mußte Phoolan Devi mit zwei bewaffneten Wachen in den Schluchten warten und sich so gut wie möglich vor dem schweren Regen schützen. Über provisorisch zurechtgestutzte Büsche und Äste gehängte Plastikplanen boten Babu Singh Gujar nachts Schutz. Die anderen schliefen im Freien oder unter dem durchlässigen Dach eines Baumes – wenn sie das Glück hatten, einen zu finden.

Unter seinem Baldachin vergewaltigte Babu Gujar sie mehrmals während der ersten zwei Tage ihrer Gefangenschaft. Zwar wehrte sie sich nach Kräften, aber er war stark wie ein Bulle. Ihre kläglichen Verteidigungsversuche amüsierten ihn bloß und ließen ihn noch grausamer werden. Sobald er mit ihr fertig war, schubste er sie aus dem Unterstand und ließ sie im Freien schlafen. Sie fühlte sich so gedemütigt, daß sie weder schrie noch um Hilfe rief.

Am Abend des zweiten Tages war Babu Gujar betrunken. Er zerrte sie am Arm von einem Mann zum nächsten und fragte, ob irgendwer »diese Sudra-Hura ausprobieren« wollte. Vikram Mallah schritt ein, gebot seinem Anführer Einhalt und machte dem Rest der Bande deutlich, daß niemand versuchen sollte, es ihm gleichzutun. Babu Gujar war außer sich vor Wut, denn Vikram Mallah hatte seine Führerschaft in Frage gestellt, doch er wußte auch, daß sein von ihm ernannter Lieutenant von vielen in der Bande unterstützt wurde. Babu Gujar schubste Phoolan weg und wandte sich wieder seiner Flasche zu. Während der folgenden Stunden war die Lage angespannt, aber in dieser Nacht ließ Babu Gujar Phoolan in Ruhe und schlief, mit billigem Schnaps abgefüllt, ein. Die Verschnaufpause war jedoch nur von kurzer Dauer.

Als sie sich 1983 dem Chief Minister ergab und noch am selben Tag von der Polizei verhört wurde, sagte sie aus:

»Sie hatten meine Eltern gefesselt. Dann faßten mich Vikram Mallah und sein Onkel Vareylal an den Händen und schleiften mich fort. Ich wußte immer noch nicht, wer sie waren. Sie brachten mich ans Ufer der Yamuna. Ich flehte sie an, mich nicht in der Nacht fortzuschleppen, weil das meinen Ruf ruinieren würde. Sie begannen mich zu schlagen. Jemand sagte, sie sollten mir das Gesicht kaputtmachen, damit ich den Thakurs nicht mehr gefalle. Als Babu Singh das Messer verlangte, sagte ich, daß ich mit ihnen gehen würde, wenn er mich verschonte.«

»Also haben Sie sich einverstanden erklärt, mitzukommen«, verkündete ein Inspector der Polizei aus dem CID-Department, als würde er ihre Geschichte zusammenfassen.

»Warum stellen Sie sich so dumm?« fauchte sie und verlangte, Chaturvedi zu sehen. »Ich erkläre Ihnen, daß ich entführt wurde, und Sie wollen schreiben, daß ich freiwillig mit ihnen gegangen bin!«

Der Officer sagte, daß er genau das schreiben würde, was sie sagte. Frustriert und unfähig zu erklären, wieviel Angst sie gehabt hatte und wie brutal man mit ihr umgegangen war, fuhr sie fort:

»Als wir das Dorf Narhan erreichten und sie ihre Regenmäntel zum Schlafen ausbreiteten, wurde mir klar, daß es *dacoits* waren. Ich hörte sie reden. Sie sagten, sie würden mich nicht töten, sondern nach vier Tagen laufenlassen. Zwischendurch hörte ich, wie Babu Singh andere aus der Bande fragte, ob sie mir die Nase abschneiden sollten. Er drohte mir, wenn ich mich nicht ruhig verhalten würde oder fortzulaufen versuchte, würde er mich töten. Ich hatte Todesangst und versprach ihm, ich würde nicht versuchen zu fliehen, solange sie mir nichts taten.

Sie begannen sich um mich zu zanken, und Vikram Singh Mallah sagte, daß niemand Phoolan anrühren dürfte. Babu Singh sagte, daß er mich behalten würde, und sie einigten sich darauf, daß acht Tage lang niemand Phoolan anrühren durfte, danach könnte sie mit jedem zusammenleben, der sie haben wollte. Aber Vikram Mallah war darauf aus, Babu Singh zu töten, und nach drei Tagen fand er eine Gelegenheit und tötete ihn. Das war in Mangalwala Thana im Bezirk Orraiya bei Etawah. Er nahm alle Waffen an sich, insgesamt drei Mauser, und ging ins Dorf Asta, wo er Geld unter den Leuten verteilte.«

Im Gefängnis rief sich Phoolan Devi die Ereignisse der Nacht vom 7. Juli 1979 wieder ins Gedächtnis, in der Vikram Mallah seinen Anführer tötete, um ihre Ehre zu verteidigen.

Es war am dritten Tag ihrer Gefangenschaft. Seit dem Vorfall in der vergangenen Nacht wußte jeder von den Spannungen zwischen Babu Singh und Vikram Mallah. Sie zogen in ein anderes Lager, wo Phoolan den Auftrag bekam, auf einem Lagerfeuer für die Männer zu kochen. Ein paar Männer saßen um ein zweites, wärmespendendes Feuer. Ingesamt bestand die Bande aus fünfundzwanzig Mann. Babu Singh begann wieder zu trinken und brach einen Streit mit Vikram Mallah vom Zaun, indem er ihn daran erinnerte, daß er Vikram zu dem gemacht hatte, was er war.

»Ohne mich wärst du *nichts*!« verkündete Babu Singh. »Vergiß nicht, du hast dein Zeug selbst getragen wie ein Kuli und wie ein kleiner Junge Aufträge für uns erledigt, bevor ich etwas aus dir gemacht habe!«

Anfangs wehrte Vikram Mallah diese Bemerkungen mit lässigen Antworten ab, aber dann verkündete Babu Singh, den diese Respektlosigkeit ärgerte, entgegen der »Vereinbarung« mit seinem Lieutenant, »die Frau acht Tage in Ruhe zu lassen«, daß ihm »heute nacht« nach einer Frau zumute sei und ihn kein »Mallah-Hund« daran hindern würde. In diesem Augenblick sagte Vikram: »Thakur Sahib, was für einen Sinn hat es, sie zu mißhandeln? Sie fürchtet sich ohnehin schon genug.«

»Furcht? Mißhandeln?« erwiderte Babu Singh lachend. »Ich werde es euch Mallahs zeigen ... ich werde euch lehren, nie zu vergessen, daß in dieser Bande Thakurs das Sagen haben ... und keine Fischer!«

Er legte die Hand auf den Gürtel seiner Hose, als wolle er sie ausziehen, und wollte eben nach seinem .303 Mauser-Gewehr langen, als Vikram Mallah seinem Leben mit einem einzigen Schuß ein Ende setzte. Zwei weitere Männer, entfernte Verwandte Babu Singh Gujars, duckten sich, als wollten sie ihre Waffen aufheben, und stürzten wenige Sekunden später blutüberströmt zu Boden.

Phoolan Devi war wie vor den Kopf geschlagen. Vor ihr lagen drei Tote. Sie sagt, sie hätte sich gefühlt, als wäre ihre Ehre wiederhergestellt worden. Sie hatte noch nie gehört, daß sich ein Mann so für eine Frau eingesetzt hatte. Dankbar trat sie vor und berührte Vikram Mallahs Füße.

Einen Augenblick herrschte Schweigen, dann stürzten Bharat Singh und Madho Singh, Vikram Mallahs engste Freunde und Verbündete in der Bande, herbei und umarmten ihn, wobei sie riefen: »*Jai! Jai! Vikram Mallah ki jai!*« Andere stimmten in den Jubel ein. Damit war Vikram Mallah der unangefochtene Führer der Bande.

Zwar hatte niemand der Ernennung Vikram Mallahs widersprochen, dennoch gab es von diesem Moment an einen Riß zwischen den verschiedenen Kasten in der Bande. Babu Singh war ein Gujar gewesen und hatte auf einer Stufe mit den Thakurs gestanden, die wie er zur Kriegerkaste der Kshatriyas gehörten. Er hatte versucht, zusätzlich zu den Banditen aus niedrigeren Kasten Männer aus seiner Kaste für die Gang zu rekrutieren. Unter seiner Führung hatte die Hierarchie in der Bande mehr oder weniger der sozialen Rangordnung in einem Dorf entsprochen. Dementsprechend hatte Vikram Mallah nur eine niedrige Position inne, da er genau wie Phoolan Devi, Madho Singh, Bharat Singh und ein paar andere zu einer Subkaste der Sudras gehörte.

Indem er die Führung der Bande übernommen hatte, hatte er die Machtverhältnisse umgekehrt. Madho Singh und Bharat Singh, beide Mallahs, stiegen automatisch in Machtpositionen auf und wurden bald zu seinen Vertrauensleuten und »Lieutenants«. Auf lange Sicht sollte das weitreichende Konsequenzen haben, von denen in dieser Nacht im Juli 1979 jedoch niemand etwas ahnte. Alle Männer, die Thakurs und Gujars eingeschlossen, jubelten. Wahrscheinlich hatten sie Vikram Mallahs Auseinandersetzung mit Babu Singh eher als persönlichen und nicht als Kastenkonflikt betrachtet – ein Streit zwischen Männern, bei dem es um eine Frau ging.

Einer der Toten war leicht gebaut und klein, ein Junge in der Pubertät. Vikram befahl Bharat, dem Toten Schuhe und Uniform auszuziehen und sie Phoolan Devi zu geben; Madho erhielt den Auftrag, die Toten nach Geld zu filzen. Zu Phoolan sagte Vikram Mallah: »Wir müssen in ein anderes Lager ziehen. Der Ort hat uns Unglück gebracht. Zieh dich um.«

So war sie an jenem Tag verwirrt und verängstigt in die khakifarbene Uniform eines Toten geschlüpft und hatte seine Turnschuhe angezogen. Auf dem Hemd war Blut, das sie anfangs ekelte, aber auf dem Marsch durch die Schluchten lernte sie den Komfort zu schätzen, in Schuhen gehen zu können und Kleider zu tragen, die sie vor den Dornen und dem Gestrüpp schützten.

Noch in derselben Nacht verkündete ihr Vikram Mallah in ihrem neuen Lager, daß sie nun seine Frau und deshalb für alle anderen Männer tabu sei. Sie mußte neben ihm unter der Plane schlafen, die nun ihm zustand. Obwohl das ein Befehl und keine Einladung war, hate er nichts von der herrischen Art seines Vorgängers an sich. Phoolan Devi tat, wie ihr geheißen. Zu ihrer Überraschung schlief Vikram Mallah, Minuten nachdem sie sich angespannt und ängstlich neben ihn gelegt hatte, mit der Hand auf dem Gewehr ein.

»Jetzt waren ungefähr fünfzehn oder sechzehn Mann in der Gang«, erzählte sie der Polizei. »Die Männer warnten mich davor, Ärger zu machen, weil ich sonst getötet würde. Ich würde Vikrams Geliebte werden oder sterben. Also leistete ich keinen Widerstand, trotzdem stand ich sechs Monate unter strenger Bewachung für den Fall, daß ich versuchen sollte zu fliehen.«

Als sie kurz nach ihrer Kapitulation von einem Journalisten gefragt wurde, warum sie so bereitwillig Vikrams Geliebte geworden sei, antwortete sie: »Ein Besitzstück hat keine Wahl.«

KAPITEL 9

Räuberehre

Am Tag, nachdem man ihre Tochter aus ihrem Heim entführt hatte, ging Moola wieder auf die Polizeiwache von Kalpi, um den Vorfall zu melden und einige der Verantwortlichen anzuzeigen. Die Polizisten, erzählte sie mir, verhielten sich nicht nur gleichgültig, sondern ablehnend und erklärten ihr, sie solle ihre Zeit nicht für ihre nutzlose Tochter vergeuden. Ihren Unterlagen zufolge war Phoolan Devi untergetaucht, und Thakur Phool Singh könnte seine 20 000 Rupien Kaution abschreiben, sollte sie nicht zu gegebener Zeit vor dem Gericht erscheinen. Moola kehrte verzweifelt nach Hause zurück und fragte sich, wie sie diese neue Hiobsbotschaft ihrem Mann beibringen sollte.

Bei ihrer Rückkehr entdeckte sie, daß Maiyadin eilends das Gerücht im Dorf ausgestreut hatte, seine Cousine sei mit einer Bande von *dacoits* getürmt. Das beweise, verkündete er vor der *panchayat* der Dorfältesten, daß seine Vermutungen richtig gewesen seien, was ihre Verwicklung in den Überfall auf ein Haus anging. Der Dorfrat sollte sie der Polizei als gesuchte Verbrecherin melden.

Wir unterhielten uns in der Dienstwohnung von Phoolans Bruder Shiv Narain, inmitten einiger Familienmitglieder und ein paar wohlgesonnener Nachbarn. Damals versuchte ich vor allem, Phoolan Devis Beziehung zu Vikram Mallah zu begreifen und zu erfahren, was nach Babu Singh Gujars Tod passiert war. Man versprach mir, daß die Familienmitglieder reihum Phoolan im Gefängnis besuchen würden, um alles in Erfahrung zu bringen, was ich wissen wollte. Das folgende basiert auf den

Schilderung jener Menschen, die damals mit Phoolan Devi sprechen konnten. Später gab Phoolan Devi weitere Erläuterungen in ihrem Tagebuch und in verschiedenen Briefen, die ich über mehrere Monate hinweg erhielt. Auch diese habe ich verarbeitet, wo immer sie die Erzählungen vervollständigten.

Nicht wissend, was ihr die Zukunft bringen mochte, geistig und physisch erschöpft, wachte Phoolan Devi am nächsten Morgen auf und sah, wie die Männer eine große Geldsumme abzählten. Sie stritten sich, ohne auf sie zu achten. Sie weiß noch, wie ihr plötzlich klar wurde, daß sie zum ersten Mal nicht wachgerüttelt und zum Arbeiten geschickt worden war. Jemand hatte Feuer gemacht, und alles aus der Bande war bereits wach. Bharat Singh gab ihr etwas Tee. In der vergangenen Nacht hatte er ihr ein Paar Armeesocken gegeben, damit die neu erworbenen Schuhe paßten.

Die Männer erstellten eine Liste von Dingen, die sie kaufen mußten: mehr Munition, Decken, ein besseres Radio, Plastikplanen als Regenschutz und so weiter. Vikram beharrte fest darauf, daß niemand aus der Bande das Geld anrühren sollte, das die Toten besessen hatten. »Wir haben noch nie über Geld gestritten«, sagte er und fügte hinzu, daß er sie nicht wegen ein paar Rupien getötet hätte. Wenn auch nur einer aus der Bande das Geld ausgab, würde das ihnen allen Unglück bringen. Er war dafür, es in einem Dorf zu verteilen: Wenn sie es den Armen schenkten, würden sie sich damit beliebt machen und könnten später mit Unterstützung in der Gegend rechnen. Da er selbst keinen materiellen Gewinn aus seinem Vorschlag zog, leisteten die anderen nur geringen Widerstand, obwohl manche dafür waren, einen Teil der Summe für künftige Notfälle zu verstecken.

Nicht lange nach Anbruch der Dämmerung machten sie sich auf den Weg nach Asta, einem verhältnismäßig armen Dorf, in dem vor allem Menschen aus niedrigeren Kasten lebten. Vikram Mallah hatte dort Informanten und Unterstützer, mit denen er in der Vergangenheit bereits zu tun gehabt hatte. Er war entschlossen, sich als Anführer durchzusetzen, und versuchte so schnell wie möglich, die Gang an andere Kasten als bisher zu binden.

Es war ein einschneidender Schritt, der noch zu Konflikten führen sollte, doch an jenem Tag widersprach niemand, als sie sich auf den Weg zum Dorf machten. Sie mieden die bekannten Pfade, die von der Polizei und den Dorfbewohnern benutzt wurden. Phoolan Devi, die inzwischen wie alle anderen Khaki trug, marschierte unauffällig unter den anderen.

Als sie sich dem Dorf näherten, verkündete Vikram Mallah durch ein Megaphon: »Wir sind Freunde der Armen und verschworene Feinde der Reichen. Wir sind gekommen, um zu geben, nicht zu nehmen. Habt keine Angst.« Von jüngeren, ungestümen Bandenmitgliedern wurden ein paar Schüsse in die Luft abgefeuert, aber das schien ihn nicht zu stören. Als die Bande ins Dorf kam, rief er durch das Megaphon: »Wir sind keine Polizei. Wir sind arme Menschen wie ihr. Ihr habt nichts zu befürchten.«

Als erste kamen ihnen Scharen neugieriger und aufgeregter Kinder aus dem Dorf entgegengelaufen, angelockt von dem Klang des Megaphons und den Gewehrschüssen. Phoolan Devi ging mit den *dacoits*, als wäre sie einer von ihnen, und beobachtete ihren neuen Herrn. Er war jung und schneidig und schien mit seinen Männer überall beliebt zu sein. Er bewegte sich selbstbewußt und lässig, unterhielt sich mit den Männern aus der Gang oder mit den Kindern, die sie umringten, und nahm sogar ein kleines Mädchen auf den Arm, das ganz hingerissen war, seine Aufmerksamkeit erregt zu haben.

Die ersten Erwachsenen, auf die sie im Dorf trafen, waren zwei Tee trinkende alte Frauen auf einem Seilbett. Sie sahen dem Zug eher neugierig denn ängstlich entgegen, wahrscheinlich beruhigt durch die Reaktion der Kinder, die die Männer lärmend und jubelnd begleiteten. Als er die Frauen sah, löste sich Vikram Mallah von den anderen, ging zu ihnen und legte die Hände zu einem respektvollen *namaste* zusammen. Er berührte mit traditioneller Höflichkeit ihre Füße, rief dann Bharat Singh herbei und befahl ihm, den beiden Geld zu geben. Dabei sagte er mit fast übertriebener Demut: »Bitte nehmt diese Gabe von einem eurer Söhne an.«

Bharat überreichte den beiden Frauen zu ihrer großen Verwunderung ein Geldbündel. Im Gegenzug bestanden sie darauf, daß die Bande die Gastfreundschaft ihres Hauses in Anspruch nahm. Jüngere Frauen aus der Familie machten Tee für alle, *charpais* wurde als Sitzunterlage nach draußen gebracht, und Phoolan hatte den Eindruck, daß sich das halbe Dorf um sie versammelt haben mußte. Daß eine *baghi*-Bande in ihr Dorf gekommen war, schien die Menschen zu begeistern und zu faszinieren.

In dieser Gegend gibt es Geschichten und Legenden über *baghis* zuhauf. Sie werden gefürchtet und verehrt zugleich. Unzählige Hindi-Filme wurden über sie gedreht, in denen man sie zu romantischen Rebellen verklärte, in unzähligen Liedern werden ihre Taten besungen, und zahllose Geschichten kursieren über einzelne Räuberanführer. Die *baghis* sind aus den Mythen wie aus der Realität im Chambal-Tal nicht wegzudenken. Vikram Mallah war in den Schluchten groß geworden und stolz, ein Teil dieser Tradition zu sein. Er hatte seine Rolle so verinnerlicht, daß sie zu einem grundlegenden Zug seines Wesens geworden war. Phoolan sagt, er nannte sich selbst »Vikram Singh *Mastana*« – wie ein Mensch, der keine irdischen Wünsche mehr kennt und deshalb mehr geben als nehmen kann.

An jenem Tag stand er im Dorf Asta unangefochten im Mittelpunkt. Er entlud sein Gewehr und ließ die kleinen Jungen zur allgemeinen Erheiterung damit spielen. Er sprach mit den Bauern um ihn herum über die Probleme, die es mit Wasser und Land, Ernten, Pestiziden und Dünger gab. Er besuchte den Dorftempel, einen kleinen, primitiven, weiß gekalkten Schrein, wo er der Statue Vishnus, des Gottes der Bewahrung, eine Goldkette um den Hals legte. Eine junge Braut, die bald heiraten würde, wurde ihm vorgestellt, und er schenkte ihr ebenfalls eine Goldkette. Im ganzen Dorf herrschte eine Atmosphäre wie bei einem *mela* (Volksfest). Scharen von Kindern und jungen Männern begleiteten Vikram Mallah und seine Bande durch die Straßen.

Phoolan Devi ging unauffällig mit und beobachtete alles. Nur wenige sprachen mit ihr, aber dennoch spürte sie keine Feindseligkeit.

Als sie das Dorf fast drei Stunden später verließen, machten sie nochmals an der Hütte der beiden alten Frauen halt. Die ältere der beiden segnete Vikram Mallah, indem sie ihm einen gelben Strich auf die Stirn zeichnete und ihm in einer Geste des Dankes zwei Rupien gab, die er voller Würde entgegennahm, bevor er sich bückte, um ihre Füße zu berühren. Phoolan Devi war beeindruckt.

Alle *dacoit*-Banden in der Geschichte mußten sich auf ein Netzwerk von Sympathisanten in den Dörfern verlassen, in deren Umkreis sie lebten und operierten. Ohne diese Unterstützung konnten sie nicht überleben. Der legendäre Mansingh, der 1896 kurz vor der Jahrhundertwende geboren wurde, steht beispielhaft für die Verknüpfung der Moderne mit uralten Traditionen. Sein Vater lebte als Kleinbauer und Geldverleiher im Dorf Khare Rathore im Bezirk Agra in Uttar Pradesh. Man sagt, daß er Verbindungen zu örtlichen *baghi*-Banden hatte und »Geschäfte« mit ihnen machte, allerdings so heimlich, daß die Behörden niemals Beweise gegen ihn in die Hand bekamen. In jenen Tagen kämpften die Rebellenbanden auch gegen das britische Empire und genossen deshalb ungeheure Sympathien in der Bevölkerung. Die Familie gehörte einer Sippe von Tomar Rajputs an, die schon in den Tagen des Mogul-Reiches gegen die Staatsmacht opponiert hatte. Die Briten stellten nur eine andere Rasse von Invasoren dar.

Als Geldverleiher war Mansinghs Vater Bihari Singh ein mächtiger Mann im Dorf, der allerdings von seinen Schuldnern gefürchtet und gehaßt wurde. Die brahmanischen Landbesitzer im Dorf, die einer höheren Kaste angehörten, aber weniger mächtig waren als er, beschlossen, ihn in seine Schranken zu verweisen, um ihr eigenes Ansehen wiederherzustellen. Sie ergriffen Partei für seine Feinde und versuchten, die britischen Behörden zum Eingreifen zu bewegen. Die Briten begannen Nachforschungen über sein Leben und seinen offenkundigen Reichtum anzustellen und erregten damit den Zorn der ganzen Familie.

Das Maß war voll, als die Brahmanen einen Tischler im Dorf bestachen, einen Mann namens Chidda, dessen Heim infolge einer persönlichen Vendetta von *dacoits* geplündert worden war. Chidda sollte Bihari Singh anzeigen und vor Gericht über dessen Verstrickung in den Raubüberfall aussagen. Alle Bemühungen, Chidda zu umschmcicheln, damit er vor Gericht keine Falschaussage machte, waren vergebens. Deshalb griff Mansingh am 30. Juli 1928 einen Verwandten Chiddas an, um den Ruf seines Vaters wiederherzustellen, und löste damit einen Kastenkrieg zwischen Brahmanen und Thakurs im Dorf aus. Mehrere Menschen wurden getötet, Häuser niedergebrannt und Kornkammern geplündert, bis schließlich die Behörden eingriffen und Mansingh verhafteten. Er wurde zu lebenslanger Haft verurteilt. Seine vier Söhne flohen bei seiner Verhaftung, da sie in die Auseinandersetzungen im Dorf verwickelt waren.

Als Mansingh im März 1939 aus dem Zentralgefängnis von Agra entlassen wurde, war er zutiefst verbittert. Zwei seiner Söhne waren in der Dorffehde getötet worden, die beiden anderen waren in die Schluchten geflohen und hatten sogar Angst, ihre Mutter zu besuchen. Mansingh wollte Rache. Seine Frau Rukhmini ermunterte ihn, indem sie erzählte, welcher Tyrannei sie seit seiner Verhaftung durch die Brahmanen im Dorf ausgesetzt waren. Die Brahmanen wurden von einem Landbesitzer namens Tulfiram angeführt. Mansingh beschloß, seine zwei überlebenden Söhne zu suchen und sich an seinen Feinden zu rächen. Und genau das tat er auch. Von 1939 bis zu seinem Tod 1955 bei einer Auseinandersetzung mit der Polizei errichtete er eine absolute Schreckensherrschaft im Chambal-Tal. Er löschte nicht nur Tulfiram aus, sondern auch alle, die mit ihm im Bunde waren. Viele Menschen kamen um, Dörfer wurden zerstört und Ernten verbrannt, und die Vorherrschaft der Brahmanen in der Gegend wurde gebrochen.

Nach seinem Tod stiegen Thakur-Banden auf, die die Brahmanen entmachteten. Auf die gleiche Weise verlagerten Ende der siebziger und Anfang der achtziger Jahre Menschen wie Vikram Mallah die Macht von den Thakurs auf die Sudras. Zum ersten Mal in der Geschichte verteidigte die niedrigste Kaste ihre Interessen mit Waffengewalt. Mansingh wurde zu einer Legende in der *baghi*-Folklore, und viele versuchten, so berühmt zu werden wie er.

In einem Artikel über Mansingh kommentierte M. Radhakrishnan im *Indian Police Journal*:

Mansingh nutzte die entspannte Lage nach 1947 und kehrte kühn in sein Dorf zurück. Es war eine triumphale Rückkehr eines Mannes, dessen Stärke man fürchtete und dem man deshalb fraglos gehorchte. Sein Vater war gestorben, und da Newab Singh (sein Sohn) sich versteckt hielt, fungierte er als Oberhaupt der Familie. Mit Hilfe der Beute, die er in den vergangenen Jahren gemacht hatte, erbaute er ein prächtiges Haus in strategisch günstiger Lage auf einem Hügel, von dem aus er den einzigen Zugang zum Dorf überwachen konnte. Prahlerisch, wie es für ihn typisch war, ließ er sich als mächtiger Mann im Dorf feiern. Die Dorfbewohner betrachteten ihn als Freund und Führer und ließen ihre Zwistigkeiten von ihm schlichten. Die Armen wurden großzügig von ihm unterstützt, und die Kunde von seiner Mildtätigkeit und seiner Freigiebigkeit verbreitete sich weit und breit.

Bewundernd erzählte man sich, wie er dem Guten zum Recht verholfen habe, daß er Informanten und Polizisten nur getötet habe, wenn er verfolgt wurde, daß er nur Menschen überfallen habe, die den Verlust verschmerzen konnten, daß er fromme Brahmanen respektiert habe, die ihm ihren Segen gaben, und manchmal *zamindars* (Landbesitzer) zu Wohltaten gezwungen habe. Seine Bewunderer merkten oft an, daß er das verkörpere, was man als *dacoity*-Ehre bezeichne. Selbst Beamte der Steuer-, Zoll- und Erziehungsbehörde brauchten ihn nicht zu fürchten. Er konnte Hochzeiten beiwohnen, an denen Hunderte von Menschen teilnahmen. Er war frei von allen Lastern. Aber die Öffentlichkeit bewunderte auch seine tiefe Religiosität. Kein Tag verging, an dem er seinen Gottheiten nicht ein Opfer brachte. Man könnte meinen, daß seine religiöse Ergebenheit kaum zu seinem Leben als Bandit paßte. Doch kein Mensch ist ganz aus einem Guß. Mansingh war da keine Ausnahme. Er war äußerst gottesfürchtig und konnte sich nicht vorstellen, daß ein *dacoit* außerhalb von Gottes Gnade stehen solle.

Ein indischer Journalist, Taroon Coomar, der ein Buch mit dem Titel *Chambal – das Tal des Schreckens* verfaßte, schrieb über Mansingh:

Die Polizeiakte über Mansingh wog eine Tonne. Die Regierung hatte eine *crore* von Rupien für die Jagd auf ihn ausgegeben. Während seines Banditenlebens hatte Mansingh 185 Morde sowie 1102 *dacoities* begangen und bei Entführungen über 50 *lakhs* Rupien Lösegeld von den Verwandten erpreßt. In den 80 Auseinandersetzungen seit 1954 hatte die Polizei 32 Männer verloren. Mansingh dagegen nur 15.

Als Mansingh schließlich am 25. Mai 1955 von der Polizei bei Kakran-ka-pura nahe Bhind erschossen wurde, sandten mehrere Regierungsvertreter, darunter auch der damalige Premierminister Nehru, der Staatsregierung Glückwunschtelegramme.

In ihrem Tagebuch erklärt Phoolan:

»Vikram geriet schon in Wut, wenn man über die Polizei sprach. Sobald er eine Polizeipatrouille zu Gesicht bekam, griff er an wie ein Tiger. Er zog sich nie zurück. Erst wenn er nach einer erbitterten, stundenlangen Schlacht sah, daß der Gegner zu stark für ihn war und keine Aussicht auf einen Sieg bestand, gab er das Zeichen zur Flucht. Wir flohen mindestens 20 *kos* in einer Nacht. Sobald die Polizei Druck machte, flohen wir. Vikram war schlau. Er beging in einer Nacht drei *dacoities* und führte dann die Polizei an der Nase herum. Er schickte der Polizei Drohbriefe, in denen stand: ›Idioten! Wenn ihr an den Brüsten eurer Mütter gesaugt habt, dann kommt aufs Schlachtfeld. Warum verfolgt ihr die Unschuldigen und Armen, schlagt sie und steckt sie ins Gefängnis? Schlagt uns. Wir sind die ‹Kriminellen›, die ihr sucht.‹

Er respektierte die Frauen und berührte die Füße jeder Frau, die ihm auf seinen Reisen begegnete. Manchmal gab er ihnen auch Geld und befahl all seinen Leuten, es ihm gleichzutun. Er sagte, er sei Vikram Singh Mastana, und solange er lebte, konnten sich die Frauen in der Gegend frei und ohne jede Furcht bewegen. Niemand wagte es, ihnen etwas anzutun, denn er war ihr Beschützer. Er war selbst das Gesetz.

Er ging in die Dörfer und schlichtete kleinere Streitigkeiten von Klagen. Er warnte die Dorfbewohner immer wieder davor, sich auf der Polizeiwache zu beklagen, denn dort würde man ihnen keine Beachtung schenken. Die Dorfbewohner richteten sich nach seinem Rat.«

Vikram Mallah hatte sich, wie viele andere Banditenführer, den legendären Mansingh zum Vorbild genommen. Im Gegensatz zu Babu Singh Gujar, den die Menschen seiner Grausamkeit und Gier wegen gefürchtet und gehaßt hatten, wollte Vikram sich einen Ruf erwerben, auf den er stolz sein konnte. Er wollte der Tradition gerecht werden, an der er sich maß. So handelte er nicht nur um der Macht und des Wohlstandes willen, sondern aus einem inneren Bedürfnis heraus. Wie bei Mansingh grenzte seine Frömmigkeit schon an Aberglauben. Seine öffentlich bezeugte Ehrerbietung den Frauen gegenüber und seine Abneigung gegen Alkohol deuten ebenfalls darauf hin, daß er sein Leben nach dem Vorbild eines *Dau* gestalten wollte – wie man in jener Gegend einen alten und heiligen Mann nennt.

Als ich mich eines Tages in Gwalior mit Moola unterhielt, sagte ich, daß ich die Zeugenaussage von der Polizei gelesen habe, die Phoolan 1983 am Tag ihrer Kapitulation gemacht hatte. Darin schilderte sie Vikram Mallah lediglich als den Mann, der sie gefangengenommen hatte und der durch die Macht der Umstände zu ihrem Liebhaber geworden war. Ich fragte, ob das stimme. Moola wurde ernst und still, deshalb fügte ich hinzu, nach allem, was ich gehört und erfahren hätte, hätte ich das Gefühl, daß der Mann in vieler Hinsicht einzigartig gewesen war. Zu meiner Überraschung begann Phoolan Devis Mutter um den toten Liebhaber ihrer Tochter zu weinen.

Sie nahm mich mit in ein Hinterzimmer, wo sie einen Metallschrank aufschloß, der fast hinter einem Holzstapel verschwand, und zog ein Päckchen heraus. Es war eine gerahmte Fotografie, die man in weißes Musselin und dann in Packpapier gewickelt hatte, damit das Tuch sauber blieb. Mit größter Sorgfalt öffnete sie das Päckchen und zeigte mir das Schwarzweiß-Bild Vikram Mallahs – ein Polizeifoto seiner Leiche. »Das ist das einzige Bild, das es gibt«, sagte sie. Sie weinte immer noch. In diesem Moment wurde mir klar, wie wichtig Vikram Mallah für Phoolan Devi gewesen sein muß.

Bei einigen Tassen Tee und ein paar Zigaretten bat ich Moola, mir etwas über den Mann zu erzählen. Sie berichtete mir von einem Vorfall, der sie damals erschreckt hatte, sie jetzt aber zum Lachen brachte. Vikram, erzählte sie mir, hatte einem Bauern in einem Nachbardorf einen Traktor entführt und war damit am hellichten Tag nach Gorha Ka Purwa gefahren. Er war gekommen, um ihnen Neuigkeiten über Phoolan Devi zu bringen und um ihnen einen Besuch abzustatten, wie er es nannte, weil er hoffte, daß sie ihn als Schwiegersohn akzeptierten. Anfangs war Moola entsetzt und hatte gefragt, wie Phoolan jemanden heiraten sollte, da sie theoretisch bereits verheiratet war. Vikram hatte gelacht und ihr erklärt, daß Menschen, die so erdverbunden leben wie sie, den Segen des Gesetzes nicht brauchten. Vor Gottes Augen war er ihr Mann. Er war eigentlich gekommen, um ihnen ihre Mitgift zu geben, nicht um eine zu verlangen, so wie Puttilal es getan hatte. Er hatte seine Verhaftung riskiert, nur um Frieden mit ihrer Familie zu schließen. Mit diesen Worten hatte er ihr 5000 Rupien überreicht. Sie hatte nie einen Mann wie ihn getroffen, schloß Moola.

Ich fragte, ob ich ein Bild von dem Foto machen könnte, und sie erlaubte es mir. Sie öffnete den Schrank noch einmal und schnürte das Bündel wieder mit einer Sorgfalt auf, die man einem zerbrechlichen und äußerst wertvollen Gegenstand zukommen läßt.

KAPITEL 10

Die Gang

Im Laufe der Monate wurde Phoolan Devi in die Bande integriert, und in den Schluchten ging das Gerücht um, sie sei Vikram Mallahs Geliebte. Vikram war verheiratet, aber aufgrund seines Lebenswandels sah er seine Frau und seinen Sohn nur selten, die beide wieder bei ihren Eltern im Dorf seines Schwiegervaters wohnten. Er schickte ihnen Geld, sobald er welches entbehren konnte, aber er schien sie nicht sonderlich zu vermissen.

Bei ihrer Vernehmung durch die Polizei erzählte Phoolan Devi über jene Zeit:

»Als mein Haus überfallen und mein Name mit ihren Verbrechen in Verbindung gebracht wurde, freuten sie sich, daß ich jetzt genauso ›gesucht‹ wurde wie sie.

Wir taten uns mit Baba Ghanshyams Bande zusammen. Zwei seiner Männer, Vijay Singh Padri und Chatrasal Singh Pandi waren mit Thakur Phool Singh verwandt, der meine Kaution gestellt hatte. Thakur Phool Singh hatte diesen Männern Anweisung gegeben, mich aus der Gang herauszuholen. Er kam mich selbst holen, aber als ich gerade gehen wollte, rief Vikram Mallah mir nach, daß ich sterben würde, wenn ich versuchte fortzugehen. Er bot Phool Singh Gold und Silber für mich an. Außerdem befahl er, Phool Singh mit 25 000 Rupien für die entgangene Kaution zu entschädigen. Nachdem das Geld übergeben worden war, verließ Ghanshyam die Bande wieder, weil er glaubte, daß sie meinetwegen betrogen worden waren.

Jetzt waren noch sieben *dacoits* in Vikram Mallahs Bande. Alle anderen waren mit Ghanshyam gegangen. Vikram gab mir eine Waffe, und ich wurde seine Geliebte und lernte schießen. Vikrams Gang bestand aus Bharat Singh, Madho Singh, Vareylal Guddi alias Kali Charan, Dharamjit und mir.«

Der Tag, als Thakur Phool Singh im Lager aufgetaucht war, erzählte mir Phoolan Devi später, war der Wendepunkt in ihrer Beziehung zu Vikram Mallah. Bis dahin hatte sie sich als seine Gefangene betrachtet und sich in ihr Schicksal gefügt. Sie war lediglich dankbar dafür gewesen, daß er sie weit beser als jeder andere Mann behandelte, mit dem sie bisher hatte leben müssen.

Aus dem zeitweiligen Zusammenschluß mit Ghanshyams Bande hatten sich Spannungen ergeben. Ghanshyam war mit Malkhan Singh verwandt, dem damals mächtigsten *dacoit*-Führer im Tal. Obwohl er aus der Kaste der Mirdhas stammte, die unter der der Thakurs rangierte, schaute Malkhan auf die Sudras und Mallahs herab. Ghanshyam empfand ganz ähnlich und war mit Phoolan Devis Anwesenheit in der Bande nicht einverstanden. Er respektierte und mochte Vikram Mallah, aber er war der Meinung, daß es kurzsichtig gewesen sei, Babu Singh Gujar zu töten, denn nun waren sie gegenüber anderen Thakur-Banden verwundbar. Außerdem hatte er Thakur Phool Singh versprochen, daß er Phoolan Devi finden würde, damit das Geld, das jener für ihre Kaution hinterlegt hatte, nicht verloren war. Phoolans Vater war keinesfalls in der Lage, seinem Freund die Schulden zurückzuzahlen.

Phoolan sagt, als Thakur Phool Singh ankam, hatte sie gerade für die vereinten Banden Vikram Mallahs und Ghanshyams gekocht. Das Lager befand sich noch auf einer Klippe über der Schlucht, deshalb sah sie ihn fast eine halbe Stunde, bevor er gemeinsam mit seinen Verwandten aus Ghanshyams Bande das Lager erreicht hatte. Vikram Mallah hatte Karten gespielt, als sie ihm sagte, wer da kam. Er schien kein bißchen irritiert, sondern konzentrierte sich weiter auf sein Blatt. Sie weiß noch, daß sein Desinteresse sie verletzte.

Sie selbst war völlig durcheinander. Ursprünglich hatte sie

126

geglaubt, Phool Singh wollte sie aus Freundschaft zu ihrem Vater zu ihrer Familie zurückbringen, aber in der vergangenen Nacht hatte ihr Vikram entgegnet, daß »der Thakur« nur sein Geld zurückhaben wollte. Er hatte recht, entschied sie. Wenn sie in ihr Dorf zurückkehrte, würde sie bestimmt bald verhaftet, weil sie gegen die Kautionsauflagen verstoßen hatte, und wer konnte schon sagen, welche Anklagen dann noch folgen mochten? Sie hatte die ganze Nacht und den ganzen Tag hindurch die Alternativen abgewogen und war zu dem Schluß gekommen, daß sie nichts zu gewinnen hatte, wenn sie in ihr Elternhaus zurückkehrte. Sie wußte aber auch, daß nicht sie die Entscheidungen treffen würde. Die beteiligten Männer würden ihre eigenen Interessen verfolgen und sich untereinander arrangieren.

Ghanshyam stand auf, um Thakur Phool Singh zu begrüßen, und brachte ihn gleich zu Vikram Mallah, der immer noch in sein Kartenspiel vertieft war. Das Radio war an, deshalb konnte sie nicht hören, was die Männer besprachen. Als sie den alten Mann auf sich zukommen sah, stand sie auf und kniete dann vor ihm nieder, um seine Füße zu berühren.

»Komm«, sagte er voller Autorität. »Wir gehen.«

Phoolan Devi sagt, sie sei wie betäubt zu ihrem Bündel von Habseligkeiten gegangen, überzeugt, Vikram Mallah habe beschlossen, sie gehen zu lassen. Sie bekam panische Angst.

Aber dann rief er ihr nach: »Wenn du weggehst, werde ich dich töten.«

Augenblicklich wurde ihr klar, daß er sie auf diese Weise davor bewahren wollte, etwas zu sagen oder eine Entscheidung treffen zu müssen. Er hatte entschieden. Als sie hörte, wie er Bharat befahl, Thakur Phool Singh die Kaution auszuzahlen, fühlte sie sich, als hätte er einen Brautpreis für sie gezahlt, erzählt sie. In dieser Nacht hatte sie das Gefühl, seine Frau zu sein. Seine mitfühlende Geste erfüllte sie mit Stolz, und sie dankte Durga für das unerwartete Glück. Vikram war, wie sie noch weiß, ungewöhnlich ruhig.

Am nächsten Morgen verkündete Ghanshyam, daß er weiterziehen würde. Fast alle Thakurs und Gujars in der Bande
gingen mit ihm, und Vikrams Gang schmolz auf sieben Mitglieder zusammen – Phoolan Devi eingeschlossen.

Über jene Tage sagt sie:

»Vikram und ich schliefen abseits der Bande, aber zwei
Männer hielten immer im zweistündigen Wechsel Wache.
Einer war für Vikram und mich zuständig, der andere für die
Bande.

Er mochte mich sehr gern und verbrachte viel Zeit damals,
mir beizubringen, wie man feuert und flieht. Er sagte, es sei
wichtig, gut laufen zu können, wenn einem die Polizei auf den
Fersen war! Die Atmosphäre war kameradschaftlich und entspannt; es gab keinen Streit und keine Eifersüchteleien in der
Bande. Er nahm immer auf mich Rücksicht. Wenn wir hungrig
und durstig durch das *bahad* (die Schluchten) wanderten, gab
er mir als erstes Wasser. Er bestand darauf, daß ich etwas aß,
selbst wenn ich keinen Hunger hatte. Wenn er seine Kleider
wusch, wusch er meine mit. Er flocht mir sogar das Haar, bevor
ich es mir abschnitt.

Wenn wir auf die Polizei stießen und geschossen wurde, hielt
Vikram meine Hand und versicherte mir, daß alles gut werden
würde. Ich bräuchte keine Angst zu haben, denn er sei bei mir.
Dann brüllte er und beleidigte die Polizei: ›Vergeßt nicht, ihr
Polizeihunde, Vikram Mallah ist nicht allein. Bei mir ist die
Reinkarnation der Putli Bai, warum spielt ihr also mit eurem
Leben?‹«

Putli Bai bleibt eine der berühmtesten und meistverehrten
Gestalten in der Geschichte der nordindischen Banditen. Sie
war von Polizei, Politikern und Presse in den fünfziger Jahren,
genau wie später Phoolan Devi, als »Räuberkönigin« bezeichnet worden und hatte in den ersten Jahren nach der Unabhängigkeit von der britischen Regentschaft für großes Aufsehen
gesorgt. Sie stammte aus einer moslemischen Sippe von Prosti-
tuierten in Agra und war anfangs als Tänzerin berühmt gewor-

128

den. Ihre Mutter Asghari führte ein lukratives Geschäft: ein traditionelles Nauchghar – ein Bordell mit Tänzerinnen. Putli war eine der besten Tänzerinnen. Die Kunden reisten aus dem ganzen Staat an, um Asgharis nächtliches Mahfil (Treffen) mitzuerleben. Putli war als Kind von erfahrenen *gurus* unterrichtet worden, und ihre Mutter beschäftigte einige der besten Musiker in der Stadt. Sie wurde in Agra so berühmt, daß reiche Landbesitzer und andere Wohlhabende aus den umliegenden Dörfern und Kleinstädten sie zu besonderen Gelegenheiten engagierten, um ihre Gäste zu unterhalten.

Eines Tages wurde sie in den Prinzenstaat Dholpur im heutigen Rajasthan eingeladen, wo sie auf der Hochzeit eines reichen Großgrundbesitzersohnes tanzen sollte. Die Hochzeit war ein großes gesellschaftliches Ereignis, zu dem Hunderte Gäste aus den umliegenden Dörfern angereist waren. Man feierte bis in den frühen Morgen; es gab Schnaps und Geld im Überfluß. Man sagt, Putli wurden während ihres Auftritts so viele Scheine zugeworfen, daß sie wahrhaftig auf Geld tanzte! Ob das nun wahr ist oder nicht – so wird es heute erzählt.

Dann donnerten Schüsse. Während die betrunkenen Gäste in alle Himmelsrichtungen flohen, weil sie wahrscheinlich dachten, daß eine *dacoit*-Bande die Hochzeitsgesellschaft überfallen und ihnen Geld und Schmuck rauben wollte – was gar nicht so selten geschah –, hörte man Pferdehufe. Damals waren die Gangs oft beritten, genau wie früher die Briten. Später wurden die Pferde aufgegeben, weil Polizei wie *dacoits* zu Fuß unauffälliger waren und in den Schluchten besser zurechtkamen.

Es war wirklich die berüchtigste *dacoit*-Bande jener Zeit. Sie wurde von einem großen, äußerst gutaussehenden Muslim-Anführer geleitet, der sich Sultan nannte. Putli ahnte nicht, daß er sie in Agra gesehen hatte und meinte, sich in sie verliebt zu haben. Den Quellen zufolge war Sultan ein eigenartiger, komplizierter Mensch, der im Grunde alle Frauen verachtete. Er glaubte, daß sie die Männer in Versuchung führten und ihnen

Unglück brächten. In vieler Hinsicht schämte er sich für seine Begierde, da er sie als Schwäche betrachtete, die er eigentlich besiegen müßte. Am allermeisten erboste ihn jedoch, daß Putli in einem Bordell tanzte. Er wollte sie ganz für sich haben und ertrug den Gedanken nicht, daß andere Männer jeden Tag mit ihr zu tun hatten. Sobald er von der Hochzeit in Dholpur gehört hatte, hatte er beschlossen, sie zu entführen.

Es war eine stürmische Beziehung, und obwohl Putli ihrem Liebhaber mindestens zweimal entkam, kehrte sie jedesmal zu ihm zurück. Das Leben im Bordell ihrer Mutter in Agra langweilte und erniedrigte sie. Sultan und Putli hatten eine Tochter namens Tanno, die sie wenige Monate nach der Geburt zu Asghari nach Agra schickten, weil sie das Baby in den Schluchten nicht versorgen konnten.

Nachdem Sultan bei einer Auseinandersetzung mit der Polizei getötet worden war, konnte sich Putli mit Kalyan Singh alias Kalla zusammenschließen, zu dem sie sich immer hingezogen gefühlt hatte. Die Kalla-Putli-Gang entwickelte sich zu einer der meistgefürchteten Banden, die in den fünfziger Jahren im Chambal-Tal operierten, übertroffen lediglich von Mansinghs Gang. Nach Mansinghs Tod betrachtete man seine »Lieutenants« »Roopa«, Rooplal Sharma, und Lakhan, der den Spitznamen »Lakhan der Schreckliche« trug, in Polizeikreisen als weniger bedeutend.

Putli wurde als »Räuberkönigin« bekannt, und schon zu ihren Lebzeiten rankten sich unzählige Legenden um sie. Überall erzählte man sich von ihren Taten, man schrieb Lieder über ihr Leben, und Dorfbewohner, die behaupteten, sie gesehen zu haben, berichteten stolz über jedes Detail, das ihnen von ihrer Begegnung mit der »Reinkarnation Kalis« im Gedächtnis geblieben war.

Nachdem Putli bei einer Schießerei mit der Polizei verwundet worden war, amputierte ihr ein Dorfarzt den linken Arm über dem Ellbogen. Während ihrer Rekonvaleszenz sorgte Kalla dafür, daß sich vor jedem Überfall ein Bandenmitglied als

Frau im *sari* verkleidete. Auf diese Weise wollte er alle Gerüchte, sie sei getötet worden, im Keim ersticken. Die Zeitungen hatten berichtet, man habe eine lange Blutspur gefunden und es sei unwahrscheinlich, daß Putli Bai überlebt habe. Der Beamte, der behauptete, sie erschossen zu haben, stand kurz vor der Beförderung oder einem Orden.

Ein paar Monate später war Putli wieder in den Dörfern zu sehen. Sie übte mit einem Gewehr, das sie mit dem Stummel ihres linken Armes hielt. Sie hatte ihre Treffsicherheit nicht verloren. Ein Polizeibeamter, der bei einer Schießerei verwundet wurde, sagte aus, er habe Putli erkannt, als er von ihr angeschossen worden war, und fügte hinzu, sie hätte den linken Arm verloren. Damit bestätigten sich die Gerüchte, daß sie noch am Leben war.

Am 23. Januar 1958 wurde Putli erschossen, als sie, um einen Hinterhalt der Polizei zu umgehen, den Fluß Kunwari überquerte, der parallel zum Chambal verläuft. Ihre Leiche wurde ans linke Flußufer gezogen; heute noch, sagt man, verrichten die Dorfbewohner an diesem Ort Gebete.

Als ich mich später mit hohen Polizeibeamten unterhielt, zeigte man mir einen Polizeibericht, in dem stand:

In den Dörfern Zentralindiens werden die Menschen noch jahrelang die Taten einer gertenschlanken Tänzerin besingen, die zum *dacoit* wurde und das Land mit Mord und Raubzügen terrorisierte. Der Tod hatte unsere Rechnung mit ihr beglichen. Ihre Grausamkeit und Skrupellosigkeit wird man vergessen, aber an die furchtlose, mutige Frau wird man sich immer erinnern. Sie hat viel ertragen und viel erlitten, aber sie hat ihr eigenes Leben als Anführerin einer verzweifelten Bande von Gesetzlosen gelebt. Diese tapfere, fehlgeleitete Frau lebte ohne Reue – als Tänzerin, *dacoit*, Krankenschwester. Sie hat in der kurzen Spanne von 29 Jahren ihr Leben bis zur Neige getrunken.

Ich erfuhr außerdem, daß die Polizei bei der Durchsuchung ihres Rucksacks eine halbvolle Flasche Rum und eine Ausgabe des Korans fand.

Als Moslemin war Putli aus dem hinduistischen Kastensystem ausgeschlossen, während Phoolan darin gefangen war. Beide Frauen gehörten jedoch zu einer Klasse von Machtlosen. Nachdem 1947 der Staat Pakistan gegründet worden war, wurden die in Indien verbleibenden Moslems zu einer »Minderheit«. Sie verloren ihren ehemaligen Einfluß und ihre Macht; die Hindus der niederen Kasten haben nie Macht besessen.

KAPITEL 11

Schlechte Vorzeichen

Zur selben Zeit, als Vikram Mallah Babu Singh Gujar tötete, saßen zwei weitere führende Mitglieder der Bande, Sri Ram und Lala Ram, wegen Diebstahls im Gefängnis. Sri Ram war der ältere der beiden Thakur-Brüder. Vikram kannte und bewunderte ihn seit vielen Jahren und sprach von ihm als seinem *guru*. Für einen Mallah, der in eine von Gujars und Thakurs geführte Bande aufgenommen worden war, hatte Vikram eine unglaubliche Karriere gemacht. Während der ersten Jahre in der Gang hatte Sri Ram Vikram offensichtlich unter seine Fittiche genommen und unterstützt, wodurch er Vikrams Zuneigung und Loyalität erworben hatte. Jetzt, als Babu Singh tot war, war Vikram Mallah ängstlich darum besorgt, Sri Ram nicht zu verärgern, der nach seiner Entlassung aus dem Gefängnis vielleicht wieder zu ihrer Gang stoßen würde. So hatte er Sri Ram bereits eine schriftliche Botschaft gesandt, in der er ihn darüber aufgeklärt hatte, unter welchen Umständen Babu Singh getötet worden war, ihm von Phoolan Devi erzählt und ihn gefragt, ob sie als seine Frau in der Bande bleiben könne. Sri Ram hatte ihnen zu Vikrams großer Erleichterung seinen »Segen« aus dem Gefängnis gegeben.

Phoolan Devi erzählt in ihrem Tagebuch: »Ein paar Monate lang lebten wir in Frieden, bis wir einen Brief von Sri Ram bekamen. Er beklagte sich und sagte, seit Vikram Anführer einer großen Bande geworden sei, hätte er sie ganz vergessen. ›Willst du mich im Gefängnis verfaulen lassen?‹ hatte er geschrieben. ›Meine junge Enkelin sitzt unverheiratet im Dorf: Schande über dich, daß du nicht einmal versucht hast, einen

133

Mann für sie zu finden.‹ Als er das gelesen hatte, rief Vikram die
Bande zusammen und sagte: ›Brüder, wir müssen alle helfen.
Nächstes Mal wird unser Verdienst nicht aufgeteilt. Wir wer-
den ihn für die Hochzeit von Thakur Sahibs Enkelin spenden.‹

Vikram hatte einen Plan. Eines Abends zogen wir los und
blockierten die Hauptstraße zwischen Kanpur und Agra. Wir
hielten einen Lastwagen auf. Dem Fahrer erklärten wir, wir
seien Polizisten und hätten eine Information bekommen, daß er
Rauschgift auf seinem Lastwagen transportiere. Wir sagten, wir
hätten einen Durchsuchungsbefehl. Auf diese Weise plünderten wir zwischen halb sieben und zehn Uhr insgesamt 26 Lastwagen. Da wir alle Polizeiuniformen trugen, zweifelte niemand an unseren Worten. Manche von uns waren als *SP* verkleidet, manche als *TI* und manche als *thanedars*.

Dann schrieb Vikram einen Brief an die Polizei, den er an
den *SP* richtete. Darin stand: ›Ihr seid alle Hunde! Euer Vater
Vikram Mallah hat 26 Lastwagen überfallen. Gebt nicht irgend-
welchen armen, unschuldigen Menschen die Schuld. Verdächtigt keinen Falschen. Kommt und sucht Vikram Mallah und
Phoolan Devi.‹ Er klemmte die Nachricht an einen Lastwagen –
aus allen Reifen war die Luft abgelassen worden –, und wir
verschwanden. Ich weiß noch, daß wir an jenem Tag 30 *kos*
marschierten und um vier Uhr morgens am Haus von Sri Rams
Tochter ankamen.

Vikram fragte, in welcher Kaste ihre Tochter heiraten
könnte, und sie sagte, sie wären Mayo Thakurs und könnten
nur in der Chaurasi-Kaste heiraten. Nachdem wir das erfahren
hatten, marschierten wir weiter und überquerten um sechs Uhr
die Yamuna. Es war bitter kalt und ein anstrengender Marsch.
Trotzdem langten wir um zehn Uhr in einem Dorf namens
Nibhana an. Es war ein größeres Dorf, und der *pradhan* des
Dorfes war ein reicher Mann. Vikram rief ihn herbei und fragte
ihn, wie viele Söhne er habe. Er sagte, er habe zwei; der ältere
sei verheiratet, der jüngere ginge in die 12. Klasse. Vikram
sagte: ›Haben Sie keine Angst. Sagen Sie Ihrem Sohn, er soll

herkommen.‹ Als der Junge da war, sagte ihm Vikram, er solle sich entspannen, und erklärte ihm, daß er sich von diesem Tag an als Schwiegersohn ›einer guten Familie‹ betrachten könne.

Vor den versammelten Dorfbewohnern legte ihm Vikram 85 000 Rupien in die Hand und verteilte dann die Beute aus den Lastwagen unter der Bevölkerung. Einige bekamen Uhren, andere Goldketten oder Ringe. Dann warnte sie Vikram, der Polizei nichts zu verraten, damit man sie nicht mit dem Verbrechen in Verbindung brachte. Er sagte, sie sollten ins Dorf Jagaiyyapur im Bezirk Sikandra gehen, um dort die Zeremonie durchzuführen, und fragte, wann sie soweit wären. Sie sagten, sie würden im Monat Chait, im Frühling, gehen. Dann sollte Hochzeit gehalten werden. So heiratete Sri Rams Enkelin später den Sohn des *pradhan*. Wir aßen mit den Dorfbewohnern und verschwanden dann wieder im Dschungel.

So bizarr sich das auch anhören mag, es ist nicht ungewöhnlich, daß Banditen auf diese Weise eine Hochzeit arrangieren. In den vierziger Jahren wurde beispielsweise unter ähnlichen Umständen Mansinghs Nichte mit einem wohlhabenden Landbesitzer verheiratet. Ein Foto des Paares ziert immer noch den Familiensitz in Khare Rathore, wo heute sein einziger überlebender Sohn, Tehsildar Singh, lebt.

»Dann, nach zwei oder drei Monaten, kam wieder ein Brief von Sri Ram. Diesmal flehte er Vikram an, eine Kaution für ihn zu stellen, da er es nicht mehr im Gefängnis aushalten würde. Eher würde er Selbstmord begehen. Wieder beging Vikram eine Reihe von gefährlichen *dacoities*, um das Geld für die Kaution zusammenzubekommen. Gegen Sri Ram waren sechs Anklagen in Kanpur und zwei in Orai erhoben worden. Die Kaution betrug 30 000 Rupien in Kanpur und 14 000 für die Anklagen in Orai. Als Sri Ram schließlich frei war, kehrte er gar nicht mehr in sein Heimatdorf zurück, weil er befürchtete, daß ihn die Polizei sofort wieder verhaften würde, sondern kam direkt zu uns in den Dschungel. Das war im Monat Baisakh (mitten in der Regenzeit).

Als Sri Ram Vikram traf, sagte er: ›Jetzt bist du also berühmt. Teure Waffen, eine große Bande, sogar eine Geliebte! Wirklich nicht schlecht.‹ Vikram antwortete: ›Guruji, ich hoffe, daß ich dir nicht zu nahe getreten bin. Ich habe immer um deine Erlaubnis gebeten, bevor ich etwas getan habe.‹ Dann nahm er das Gewehr von seiner Schulter und reichte es Sri Ram: ›Thakur sahib, hier ist dein Gewehr. Ich freue mich, daß du wieder bei uns bist.‹ Sri Ram fragte, wo ich sei, und sagte: ›Komm, stell sie mir vor.‹

Dann kam Vikram zu mir und sagte, daß sein Guru da wäre und mich kennenlernen und mir seinen Segen geben wollte. Also stand ich von meinem Ruheplatz auf und ging zu den versammelten Männern. Ich fragte Vikram, wer sein guru wäre, weil ich drei oder vier unbekannte Gesichter sah, und er zeigte auf einen kleinen Mann, der auf einem ordentlich gemachten Bett saß. Ich trat vor, um seine Füße zu berühren, aber er packte mich an der Hand und befahl mir, mich neben ihn zu setzen. ›Wohin willst du?‹ fragte er. ›Ich habe mir diese Begegnung ausgemalt, wenn ich mich im Gefängnis langweilte.‹«

Trotz ihres Unbehagens, sagt Phoolan, beschloß sie, um Vikrams willen die Rolle zu spielen, die man von ihr erwartete. Sie sprach über ihre letzten Überfälle, während Sri Ram Anekdoten aus dem Gefängnis erzählte. Lala Ram war ein kümmerlich aussehender junger Mann, der offensichtlich im Schatten seines Bruders stand und kaum etwas sagte.

Phoolan Devi konnte Sri Ram vom ersten Augenblick an nicht leiden und verachtete seinen Bruder, der ihr schwächlich und verschlagen vorkam. Sri Rams Art, mit den Menschen in seiner Umgebung zu sprechen und umzugehen, erinnerte sie an Babu Singh. Ihr entging nicht, daß er innerhalb weniger Stunden seine Vormachtstellung wieder ausgebaut hatte und andere Bandenmitglieder herumschikanierte, indem er mehr Tee verlangte, sich nach den Arrangements für das Essen erkundigte und sich keine Gelegenheit entgehen ließ, seine Rede mit beleidigenden Kommentaren zu würzen. Verärgert und angewidert ging sie fort und gesellte sich zu Bharat Singh, der abseits des Lagers auf Wache stand.

Bharat teilte ihre Abneigung Sri Ram gegenüber. Er sagte ihr, er habe Vikram gewarnt, sich von ihm fernzuhalten, denn Sri Ram sei nicht vertrauenswürdig und werde Zwietracht in der Bande säen; aber Vikram kenne Sri Ram seit seiner Jugendzeit, als er der Bande gelegentlich als »Zuträger« gedient hatte, und empfinde eine eigenartige, durch nichts zu erschütternde Loyalität Sri Ram gegenüber. Phoolan Devi fühlte sich durch die moralische Unterstützung, die ihr Vikram Mallahs engster Freund in der Bande gegeben hatte, besser und beschloß, die Angelegenheit bei nächster Gelegenheit mit Vikram Mallah zu besprechen, überzeugt, ihn beeinflussen zu können. Er verließ sich inzwischen auf ihren Instinkt und fragte sie oft vor wichtigen Entscheidungen um ihre Meinung.

Das tat er nicht, weil er sie für so erfahren wie sich selbst hielt, sondern weil er gelernt hatte, auf ihre Interpretation verschiedenster »Zeichen« und »Symbole« zu vertrauen, die er für Botschaften aus dem Übernatürlichen, von Gott hielt. Die Wertschätzung solcher Instinkte, die auf der Beachtung alltäglicher Ereignisse beruhten, war eine zeitlose Konstante seiner Kultur. In seinem Buch *Das gelbe Tuch* merkt Sir Francis Tuker in Erinnerung an die Zeit von »Thuggee« Sleeman an:

Die Zukunft wurde aus dem Kopf eines toten Schafes gelesen, wobei man die unwillkürliche Zuckungen von Mund und Nüstern, auf die eine Flüssigkeit gegossen worden war, als günstig oder ungünstig deutete. Bevor die Bande aufbrach, gingen einige in die einzuschlagende Richtung, um den Flug der Vögel und das Keckern der Eidechsen zu beobachten. Wenn die Vorzeichen Schlechtes prophezeiten, dann wiederholten sie das Ritual in einer anderen Richtung und schlugen schließlich den Weg ein, der am erfolgverprechendsten schien.

Folgendes galt als günstiges Zeichen: eine keckernde Eidechse und eine Krähe, die auf einem nicht abgestorbenen Baum zur Linken krächzte. Ein auftauchender Tiger wurde als ziemlich gutes Omen betrachtet. Wenn man ein Rebhuhn zur Rechten hörte, bedeutete das, daß man genau dort gute Beute machen würde, deshalb machten sie meist dort halt.

Jenes bedeutete Unglück: Wenn ein Hase oder eine Schlange vor ihnen die Straße kreuzte; wenn eine Krähe auf einem abgestorbenen Baum oder einem Stein saß und krächzte; wenn ein Esel im Sitzen brüllte; eine rufende Eule, das Geheul eines einzelnen Schakals. Wenn ein Hund den Kopf eines Schafes verschleppte, das sie geopfert hatten, bedeutete das keine Beute mehr für mehrere Jahre.

Da die Vorzeichen auch während der Raubzüge selbst gedeutet wurden, schuldet manches Opfer sein Leben einem Unglücksomen. Es bringt Unglück, Frauen oder Angehörige der Kamala-Kaste, Schmiede, Zimmerleute, Wäscher, Landstreicher, Steinmetze, Töpfer und Leprakranke umzubringen, ebenso wie Blinde oder Verstümmelte oder jemanden, der eine Kuh oder Ziege treibt. Viele Reisende schulden ihr Leben einem jener einfachen Menschen, der mit ihnen reiste. Zwischen Arm und Reich wurde kein Unterschied gemacht, denn dies war eine religiöse Pflicht, und die Thugs töteten, weil sie von Kali beauftragt waren zu töten. Trotzdem gab es einige Enttäuschung, wenn sich zum Beispiel die Bande die Mühe machte, einen einfachen Menschen zu erwürgen, dessen Tasche nichts als sein Werkzeug oder einen Kochtopf enthielt.

Obwohl die *dacoit*-Banden des 20. Jahrhunderts im Gegensatz zu den Thugs der Vergangenheit nicht behaupteten, auf einem religiösen Kreuzzug zu sein, ähnelt sich ihr Glaube doch in vielen Dingen. Die Göttin Kali, die man auch als Durga Mata, Mata, Bajrang Devi, Mahadevi, Sitla Mata und in vielen anderen Erscheinungen kennt, wird immer noch am meisten unter allen Gottheiten verehrt. Die Omen, die Gutes und Schlechtes verheißen, sind unverändert geblieben und immer noch von großer Bedeutung. Phoolan Devi war darin keine Ausnahme.

In jener Nacht fühlte sie sich, wie sie sagt, angespannt und unsicher, fast eingeschüchtert, als sie mit untergeschlagenen Beinen neben Vikram saß, der sich, müde nach den Ereignissen des Tages, hingelegt hatte. Sie sagte, womit sie die Brüder meinte: »Sie werden uns Unglück bringen. Laß sie nicht wieder in die Bande.« Vikram erinnerte sie daran, daß die Brüder ebensoviel Anspruch auf die Gang hätten wie er, und bemerkte, daß er nicht erwarte, von ihr verstanden zu werden, da sie damals nicht mit ihnen zusammen gewesen war. Ihre Argumente nahm er kommentarlos und mit geschlossenen Augen hin. Als sie erzählte, daß sie eine Krähe auf einem abgestorbenen Baum gesehen hätte, während sie mit Bharat sprach, amüsierte ihn das nur. Sie konnte sein Schweigen nur als Gleichgültigkeit deuten und sagte schließlich fast weinend: »Bedenke doch nur, wie er mich behandelt hat!« Phoolan beschreibt seine Reaktion in ihrem Tagebuch:

»Vikram schien wütend auf mich zu sein und sagte: ›Phoolan, du darfst nicht so zahm und zimperlich sein. Als dich Sri Ram an der Hand packte, warum hast du ihm da keine Ohrfeige gegeben? In Zukunft solltest du jeden, der dich berührt oder auch nur ärgert, verprügeln. Du mußt sofort zu deinem Gewehr greifen.‹ Ich erklärte ihm, daß ich mich nicht gewehrt hätte, weil Vikram immer als seinem *guru* von ihm sprach. Ich hätte ihn nicht verärgern wollen. ›Kümmere dich nicht um mich und um das, was ich sage‹, erklärte mir Vikram. ›Vergiß nie, dich zu verteidigen.‹ Dann sagte er, daß Sri Ram und Lala Ram am nächsten Morgen abreisen würden, um ihre Familie zu besuchen. Er hatte Sri Ram 10 000 Rupien gegeben. Wir wollten uns in die Dschungel von Maheshpur zurückziehen, nicht weit von dem Dorf entfernt, wo mein Ehemann und seine Familie lebte. Vikram fragte mich spaßeshalber, ob ich meine angeheiratete Familie besuchen und Puttilal entführen wolle. Ich sagte, das wäre keine schlechte Idee. Ein Tier wie er hätte eine Strafe verdient.

Was Vikram gesagt hatte, ließ mich nicht mehr los. Es stimmte, ich war Männern gegenüber immer unterwürfig gewesen. Ich schwor, daß ich von diesem Tag an lernen würde, mich zu wehren und für mich selbst einzutreten. Nachdem wir am nächsten Tag unser Lager verlegt hatten, sagte ich zu Vikram: ›Komm, gehen wir zum Haus meines Ehemanns. Heute werde ich Puttilal mit meinen eigenen Händen verprügeln.‹ Vikram rief die halbe Gang zusammen, und wir gingen gegen Mittag los, so daß wir gegen drei Uhr nachmittags im Dorf meines Ehemannes ankamen.

Wir gingen zu seinem Haus und nahmen alle darin gefangen. Vikram sagte, ich solle ihm Puttilal zeigen, aber der war nicht darunter. Also durchsuchten wir das Haus, bis wir ihn in seinem Versteck in einer Kammer voller Viehfutter fanden. Bharat, einer unserer Männer, entdeckte ihn und schleifte ihn uns vor die Füße. Zehn Jahre lang hatten sich Frustration und Zorn in mir aufgestaut, die in diesem Augenblick explodierten. ›Du Vieh, erkennst du mich? Wer bin ich?‹ Puttilal hielt mich für einen Mann und behauptete, er würde mich nicht kennen. Also beschimpfte ich ihn weiter und sagte: ›Du kennst mich nicht mehr? Ich bin deine Frau Phoolan. Du niederträchtiger Kerl! Du hast also dreimal geheiratet, wie? Hast du schon vergessen, wie du mich gequält hast?‹ Immer weiter schlug ich auf ihn ein. Hysterisch schluchzend offenbarte ich der Bande meine Geschichte. ›Ich war erst elf‹, sagte ich, ›und er war schon so alt wie heute! Er behandelte mich wie ein Sadist und schüchterte mich dermaßen ein, daß ich die ganze Zeit über, die ich bei ihm verbrachte, krank war. Aber er kannte keine Gnade. Und als ich mich ein paar Tage bei meinen Eltern erholt hatte, begannen er und seine zweite Frau, mich nach meiner Rückkehr zu quälen. Sie haben mich ohne jede Gnade verprügelt und mich tagelang hungern lassen.‹ Währenddessen schlug ich ihn blau und grün, mit meinem Gewehrkolben, mit Händen und Füßen.

Wir fesselten Puttilal und seine Frau Vidya und verließen mit ihnen das Dorf. Ich wollte sie nahe der Polizeiwache von Sikandra umbringen und eine Nachricht hinterlassen, daß dieses Schicksal jedem Mann drohe, der zwei Frauen heiratete.

Doch als wir nur noch eine Meile von der Polizeiwache entfernt waren, änderte ich meine Meinung und beschloß, sie nicht zu töten, sondern sie am Leben zu lassen, damit sie überall erzählen konnten, was ihnen widerfahren war. Diesmal verprügelte ich alle beide derart, daß Puttilal zwei Zähne verlor. Ich brach ihm Arme und Beine, bevor wir sie gefesselt liegen ließen, zusammen mit einem Brief an den *daroga*, in dem ich mich für die Tat verantwortlich erklärte.

Vikram hatte das gefallen, und er war beeindruckt. Er schlug mir auf den Rücken und sagte: ›Wo hast du nur all deine Kraft versteckt? Ich hatte keine Ahnung, daß du so etwas fertigbringen könntest. Ich weiß, daß du dir einen Namen machen und dich deinen Feinden wie ein echter *baghi* stellen wirst!‹

Wir marschierten dann durch den Dschungel entlang der Yamuna. Am Morgen erhielten wir Nachricht, daß Sri Ram und Lala Ram wieder auf der Flucht vor der Polizei waren und uns suchten. Sie wollten wieder in die Gang, da sie die Polizei und die Gerichte fürchteten und sonst nirgendwo Unterstützung fanden. Diesmal rieten mehrere Mitglieder ab, sie aufzunehmen. Sie sagten, daß die beiden einen Keil in die Bande treiben würden und nicht vertrauenswürdig wären. Aber Vikram schnitt ihnen das Wort ab und fragte, wer von den beiden helfen sollte, wenn wir es nicht täten. Er schickte zwei Männer nach ihnen aus und sagte, daß wir während der nächsten Tage im Dschungel von Rajpur bleiben würden. Sie brauchten acht Tage, um uns zu finden.«

KAPITEL 12

Gegner und Verbündete

Zusätzlich zu den Klüften und Feindseligkeiten innerhalb des hinduistischen Kastensystems besteht ein jahrhundertealter Konflikt zwischen Hindus und Moslems in Indien. Eigenartigerweise scheint dieser Konflikt, soweit wir es wissen, für die Banditen bedeutungslos, obwohl die Feindseligkeiten in der übrigen Gesellschaft ständig zunehmen. Sleeman kommt in seiner Schrift »Die legendären Ursprünge der Thuggee« zu folgendem Schluß:

Die wahren Ursprünge der Thuggee verlieren sich in der Dunkelheit, doch angeblich liegen sie bei den Sagartii, die der Armee des Xerxes 8000 Pferde stellten und von Herodot im VII. Buch seiner Geschichte beschrieben werden.

Diese Menschen führten ein Hirtenleben, waren persischer Abstamung und verwendeten diese Sprache; ihre Kleidung ist eine Mixtur persischer und paktischer Einflüsse; sie kennen, abgesehen von ihren Dolchen, keine Angriffswaffen aus Eisen oder Messing; im Kampf verlassen sie sich vor allem auf Schnüre aus geflochtenem Leder, die sie folgendermaßen gebrauchen: Beim Angriff werfen sie diese Seile, an deren Ende sich eine Schlinge befindet, auf ihre Feinde; verfängt sich der Mann oder das Pferd darin, töten sie ihn ohne Schwierigkeit.

Es gibt Grund zur Annahme, daß die Nachkommen dieser Sagartii einen mohammedanischen Invasoren nach Indien begleiteten und sich in der Gegend um Delhi niederließen. Geschichtlich wurden die Thuggee erstmals in der 1356 von

Zia-ud-Barnis verfaßten Geschichte aus Firoz Schah erwähnt, derzufolge im Jahre 1290 tausend Thugs bei Delhi gefangengenommen wurden, der Sultan sich jedoch aus falsch verstandener Barmherzigkeit weigerte, ihre Exekution anzuordnen, sie statt dessen nach Lakhnaut bringen ließ und ihnen dort die Freiheit schenkte. Kein Wunder, daß Bengal sich Jahre später zu einer Brutstätte der Thuggee entwickelte! Damit wird das Aufkommen der indischen Thuggee auf eine Zeit fünfhundert Jahre vor ihrer Unterdrückung datiert. Die nächste Erwähnung der Thugs bezieht sich auf die Regentschaft Akbars (1556–1605), während derer fünfhundert Thuggee in dem für seine Verbrechen berüchtigten Bezirk Etawah gefangengenommen wurden.

Das immer noch berüchtigte Etawah grenzt an den Bezirk Jalaun, in dem Phoolan Devi geboren wurde.

Sir Francis Tuker kommentiert seine Schilderung von Sleemans Taten mit der Beobachtung:

Hindus und Moslems liegen in Indien seit Jahrhunderten in Fehde; ihre Feindschaft ist auf die verschiedenen Eroberungszüge der Moslems durch Indien und die daraus resultierende Unterdrückung der Hindus zurückzuführen. Der eigenartigste Aspekt an der ganzen Geschichte der Thuggee ist, daß dieses Kriegsbeil innerhalb der Gilde vollkommen begraben wurde, daß Moslems hinduistische Gottheiten als ihre geistige Schutzherren und hinduistische Rituale als Gottesdienst gegenüber diesen Schutzgeistern akzeptierten: Andererseits wurden alle hinduistischen Tabus innerhalb der Bande übergangen. In diesem gräßlichen Gewerbe vermischten sich beide Konfessionen.

Abgesehen von der Einwanderung der Moslems aus dem Norden und dem Mittleren Osten, sind im Lauf der Zeit Zehntausende von Hindus aus niedrigen Kasten zum Islam übergetreten (wie im Süden zum Christentum), um der Unterdrückung des hinduistischen Kastensystems zu entkommen. Heute bilden die Moslems eine beträchtliche »Minderheit« in Indien, der etwa 100 Millionen Menschen aus einer Gesamtbevölkerung von 800 Millionen angehören.

Neben Sri Ram bewunderte Vikram Mallah einen weiteren *dacoit*-Führer, der dafür bekannt war, daß er die Söhne und Verwandten reicher Landbesitzer entführte und riesige Lösegelder für sie forderte. In den vergangenen Jahren war Vikram zu der Überzeugung gelangt, daß Baba Mustaqueem, wie er im Tal genannt wude, gerissener und erfolgreicher war als alle anderen Räuberhauptleute zusammen. Mustaqueem war Moslem, aber in seiner Bande waren neben Männern seines Glaubens auch Hindus, größtenteils aus niedrigeren Kasten. Im Alter von sechsundzwanzig Jahren – so alt war damals Vikram Mallah – hatte er einen Ruf erworben, der ihn gleich nach Malkhan Singh kommen ließ, den »Paten« unter den Banditen Mitte und Ende der siebziger Jahre. Nun, vor der unmittelbar bevorstehenden Rückkehr Sri Rams, wollte Vikram seine eigene Macht auf eine breitere Basis stellen, damit die beiden Thakur-Brüder nicht den Eindruck bekamen, er arbeite auf eigene Faust und würde sich von ihnen lenken lassen. Obwohl er einem *guru* ergeben war, war Vikram Mallah bewußt, daß vieles, was gegen Sri Ram gesagt worden war, stimmte. Man durfte ihm und seinem Bruder nicht allzusehr vertrauen. Sollten sich aus ihrer Rückkehr Probleme ergeben, wollte er eine Alternative bei der Hand haben, mit der er ein Auseinanderbrechen der Bande vermeiden konnte. Er hatte bereits erkannt, wie weise Mustaqueems Vorgehen war: Entführungen gegen Lösegeld waren die sicherste und lukrativste Operationsweise. Überfälle auf zufällig ausgewählte Dörfer erbrachten wenig, und es bestand immer die Gefahr, daß es dabei Tote gab. Viele Dorfbewohner in der Gegend waren bewaffnet, und manche verteidigten ihr Eigentum mit ihrem Leben. Man hatte Vikram

Mallah bereits einmal ins Bein getroffen, als sie auf Widerstand gestoßen waren.

Mustaqeems Losung lautete: ›Nimm das Geld von den Reichen und kaufe dir die Unterstützung der Armen.‹ Im Gegensatz dazu hatten die Thakur-Gangs sich darauf verlegt, die Vorherrschaft ihrer Kaste zu verfestigen. Vikram Mallah kam selbst aus einer niedrigen Kaste, deshalb war ihm dieser Ehrgeiz fremd. Er sah keinen Sinn darin, die Menschen aus einer Kaste um das wenige Geld oder Gold zu bringen, das sie besaßen.

Er besprach seine Pläne mit Phoolan Devi, Bharat Singh und Madho Singh. Alle waren sich einig, daß er versuchen sollte, Baba Mustaqeem aufzutreiben. Gerüchten zufolge kampierte seine Bande in den Schluchten direkt nördlich des Chambals.

Vikram Mallah und Phoolan Devi machten sich mit der Hälfte ihrer Bande auf den Weg und reisten nach Norden in Richtung Etwawah. Vikram wußte, in welchen Dörfern sie etwas über Mustaqeems Aufenthaltsort erfahren konnten. Es stellte sich als leichter heraus, als er erwartet hatte; schon nach wenigen Tagen folgten sie einem Späher zum Lager des moslemischen Anführers.

Seine Gang lagerte ziemlich weit vom Fluß entfernt auf einer Lichtung im Dornengestrüpp. Mustaqeem begrüßte Vikram warmherzig und umarmte ihn spontan.

Es dauerte ein paar Sekunden, bis er die übrigen gemustert hatte, dann sagte er, an Vikram gewandt: »Bist du verrückt geworden? Was willst du mit dieser Frau? Habe ich dich gar nichts gelehrt?«

Phoolan Devi, die etwas abseits der Männer saß, fühlte sich wegen dieser Worte gedemütigt und bloßgestellt, versuchte aber, sich ihre Gefühle nicht anmerken zu lassen. Sie hatte sich inzwischen an die Vorurteile der Männer gewöhnt und zeigte keine Reaktion, als Mustaqeem ihrem Geliebten einzureden versuchte, daß Frauen Unglück brächten und ihre Anwesenheit in einer *baghi*-Bande todbringend sei.

Vikram hatte freundlich, aber deutlich klargestellt, daß er sich diesbezüglich nicht in seine Angelegenheiten reden ließ, sondern gekommen war, um über »Geschäfte« zu reden. Zu Phoolans großem Unbehagen verkündete Vikram ihr, daß sie die Nacht bei Baba Mustaqeems Bande verbringen würden, weil er ein paar Dinge mit Mustaqeem zu beprechen hätte. Es blieb ihr nichts anderes übrig, als zuzustimmen, aber sie beschloß, sich so weit abseits wie möglich zu halten.

Zwei Tage später erzählte ihr Vikram auf dem Rückweg zu ihrem eigenen Lager, daß er einen Handel vereinbart hätte. Bei größeren Beutezügen würden sich die beiden Banden zusammenschließen: Sie würden einander gegen gemeinsame Feinde beistehen; sie würden die Beute aus gemeinsamen Raubzügen gerecht aufteilen, gleichgültig, wieviel die Männer jeder Bande zu der Operation beitrugen. Außerdem hatte ihm Mustaqeem ein paar hilfreiche Tips gegeben; Informationen, die ihnen erfolgreiche *pakars* (Entführungen) ermöglichen würden. Vikram war glücklich über die Allianz, die er geschmiedet hatte – auch wenn sie für ihn persönlich nur von kurzer Dauer sein sollte. Jetzt, da er Verbindungen außerhalb ihres Einflußbereiches geknüpft hatte, würde er die Bedingungen für Sri Rams und Lala Rams Aufnahme in die Gang diktieren können. Baba Mustaqeem mißtraute Hindus aus hohen Kasten, und Thakurs ganz besonders.

Ein oder zwei Tage nach diesem Treffen kehrten Sri Ram und sein Bruder zurück, um sich der Bande wieder anzuschließen. Phoolan schildert die folgenden Ereignisse:

»Vikram begrüßte sie, überreichte Sri Ram sein Gewehr, zog sich ein rotes *tilak* über die Stirn und sagte: ›Thakur *sahib*, nimm deine Bande wieder an. Behandle alle mit Respekt. Vor Gottes Augen sind wir alle gleich. Behandle Phoolan wie deine Tochter. Das Schicksal war ihr nicht gnädig.‹

Wir verließen die Gegend gemeinsam. Nach ganz kurzer Zeit zeigte uns Sri Ram sein wahres Gesicht. Er riß die Führung der Bande an sich und ließ seine persönlichen Dinge von anderen erledigen. Nach anstrengenden Tagesmärschen ließ er sich sogar die Füße massieren.

Die Männer aus der Bande begannen, bei Vikram zu protestieren, und sagten: ›Chef, er macht Ärger. Er denkt nur an sich selbst. Was will er überhaupt von uns?‹ Sie warnten, daß viele Sri Rams Benehmen nicht lange ertragen würden und daß sich die Bande bald auflösen würde. Das machte Vikram Sorgen, deshalb nahm er Sri Ram beiseite und erklärte ihm: ›Die Männer wenden sich gegen dich; sei vorsichtig.‹ Sri Ram begann sich von da an zu benehmen und hörte auf, die Männer herumzukommandieren. Wir alle dachten, er hätte sich geändert.

Eines Tages kamen wir in den Dschungeln von Hamirpur an das Ufer des Flusses Betwa. Am Morgen sandten wir eine Nachricht an den *mukhiya* (Vorsteher) des Dorfes Dadri, in der wir ihn baten, uns Essen und Vorräte zu schicken. Er kam persönlich, um uns mitzuteilen, daß seine Enkelin heiratete. Er war begeistert, daß wir ausgerechnet jetzt gekommen waren, und lud uns alle zu der Feier ein. Vikram wählte fünf vertrauenswürdige Männer aus und schickte sie unter Bharats Führung los, damit sie der Feier beiwohnten. Er warnte sie, nicht zuviel zu trinken und keinen Ärger im Dorf zu machen. Bharat gab er 5000 Rupien und eine Goldkette, die er der Braut überreichen sollte.

Die Männer waren kaum fort, da erhielten wir eine zweite Einladung aus einem Nachbardorf, wo die Tochter eines armen Bauern heiratete. Noch einmal wählte Vikram ein paar Männer aus; er fragte Sri Ram, ob er sie ins Dorf führen würde. Sri Ram lehnte ab und sagte, er wüßte nicht, was er dort anfangen sollte. Also rief Vikram Chhote Mishra, überreichte ihm ebenfalls 5000 Rupien und eine Goldkette und erteilte den Männern dieselben Warnungen.

Jetzt waren außer Sri Ram und Lala Ram nur noch die jüngsten Mitglieder der Bande bei uns. Sri Ram sah seine Gelegenheit und begann, Vikrams Tod zu planen. Gegen Mittag schlug er vor, daß er und Vikram zum Baden an den Fluß hinuntergehen sollten. Vikram fragte mich, ob ich mitkommen wolle, aber Sri Ram begann ihn zu necken und sagte, daß er inzwischen ohne Phoolan wohl nirgends mehr hingehen und gar nichts mehr tun könne. Vikram ärgerte sich über diese Bemerkung und fühlte sich vor Mahavir bloßgestellt, einem entfernten Verwandten Sri Rams, der gerade zu Besuch war, deshalb stand er auf, und alle drei gingen hinunter zum Fluß.

Als sie am Ufer waren, sagte Sri Ram, daß er lange keine Melonen mehr gegessen hätte, und ging eine suchen. Es war Melonenzeit, und sie wuchsen im Überfluß auf den Feldern am Fluß. Vikram begann, sich mit einem Fährmann zu unterhalten, setzte sich auf sein *charpai* und wartete darauf, daß Sri Ram zurückkam. Vikram hatte den beiden anderen den Rücken zugewandt, deshalb sah er nicht, was geschah, aber er glaubte, daß Mahavir den Schuß abfeuerte, denn als er ihn hörte und den Schmerz spürte, drehte er sich um und sah Sri Rams Verwandten über die Felder davonlaufen.

Die Männer in der Bande erschraken, als sie den Schuß hörten, denn sie wußten nicht, wer geschossen hatte. Als der Mann auf der Wache auf einen Sandwall kletterte, sah er Vikram mit dem Fährmann unter dem *charpai* liegen, Mahavir davonlaufen und Sri Ram, der verdattert danebenstand.

Ich rannte mit den anderen Bandenmitgliedern zum Fluß. Wir hörten Vikram rufen: ›Bleibt stehen. Kommt nicht näher. Jemand hat auf mich geschossen.‹ Dann rief er mich und sagte: ›Phoolan, du kommst allein zu mir.‹ Ich ging zu ihm und begann zu weinen, als ich das Blut sah. Vikram sagte: ›Sei keine Närrin. Es ist nicht so schlimm. Wo ist dein Gewehr?‹ Ich hatte es im Lager gelassen. Dann sagte er: ›Jetzt hilf mir aufstehen und hör auf zu weinen. Wenn du weinst, dann glauben sie, daß du mit so einer Krise nicht fertig wirst, also reiß dich zusammen.‹ Dann stützte ich ihn mit meinem Arm, und er stand auf. Er packte sein Gewehr, schnürte sein *lungi* enger und rief den anderen zu: ›Ich weiß nicht, wie schlimm es ist. Ich weiß nicht, ob ich leben oder sterben werde, aber legt eure Waffen nieder und kommt einer nach dem anderen zu mir.‹

Sri Ram warf sein Gewehr fort, begann, wie ein Weib zu heulen, und rannte auf ihn zu, um ihn zu umarmen. Die anderen kamen auch dazu, und wir brachten Vikram zurück ins Lager. Er fragte Sri Ram, warum sein Verwandter so schnell fortgelaufen war, und bekam zur Antwort: ›Er ist bloß ein einfacher Bauer. Er weiß nicht, wie es bei uns zugeht. Vielleicht hat er geglaubt, es war die Polizei, und hat Angst bekommen, weil er dachte, wir wären umzingelt.‹«

Später am Abend kehrten Bharat und Chhote Mishra mit den übrigen zurück, und alle saßen dicht um Vikram Mallah, der immer höheres Fieber bekam. Eine Kugel steckte in seinem Schenkel. Blut durchtränkte die Verbände, die Phoolan aus sauberen Khakistreifen angefertigt hatte. Sie hatte einige neue Uniformen zerrissen, die die Bande vor kurzem organisiert und auf die sie Rangabzeichen genäht hatte. Bharat eilte zurück ins Dorf Dadri, um einen Transport zu organisieren. Phoolan und Vareylal, Vikrams Onkel, waren fest entschlossen, ihn irgendwie nach Jhansi zu schaffen. Dort lebte Vikrams älterer Bruder mit seiner Familie, der ihnen helfen konnte, einen guten Arzt zu finden. Dessen war Vareylal sicher.

Während sie warteten, versuchte Sri Ram Phoolan Devi einzureden, sie solle nicht den Kopf verlieren und keine übereilten Entscheidungen treffen. ›Siehst du nicht, daß er stirbt? Ich habe schon Männer sterben sehen, und ich *weiß*, daß Vikram nicht wie ein Hund in den Händen der Polizei sterben möchte. Laß ihn hier bei seinen Freunden, wo er seine letzten Riten vollziehen kann. Wenn er im Gefängnis stirbt, dann bekommt die Polizei seine Leiche.«

Phoolan Devi war überzeugt, daß Sri Ram hinter dem Anschlag steckte, und bestimmt nicht in der Stimmung, auf ihn zu hören. Sie fauchte: »Ich werde ihn nicht sterben lassen, und er wird nicht sterben. Ich weiß bloß, daß jemand auf ihn geschossen hat und daß weit und breit keine Polizei zu sehen war.«

Stunden vergingen, ehe schließlich ein Bauer mit seinem Ochsenwagen auftauchte. Wieder sagte Sri Ram: »Das ist Wahnsinn, ihn in so ein Ding zu legen. Bedenke doch, wie lange ihr nach Jhansi brauchen werdet.«

Wieder erwiderte sie kalt: »Was erwartest du von diesem Dorf? Einen Hubschrauber? Hör endlich auf mit deinem dummen Geschwätz. Ich brauche Geld, um den Arzt zu bezahlen, und wer *wirklich* sein Freund ist, sollte mir alles geben, was er hat. Vikram hätte das gleiche getan, wenn es einen von euch getroffen hätte.«

Während Bharat, Madho und Vareylal den halb bewußtlosen Vikram auf den Karren hoben, übergab Sri Ram Phoolan ein Bündel Banknoten.

In ihrem Tagebuch erinnert sie sich: »Dann sagte Bharat zu mir: ›Kümmere dich um ihn, Phoolan, ich werde für seine Gesundheit beten. Ich wünschte, ich könnte mit euch kommen.‹ Dann sagte Vikram: ›Ich weiß nicht, was aus mir wird, aber ihr müßt alle beisammen und einig bleiben.‹ Er ernannte Bharat zum Anführer der Bande und sagte: ›Ich weiß keinen besseren Mann.‹ Vareylal, Vikrams Onkel, bot mir an, uns zu begleiten, weil er meinte, daß ich es allein vielleicht nicht schaffen würde.

Wir verließen das Lager und kamen um Mitternacht in Orai an. Wir mußten uns ein *tempo* (eine dreirädrige Roller-Rikscha) nehmen, das uns weiterbrachte. Erst wollte uns kein Fahrer mitnehmen, weil sie sahen, daß Vikram verwundet war, und sie nicht in eine Sache verwickelt werden wollten, die vielleicht mit der Polizei zu tun hatte. Schließlich erklärte sich ein Mann bereit, uns für den Wucherpreis von 500 Rupien mitzunehmen. Er hatte keine Fahrerlaubnis für Jhansi, deshalb war es eine ziemlich angespannte Fahrt. Als er fragte, wie Vikram verwundet worden war, mußten wir uns eine Geschichte aus den Fingern saugen. Wir erzählten ihm, daß wir Arbeiter seien und an einer Brücke arbeiteten; Vikram sei hinuntergefallen und hätte sich verletzt, deshalb müßten wir jetzt nach Hause, um einen Arzt zu suchen. Der Fahrer fragte gleich, wer der Arbeitgeber war, und sagte, daß es doch wohl *dessen* Aufgabe sei, alles Nötige zu arrangieren. Wir diskutierten lange darüber, wie die Arbeitgeber ihre Arbeiter ausbeuteten!

Schließlich erreichten wir am frühen Morgen Jhansi. Vikram hatte einen Bruder namens Rampal, von dem niemand wußte, daß er der Bruder eines *dacoit* war. Vikram dirigierte uns zu seinem Haus, und Rampal erklärte sich sofort bereit, uns zu helfen. Er lief los, um einen Arzt zu holen, dem er sagte, es handle sich um etwas Vertrauliches: ›Meine Brüder haben sich gestritten, und der älteste schoß mit dem Gewehr unseres Vaters auf den anderen. Sie haben sich wegen meiner Schwägerin gestritten, deshalb wollen wir nicht, daß die Polizei in den Fall verwickelt wird. Die Familie würde entehrt, darum müssen wir ihn zu Hause behandeln.‹

Der Doktor war bereit zu kommen, und Rampal fragte ihn, wie hoch sein Honorar wäre. Er sagte, es sei ein ›gefährlicher‹ Fall, und fragte, wieviel wir zahlen könnten. Rampal legte einen *lakh* in seine Hand und sagte ihm, er solle es zählen. Als der Doktor das Geld sah, ging er ein Taxi holen und sagte, er würde Vikram gerne aus der Stadt bringen, um jedes Aufsehen zu vermeiden. Also stiegen Rampal, der Arzt, Vikram und ich in das Taxi und fuhren sechs Kilometer aus der Stadt zu einem leerstehenden Haus. Der Arzt ließ uns dort zurück und ging seine Instrumente holen. Wieder warteten wir nervös und fragten uns, ob wir ihm trauen konnten; aber er kehrte in weniger als einer Stunde zurück und entfernte die Kugel aus Vikrams Fleisch. Er sagte auch, wenn wir noch einmal 30 000 Rupien für die Operation und die Medizin zahlen würden, dann würde er dafür sorgen, daß wir in dem Haus bleiben konnten, bis Vikram sich erholt hatte. Ich sagte Rampal, daß ich das Geld hätte, und bezahlte den Arzt. Dann gingen Rampal und Vareylal fort, um etwas zu essen und Bettzeug zu holen. Die Decke war blutdurchtränkt.

Ein paar Tage vergingen so. Vikram schlief viel, aber man hatte mir versichert, daß er nicht sterben würde, und ich wußte, daß er sich langsam erholte.

Dann berichteten die Zeitungen über Vikrams Unfall und sogar darüber, daß ich ihn zur Behandlung in die Stadt gebracht hätte. Manche behaupteten, er sei tot. Der Doktor wurde mißtrauisch; er kam uns eines Tages besuchen und fragte, wer wir wirklich seien. Vikram sagte im Spaß: ›Morgen verrate ich es Ihnen, und dann werde ich Sie ordentlich dafür belohnen, daß Sie sich so um mich und meine Frau gekümmert haben.‹ Sobald der Doktor fort war, sagte Vikram, daß wir fort müßten, deshalb ging ich hinaus und hielt einen Traktor an, der Richtung Kanpur fuhr. Wir rafften alle unsere Sachen zusammen und verschwanden. Diesmal war der Fahrer weniger neugierig, denn er glaubte, daß wir aus unserem eigenen Haus gekommen wären. Ich erzählte ihm, daß ich ihn angehalten hätte, weil mein Schwager nicht aufgetaucht sei und Vikram nach Kanpur müsse, um sich röntgen zu lassen. Der Mann war freundlich, Vikram und er unterhielten sich die ganze Fahrt über, und als ich ihm Geld geben wollte, lehnte er es ab, weil er sowieso auf dem Weg in die Stadt gewesen sei und unsretwegen keine zusätzlichen Kosten gehabt habe.

In Kanpur gelang es uns, ein Zimmer zu mieten und einen anderen Arzt zu finden, der Vikram behandelte. Die Stadt war teuer, und bald ging uns das Geld aus. Immer noch konnte Vikram nicht reisen, deshalb machte ich mich mit seinem Bruder Rampal auf die Suche nach Bharat und der Bande, um Geld von ihnen zu holen. Es war ziemlich schwierig, sie ausfindig zu machen. Schließlich gelang es. Alle Bandenmitglieder trugen soviel bei, wie sie konnten. Wer kein Geld hatte, gab Gold und Silber.«

KAPITEL 13

Ein unsicherer Friede

Die Anonymität Kanpurs, einer großen, ausufernden Industriestadt, war eine Erholung. Dort stehen einige der ältesten und größten Textilfabriken des Landes. In ihren Hallen aus viktorianischer Zeit schweben Baumwollstaub und Flusen, die die Lungen verkleben und die Gesundheit jener ruinieren, die dort arbeiten. Die Fabrikarbeiter leben in einem von den Fabrikbesitzern erbauten Labyrinth von Wohnblöcken. In einer solchen Kolonie konnten Vikram Mallah und Phoolan Devi ohne große Schwierigkeiten über einen Verbindungsmann ein Zimmer mieten.

So klein und schmutzig der Raum auch war, Phoolan fühlte sich, wie sie sagt, zum ersten Mal seit vielen Monaten sicher. Sie erinnert sich an die Kinder, die den ganzen Tag über laut lärmend auf den Treppen und in den Gängen spielten. Sie sagt, sie fand ihr Geschrei und Lachen beruhigend. Sie merkte, wie sehr sie ihre Familie vermißte und wie gerne sie selbst Kinder gehabt hätte. Ihre Regel war seit dem Tag ihrer Entführung immer schmerzhafter geworden, und bisweilen hatte sie heftige Blutungen. Das machte ihr Sorgen, aber sie wußte, daß sie angesichts des Lebens, das sie nun führte, kaum etwas dagegen unternehmen konnte.*

---

* Bei einem Interview für den *Indian Express* im März 1983 wurde Phoolan Devi gefragt: *Haben Sie ein Kind?* Phoolan Devi: Nein. *I. E.: Wollen Sie keines?* Phoolan Devi: (schweigt) *I. E.: Woran liegt es?* Phoolan Devi: Einmal, bei einem Kampf in unserem Dorf, wurde ich in den Bauch geschlagen. Mein Unterleib wurde verletzt ... Die Ärzte sagen, ich müßte operiert werden.

Sie ermahnte sich, nicht undankbar zu sein. Vikram hatte sich erstaunlich gut erholt, er hatte ein paar Freunde und Bekannte in der Stadt und genoß es, Phoolan herumzuführen. Für sie war es eine ganz neue Erfahrung, einkaufen zu gehen. Freudig besorgte sie lebenswichtige Dinge wie Verbände und Antibiotika oder *saris* für sich selbst, die sie hier tragen mußte, dazu Kleinigkeiten wie Glasreifen oder Mangos von Straßenhändlern; Phoolan begann ihr Leben zu genießen. Sie sah ihren ersten Hindu-Film, *Sholay*, der zur Zeit seiner Veröffentlichung eine große Kontroverse auslöste, da er »die *dacoits* verherrlichte«: der Held, Superstar Amitabh Bachchan, wurde später während Rajiv Gandhis Regierung Abgeordneter im Parlament.

Obwohl die *dacoits* im Chambal-Tal wieder einmal für Schlagzeilen in den englischsprachigen und Hindu-Zeitungen sorgten, gab es kein Foto von Vikram Mallah oder Phoolan Devi, deshalb konnten sie sich frei bewegen, ohne befürchten zu müssen, daß sie jemand erkannte. Sie freundeten sich mit ihren Nachbarn in dem Mietsblock an, in dem sie ein Zimmer und eine Küche bewohnten, und führten sich als Verwandte des offiziellen Mieters ein, die nach einem Unfall auf dem Bauernhof zur medizinischen Behandlung nach Kanpur gekommen seien. Sie erweckten kein Mißtrauen. Phoolan weiß noch, wie sie im Radio Berichte über sich selbst und andere Banden hörte, in Gesellschaft einiger Textilarbeiter, die genau wie die Kinobesucher das Leben der Banditen romantisch verklärten und von den *dacoits* sprachen, als wären sie Berühmtheiten. Sie war in einer solchen Hochstimmung, daß sie einmal sogar einen jungen Arbeiter fragte, der abends zu ihnen kam, um mit Vikram Karten zu spielen, was er sagen würde, wenn sie ihm erzählte, sie sei Phoolan Devi. Er hatte nicht einmal aufgesehen, als er antwortete, daß er ihr das auf keinen Fall glauben würde, weil Phoolan Devi auf einem Pferd ritt und er sie sich hoch zu Roß vorstellen konnte, mit oder ohne Gewehr! Alle hatten gelacht.

Mit dem Geld, das die Männer aus der Bande aufgebracht hatten, kauften sie sich Munition für ihre Gewehre, die in eine Decke gewickelt unter dem Bett lagen, denn sie wußten, daß sie bald in den Schluchten zurückkehren mußten. Sie zahlten den Wucherpreis von fünfundzwanzig Rupien für jede Patrone. Die Munition stammte aus Armeebeständen und wurde ihnen durch einen *jawan* (Soldaten) überlassen, der ein lukratives Geschäft daraus machte, daß er keine Fragen stellte.

Fast drei Monate blieben sie in Kanpur, und allmählich warteten sie auf eine Nachricht über den Aufenthaltsort der Bande, als etwas vollkommen Unerwartetes geschah. Phoolan Devi erinnert sich im Gefängnis daran:

»Eines Tages stand in der Zeitung, daß Bharat und Madho bei einem Zusammenstoß mit der Polizei getötet worden seien. Ihre Fotos waren ebenfalls abgebildet. Vikram kroch auf dem Boden herum, als hätte er körperliche Schmerzen, und sagte, er fühlte sich, als hätte man ihm beide Arme amputiert. Sein Onkel Vareylal und ich versuchten ihm zu erklären, daß die Polizei oft Falschmeldungen verbreitete und daß wir nicht reagieren sollten, bis die Meldung bestätigt worden war. Leider stimmte der Bericht. Anscheinend war Madho, begleitet von Bharat, auf dem Weg nach Delhi gewesen, wo er seine Geliebte Kusuma Nayan treffen wollte. Sie wurden in der Nähe von Orai gestellt. Angeblich provozierte die Polizei einen Schußwechsel und erschoß sie beide aus nächster Nähe.

Madho und Kusuma verband eine tragische Vergangenheit. Sie stammten beide aus demselben Dorf, aber aus verschiedenen Kasten. Madho war ein Mallah und Kusuma eine Nayan (eine Unterkaste der Barbiere in der Kaste der Sudras). Sie liebten sich, aber da sie verschiedenen Kasten angehörten, wurde ihre Beziehung im Dorf nicht geduldet. Madho wurde von den Dorfbewohnern verprügelt, und Kusuma in aller Eile verheiratet. Doch als sich ihnen eines Tages eine Gelegenheit bot, flohen beide aus dem Dorf. Als sie ein Jahr später zurückkehrten, weil sie nirgendwohin konnten, überredete Kusumas

Vater seine Tochter, zu ihrem Ehemann zurückzugehen, dem er zehn *bighas* Land überlassen hatte, um ihn freundlich zu stimmen. Kusuma war ein Einzelkind, und ihre Eltern waren vernarrt in sie. Sie ließen Madho verhaften und einsperren, weil er sie entführt habe. Nach seiner Entlassung ging Madho zu Vikram, der sein Cousin ersten Grades war, und sagte: ›Die Nayans haben mich ins Gefängnis gebracht und meine ganze Familie gedemütigt. Sie haben meine Mutter und meine Schwestern beleidigt. Wie soll ich mich rächen?‹

Vikram war damals noch kein *dacoit*. Er lud Madho ein, in seinem Haus zu wohnen, und sorgte ein ganzes Jahr für ihn, doch Madho wurde immer verbitterter, weil ihm durch die Nayans und die Polizei soviel Leid zugefügt worden war. Vor allem wollte er den *pandit* bestrafen, der ihn vor allen Dorfbewohnern mit einem Schuh geschlagen und ihn dann der Polizei übergeben hatte. Als Folge, sagte er, hätten sich alle Mallahs im Dorf den Nayans unterworfen. Das machte Vikram wütend, und er erklärte sich einverstanden, Madho zu seinem Dorf zu begleiten, um dem *pandit* eine ordentliche Tracht Prügel zu verabreichen. Die beiden gingen zum Haus des Mannes, der Kampf geriet außer Kontrolle, und schließlich schlugen sie ihn tot.

Danach mußten sie sich vor der Polizei verstecken, und um am Leben zu bleiben, begingen sie *dacoities*, bis sie schließlich als *dacoits* zu leben begannen. Vikram erzählte mir einmal, daß er vor diesem Ereignis keine Feinde gehabt hätte: er hatte sein Leben um Madhos willen ruiniert, aber trotzdem waren sie enge Freunde geblieben.

Madho begann, Kusuma wieder zu besuchen, und eines Tages lief sie ihrem Ehemann davon, nachdem sie mit ihren Eltern gestritten und ihnen vorgeworfen hatte, daß sie in Frieden lebten, während sie unter dem Mann leiden mußte, den sie ihr aufgezwungen hatten. Sie wollte mit Madho zusammensein und stieß aus freiem Willen zu den *dacoits*. Bald entdeckte sie, daß sie schwanger war, deshalb ging sie nach Delhi, wo sie von der Polizei verhaftet wurde. Madho und die Bande trieben das Geld für ihre Kaution auf und brachten sie irgendwo in Delhi unter. Als ich zur Bande stieß, war sie nicht bei ihnen, obwohl sie vor mir eine *dacoit* geworden war. Madho sprach oft davon, sie zurückzuholen, und schickte sogar einen Mann nach ihr aus, aber sie blieb nur vier Tage, weil sie sich mit einem Kind im Leib nur mühsam bewegen konnte. Ich war nicht sicher, ob es Madhos Kind oder das ihres Ehemannes war, und unterhielt mich auch kaum mit ihr, da man mich damals noch nicht als Mitglied der Bande betrachtete. Sie war sehr schön, hellhäutig, mit braunem Haar, groß und gut gewachsen, aber sehr wehleidig, was Vikram zu ärgern schien. Schließlich kehrte sie nach Delhi zurück, wo Madho sie von Zeit zu Zeit besuchte. Bei einem dieser Besuche wurden er und Bharat vom CID entdeckt und erschossen.

Damit blieben nur Chhote Mishra und Sri Ram als ältere Mitglieder in der Bande, und Sri Ram nahm Bharats Platz als Anführer ein. Wir verließen Kanpur, zogen von Orai nach Devariya, blieben aber immer mit den anderen in Verbindung. Vikrams Wunde machte immer noch Schwierigkeiten, deshalb konnten wir nicht zurückkehren. Dann hörten wir eines Tages, daß Chhote Mishra die Bande verlassen hätte, nachdem er sich mit Sri Ram gestritten und sich beide gegenseitig beleidigt hatten. Vikram war niedergeschlagen und sagte: ›Phoolan, jetzt gibt es kein Zurück mehr. Sie hatten recht mit ihrer Meinung über Sri Ram. Sie haben gesagt, er würde Zwist säen, der die Bande zerreißen würde, und genau das hat er getan. Ein paar sind umgekommen, andere wurden verjagt, und nun ist er der selbsternannte Führer einer Bande, die nicht mehr unsere ist. Wir können nicht zurückgehen. Wir werden keine Verbündeten haben, und diesmal wird er mich mit Leichtigkeit umbringen, wenn er will. Sobald ich kräftig genug bin, um mindestens zwanzig *kos* am Tag zu gehen, müssen wir uns auf die Suche nach Baba Mustaqueem machen.‹

Vikram hatte bald so viel Kraft gesammelt, daß wir uns auf

den Weg zu einem alten Versteck machen konnten, wo er Waffen und Munition verborgen hatte, die er bei vergangenen *dacoities* erbeutet hatte. Da nur er, Bharat und Madho von dem Versteck gewußt hatten, war er überzeugt, daß es noch nicht geplündert war. So war es auch. ›Ohne Waffen‹, sagte er, ›können wir keine neue Bande aufbauen, und es hätte keinen Sinn, wie Bettler auf der Flucht vor ihren eigenen Leuten zu Baba zu kommen.‹

An diesem Tag regnete es. Wir hatten gelernt, uns zu verkleiden, so daß niemand ahnte, wer wir waren. Manchmal verkleideten wir uns als Lastwagenfahrer, ein andermal stellten wir Beamte aus verschiedenen Ämtern dar und trugen Uniformen, die wir bei vergangenen Überfällen und Entführungen erbeutet hatten. Wir errichteten ein Lager im Dschungel nahe einem Dorf in Etawah, wo wir Verbindungsleute hatten, und blieben dort einige Zeit.

Bald erfuhren wir, daß Sri Ram und Lala Ram nach uns suchten und Boten zu unseren Unterstützern in Orai und Devariya geschickt hatten, wo wir kurz zuvor gewesen waren. Wir hörten auch, daß Kusuma Delhi verlassen hatte, nachdem sie von Madhos Tod erfahren hatte, und uns zusammen mit einem Mann namens Ujagar suchte, der zeitweise Mitglied in unserer Bande gewesen war. Madho hatte ihn einst nach Delhi geschickt, um sie zu holen. Vikram sagte, daß wir erst unsere Heimatdörfer besuchen sollten, bevor wir entschieden, wie es weitergehen sollte. Dort würde man am allerwenigsten nach uns suchen.

Erst gingen wir in Vikrams Dorf. Alle erschraken, als sie ihn sahen, denn jeder hatte ihn für tot gehalten. Dann aber wurde er von Gratulanten umringt und genoß den Empfang. Er sagte, er sei nach einem Besuch im Himmel zurückgekehrt, und stellte mich als seine Frau vor. ›So leicht sterbe ich nicht‹, meinte er. ›Kali beschützt mich. Welcher Sohn einer Mutter würde es wagen, mich zu töten?‹ Manchmal war er streitlustig und draufgängerisch wie ein Kind! Wir trafen seine Brüder und Schwestern. Seine Eltern waren fort, und seine Ehefrau lebte bei ihren Verwandten in einem anderen Dorf.

Wir verließen sein Dorf, ohne auch nur eine Nacht dort zu verbringen, und kamen nach drei oder vier Tagen in meinem an. Auch dort wurden wir freundlich empfangen. Ich fürchtete mich vor Maiyadin und dem, was er tun mochte, aber Vikram ging in sein Haus und erklärte ihm, er hätte einen Monat Zeit, um das Land zurückzugeben, das er unserer Familie gestohlen habe. Wenn er sich weigere, würde er erschossen. Wenn er versuchen sollte, das Dorf zu verlassen und die Polizei zu rufen, würde er ebenfalls erschossen. Wir waren allein und die Drohung ein einziger Bluff, aber Maiyadin wagte es nicht, ein Risiko einzugehen. Wahrscheinlich glaubte er, daß der Rest der Bande nur darauf wartete, ihn außerhalb des Dorfes in einen Hinterhalt zu locken. Niemand ahnte, wie verwundbar wir waren.

Nachdem wir das Dorf verlassen hatten, liefen wir ein paar Tage später Sri Ram über den Weg, der Vikram weinend wie einen lang verlorenen Bruder umarmte und zu mir sagte: ›Phoolan, du bist so tapfer, so klug, du hast ihn uns zurückgebracht!‹ Vikram glaubte ihm, und beide schworen, einander nie zu betrügen. So schlossen wir uns wieder zusammen. Ich fragte Vikram, was aus seinem Plan geworden war, sich mit Babas Gang zusammenzutun, doch Vikram sagte bloß: ›Die Flüsse sind angeschwollen. Siehst du das nicht? Er ist am anderen Ufer des Ganges, und wir müssen bis nach der Regenzeit warten.‹ Damals war ich schon fast ein Jahr mit Vikram zusammen.«

Die Anzahl der Banden schien sich vervielfacht zu haben, und langsam wurde es peinlich für die Innenminister Uttar Pradeshs, Madhya Pradeshs und Rajasthans, daß die Polizei des Problems nicht Herr wurde. Von Rajasthan aus operierte Pan Singh Tomars Bande, die aber ständig die Grenzen der drei administrativ unabhängigen Staaten überschritt und durch alle »Polizeinetze« schlüpfte, welche, nach den Worten der Politiker, eigens gespannt worden waren, um ihn zu verhaften. Seine

Geschichte machte im ganzen Land Schlagzeilen, und im ganzen Chambal-Tal schwärmte man von seinem Mut und seiner Aufrichtigkeit.

1958 hatte Pan Singh Tomar Indien bei den Asienspielen in Tokio vertreten und eine Goldmedaille im Langstrecken-Hürdenlauf gewonnen. Er hatte zweiundzwanzig Jahre in der indischen Armee gedient, die ihn trainiert und unterstützt hatte. Nachdem er 1971 als *subedar* (nicht bestallter Offizier) ausgeschieden war, kehrte er in sein Dorf zurück und wurde gemeinsam mit seinem Bruder Matadin in einen Streit über ein Stück Land verwickelt. Sie töteten ihren Feind und flohen in die Schluchten. Ähnlich wie Mansingh in den vierziger und fünfziger Jahren übten Pan Singh und Matadin furchtbare Rache an allen, die mit ihrem früheren Feind im Bund waren. Sie überlebten, indem sie Dörfer brandschatzten, in denen die Kaste der Gujar vorherrschte, der ihre Feinde angehörten. Bald wurde Pan Singh Tomars Gang nachgesagt, die »gefürchtetste« im ganzen Tal zu sein.

Nach monatelanger Verfolgung durch Polizeipatrouillen wurde Matadin nahe dem Dorf Pawa in der Umgebung von Gwalior, Madhya Pradesh, bei einer Auseinandersetzung mit der Polizei im November 1980 getötet. Stundenlang tobte eine Schießerei zwischen der Polizei und Pan Singh, der entschlossen war, die Leiche seines Bruders nicht im Leichenschauhaus der Polizei enden zu lassen. Nachdem so tief in den Schluchten keine Aussicht auf Verstärkung bestand, zog sich die Polizei schließlich zurück. Pan Singh Tomar, so sagt man, hob seinen Bruder hoch, marschierte viele Kilometer durch Morena und überschritt die Grenze nach Rajasthan, wo er in Bharatpur eine zeremonielle Leichenfeier abhalten konnte, bei der er selbst die letzten Riten vollzog. Dieser Akt der Loyalität und Ausdauer machten ihn zu einer lebenden Legende.

Vier Tage später, so sagt man, kehrte Pan Singhs Bande in das Dorf Pawa zurück, um den Informanten aufzuspüren, der die Polizei zu ihrem Versteck geführt hatte. Bei ihnen war

Matadins Sohn Balwant, der jetzt stellvertretender Anführer war. Da sie den Mann nicht finden konnten, nach dem sie suchten, zogen sie wieder ab. Ein Polizeibericht stellt fest, daß die »verängstigten Gujars aus dem Dorf geflohen waren und in Gwalior City Unterschlupf gesucht hatten«. Monate vergingen, doch im März 1981 kehrte die Bande zurück. Sughar, der Mann, den sie suchten, war nicht im Dorf, doch sein sechzig Jahre alter Vater und vier weitere angebliche Informanten wurden unter den entsetzten Blicken vieler Dorfbewohner erschossen. Die Bande hinterließ eine Nachricht, in der sie die Verantwortung für die Morde übernahm und den Grund dafür nannte.

Viele ähnliche Taten folgten diesem ersten Racheakt, aber den Bauern blieb vor allem Pan Singh Tomars erste Reise nach Rajasthan in Erinnerung, wo er seinen Bruder bestattete. Das Gewicht vorgeschriebener religiöser Rituale, vor allem in bezug auf den Tod, ist in allen Gesellschaften tief verwurzelt, doch in Indien ist man geradezu davon besessen. Hindus akzeptieren den Tod im Kontext des Schicksals, aber die Seele kann nicht aus dem Kreislauf des Lebens und der irdischen Bedürfnisse befreit und erlöst werden, wenn mit dem Körper falsch umgegangen wurde, bevor er zur Asche verbrannt wird.

Alle *dacoits*, ohne Ausnahme, fürchten um das Los ihrer Seelen, sollten ihre Leichen in den Händen der Polizei enden. Dom Moraes, der Poet und Dichter, der heute in Bombay lebt, verdeutlicht, warum. Er hatte von der Regierung Madhya Pradeshs den Auftrag bekommen, ein Buch über diesen Staat zu verfassen. Darin beschreibt er ein Ereignis, dessen Zeuge er wurde, als er eine Polizeipatrouille begleitete, die einer kleinen bewaffneten Bande einen Hinterhalt legte. Ich begegnete ihm 1986, und wir sprachen über seine Erfahrung, doch besser als in *Answered by Flutes*, versicherte er mir, konnte er den Vorfall nicht schildern:

»Laijaram«, sagte der Polizeibeamte. Er stupste die Leiche, als wären er und sie Komplizen im Tode, mit seiner abgestoßenen Stiefelspitze. »Er war der Anführer.« Jede Silbe fiel in tiefes Schweigen, das sich nach der Schießerei herabgesenkt hatte, und rief ein kleines Echo hervor. Jeder Gewalttat folgt diese Stille, begleitet von einer Mattigkeit, in der der Geist wie bei einem Rekonvaleszenten ungewöhnlich aufnahmefähig und empfindsam wird. Jeder Eindruck ist plötzlich von ungeheurer Wichtigkeit. Die Ohren füllen sich mit Echos, die Augen trinken Distanzen, die lebendige Welt wird ängstlich eingeatmet, bis alle gelähmten Sinne geheilt sind und sich der Wirklichkeit wieder stellen können.

Wir alle, der Tote, die elf Polizisten, der General und ich, befanden uns auf dem flachen Steilabbruch des Kalapahad, des schwarzen Hügels. Unter uns lag das von Gestrüpp überzogene *nallah* (Flüßchen), an das sich die Bande in der vergangenen Nacht zurückgezogen hatte. Informanten hatten der Polizei das Versteck verraten. In der Dunkelheit vor dem Morgengrauen waren beide Enden des *nallahs* von bewaffneten Beamten abgesperrt worden. Der einzige Fluchtweg führte durch einen trockenen, abzweigenden Wasserlauf, mit rostigen Abdeckplatten gepanzert, zum Gipfel des schwarzen Hügels hinauf, wo ein weiteres Kommando von Scharfschützen Stellung bezogen hatte. In der kühlen Morgendämmerung hörte der Führer der *dacoits* seinen Namen zum letzten Mal, als ihn die Polizei über ein Megaphon aufforderte, zu kapitulieren.

Die *dacoits* waren durch das Gestrüpp des *nallahs* gehuscht und hatten sich dann über den Abhang verstreut. Drei entkamen und zwei wurden gefangengenommen. Nur Laijaram selbst war, mit dem Gewehr in der Hand, den Wasserlauf zum Hügel hinaufgeklettert. Blindlings war er in den Kugelhagel gestolpert, war halbwegs über die Kuppe getaumelt, blutend war er gekommen, hatte das Gewehr fallen lassen, seine Arme hochgeworfen, sich in einer Pirouette des Schrekkens und Schmerzes gedreht und war auf den Rücken gefallen. Jetzt ruhte er auf dem schwarzen Fels inmitten einer dicken, klebrigen Blutlache. Seine Weste war karmesinrot gefärbt, sein kariertes *lungi* bis zum Geschlecht hochgerutscht. Seine dünnen Arme und beide Beine waren wie bei einer Kreuzigung vom Körper gestreckt. Die Zunge hing ihm aus dem offenen Mund: Seine Augen, ebenfalls offen, zeigten weder Schmerz noch Furcht, nur die vollkommene Leere der frisch und durch Gewalt Gestorbenen.

»So sterben sie«, sagte der Polizeibeamte. Der Himmel war bewölkt und kühl in der Dämmerung, und die Bauern arbeiteten bereits in den Feldern unter uns. Fern funkelte Wasser im Tigra-Reservoir. Wanderameisen sammelten sich bereits um die Blutspur, die den Reiseweg des *dacoits* in den Tod markierte, Schmeißfliegen schwebten wie Helikopter über den offenen Augen und prüften die Aussichten auf ein Frühstück. Das einfache Gewehr, das er getragen hatte, lag neben der Leiche, eine primitive Waffe mit angeschlagenem Holzschaft. Ein Polizist zog das *lungi* der Anständigkeit halber herab, und wir sahen den Patronengurt, der um die mageren Hüften gebunden war.

»Die Bande war klein«, erzählte mir der Polizeioffizier, »aber gefährlich. Auf den Jungen war ein hohes Kopfgeld ausgesetzt. Jetzt, wo er tot ist, ist die Bande zerschlagen. Wer entkommen ist, wird vielleicht versuchen, auf eigene Faust zu überleben, aber das wird keiner schaffen.« Er erteilte Befehle: Zwei Polizisten nahmen die Leiche an den Füßen und schleiften sie fort zu einem wartenden Halbkettenpanzer weiter unten am Hang. Ein paar Beamte kletterten hinterher und nahmen auf diesen Sitzen Platz. Die Leiche war ihnen im Weg, darum stützten sie die Füße darauf ab. Das *lungi* war wieder hochgerutscht, aber diesmal machte sich niemand die Mühe, es wieder herunterzuziehen oder dem Mann Augen und Mund zu schließen. Langsam rumpelte der Halbkettenpanzer den Hügel hinab.

Später, auf der Polizeiwache von Tigra, wurde der Leichnam in den Staub des Innenhofes geworfen und aus verschiedenen Winkeln für die offizielle Akte fotografiert. Man machte Tee, den wir drinnen schlürften. Die Leiche ließ man im Hof liegen. »Wenn kein Verwandter sie holt«, sagte der Offizier, »müssen wir sie selbst loswerden. Unter den gegebenen Umständen ist es unwahrscheinlich, daß irgendwer sie abholt.« Einer der Polizisten draußen stellte lachend seinen Fuß auf den Leichnam und machte den Vorschlag, ihn in der Pose eines erfolgreichen *shikaari* (Jägers) zu fotografieren. Der Offizier schickte ihn fort. »Urteilen Sie nicht zu streng über ihn«, sagte er zu mir. »Sie haben nicht die ermordeten Polizisten und die Grausamkeiten in den Dörfern gesehen.«

Wie ich später herausfinden sollte, hatte Laijaram nur drei Tage vor seinem Tod Pan Singh Tomar in das Dorf Pawa begleitet, wo fünf Männer getötet worden waren. Das war im März 1981. Als ich das Dorf 1987 besuchte und die Dorfbewohner begriffen, daß wir Recherchen für einen Film über die Geschichte der *baghis* anstellten, war die Hütte, in die wir eingeladen wurden, bald zum Bersten voll. Man erklärte uns, daß »der große Pan Singh Tomar« ihr Dorf bekannt gemacht hätte. Trotz des Grauens, das sie damals zweifellos empfunden hatten, hatte einzig die Legende des Athleten, der zum *baghi* geworden war, Bestand. Niemand schien je von Laijaram gehört zu haben.

Die religiösen Skrupel bezüglich der Todesrituale sitzen so tief, daß William Sleemans Cousin Dr. Henry Spry, der um 1830 als Arzt im Gefängnis von Saugor arbeitete, Zeuge eines außergewöhnlichen Ereignisses wurde, das er sogleich festhielt. Damals saßen etwa 583 Thugs in Haft, und täglich trafen »neue Wagenladungen« ein. Er berichtete über eine Gruppe von Männern, die man zum Tode verurteilt hatte:

Als der Morgen kam, hielten eine Reihe von Pferdekarren vor dem Gefängnistor, die jeweils fünf Männer aufnahmen. Sie sahen schrecklich abgezehrt aus. Ein Wagen nach dem anderen wurde vollgeladen und fuhr dann fort, umstellt von *sepoys* mit feststehendem Bajonett und geladenen Musketen. Der Platz, auf dem die Hinrichtung stattfinden sollte, lag im Norden der Stadt Saugor, ungefähr eineinhalb Meilen vom Gefängnis entfernt. »*Ruksat*, Doktor *sahib*«, »Meine Verehrung, Doktor *sahib*« – erhielt ich zum Abschiedsgruß, als ich an den miserablen Schinderkarren vorbeiritt, auf denen sie zur Exekution geholpert wurden. Die Galgen waren nur kurzfristig aufgestellt worden und bildeten drei Seiten eines Rechtecks. Die Pfeiler, welche die Querbalken trugen, waren fest in fünf Fuß hohem steinernem Mauerwerk verankert. Zu beiden Seiten dieser Mauern waren Standbretter angebracht, welche die unglücklichen Verbrecher über eine Leiter erreichen würden. Die Querbalken waren jeweils mit zehn im gleichen Abstand voneinander angebrachten Stricken ausgestattet. Sobald eine Fuhre von Übeltätern eintraf, wurde sie zum Fuß der entsprechenden Leiter gebracht, und einer nach dem anderen stieg aus und kletterte zur Plattform oder dem Trittbrett empor. Die Ketten wurden ihnen nicht abgenommen. Die ganze Zeit über gellten die heiseren, hohlen Rufe der unglückseligen Männer durch die Luft. Sobald jeder Mann die Leiter erklommen hatte, trat er auf die Plattform und marschierte ohne zu zögern zu einem Strang. Ohne Zeit zu verlieren, überprüfte er dessen Festigkeit, indem er sich mit seinem ganzen Gewicht daran hängte. Nachdem jeder auf diese Weise die Haltbarkeit mit eigenen Händen überprüft hatte – denn keiner von ihnen trug Handschellen –, steckte er den Kopf durch die Schlinge, zog den Knoten direkt hinter dem rechten Ohr zu, sprang, unter entsetzlichen Schreien, vom Brett und schickte sich selbst in die Ewigkeit! So sehen wir, wie selbst im Augenblick des Todes genauestens auf die Reinhaltung der Kaste geachtet wird.

Darauf zu warten, daß man von einem *Chamar* (Hautheiler) gehenkt würde, wurde für zu widerwärtig erachtet, als daß man es ertragen hätte. Der Name wäre auf ewig entehrt, und so henkte sich jeder lieber selbst, als sich dermaßen entwürdigen zu lassen.

Im Sommer 1980 kamen Spannungen zwischen den Kasten zu allen anderen Belastungen hinzu, und Mißtrauen blühte in Vikram Mallahs Bande, die versuchte, sich wieder zusammenzufinden. Phoolan Devi zeigte ihre Abneigung Sri Ram und Lala Ram gegenüber so deutlich, daß sie kaum mehr miteinander sprachen. Vikram Mallah versuchte, den Frieden zu wahren, aber auch für ihn hatte sein ehemaliger *guru* viel von seinem Glanz verloren. Er begann das in Sri Ram zu sehen, worüber sich Phoolan unausgesetzt beklagte. Kleinliche Auseinandersetzungen hatten immer mehr Zwietracht zur Folge und vergifteten die Atmosphäre, doch blieben die Männer und Phoolan Devi allem Unbehagen zum Trotz zusammen, da jeder die Auflösung der neuen Bande fürchtete. Allein wären sie nur noch Gejagte – auf der Flucht vor der Polizei dreier Staaten.

KAPITEL 14

Vikrams Tod

Es gab jetzt zwei Frauen in der Bande. Kusuma Nayan war zu ihnen gestoßen und hatte Vikram Mallah um Aufnahme gebeten, weil sie nicht länger in Delhi leben könne; sie wollte Madhos Tod rächen. Ujagar, der sie begleitet hatte, wollte ebenfalls aufgenommen werden. Vikram erklärte sich einverstanden, da er mehr Männer und ehemalige Verbündete brauchte, obwohl Phoolan und Kusuma sich nicht leiden konnten und Ujagar kaum Erfahrung hatte. Erst hatte er Vorbehalte, weil eine alleinstehende Frau in der Bande unzählige Probleme bereiten würde, doch Kusuma versicherte ihm, daß sie jetzt, nach Madhos Tod, als Ujagars Frau leben würde. Sie sagte, darin bestünde kein Widerspruch, da Madho und Ujagar »wie Brüder« gewesen seien. Die Verbindung war nur von kurzer Dauer; Kusuma trug bald zu den Streitigkeiten bei, die inzwischen zur Regel geworden waren, indem sie Ujagar verließ und Sri Rams Geliebte wurde. Vikram tobte vor Wut und befahl ihr, die Bande zu verlassen, aber Sri Ram war fest entschlossen, Vikram in dieser Sache die Stirn zu bieten, so daß schließlich Ujagar die Bande verließ. Wieder einmal blieb Phoolan Devi nichts übrig, als Vikram zu erklären, daß er die falsche Entscheidung getroffen hätte.

Vikram Mallahs Fieber wollte nicht sinken. Da er stets in feuchten Kleidern leben mußte und kaum Erholungspausen hatte, bestand auch wenig Aussicht auf Besserung. Phoolan Devi sorgte sich zunehmend um sein Befinden und seinen Geisteszustand. Sie waren nahe dem Dorf Baijamau, in dem Vikrams Frau lebte, als Sri Ram vorschlug, daß Vikram seinen

Sohn besuchen solle, während die anderen in der Nähe das Lager aufschlugen. Phoolan Devi berichtet in ihrem Tagebuch über die Ereignisse in jener Nacht:

»Vikram sagte, daß er sehr müde sei und sich ausruhen wolle, aber Sri Ram gab nicht nach und sagte, es sei ›schlecht‹, wenn er sein einziges Kind nicht wenigstens besuchen würde. Vikram ließ sich überreden und sagte, er würde mich fragen. Ich hatte auch das Gefühl, daß er seine Familie besuchen sollte, und sagte, ich würde mit ihm kommen. Da sagte Sri Ram, wenn ich mitkäme, ›warum dann nicht die ganze Bande?‹ Vikram antwortete: ›Warum nicht?‹ Also gingen wir bis an den Dorfrand und ließen uns unter einem *neem*-Baum nieder. Als Vikram aufstand, um ins Dorf zu gehen, sagte Sri Ram, wir sollten vorgehen, während er auf uns wartete. Er würde sich in Vikrams Haus fehl am Platz fühlen. Vikram war verwirrt und fragte ihn, warum er immer so schnell und in letzter Minute seine Meinung änderte.

Schließlich gingen Vikram und ich mit zwei weiteren Männern aus der Bande ins Dorf. Ich war mißtrauisch und fragte mich, ob das wohl Teil irgendeines Planes sei. Vikram wischte meine Bedenken beiseite und meinte, daß Sri Ram eben so sei; er würde ständig grundlos die Meinung ändern. Nach einer guten Mahlzeit wollten wir zur Bande zurückgehen, aber während wir aufstanden, nieste jemand. Es war ein böses Omen, das entsetzliche Furcht in meinem Herzen entfachte. Ich sagte Vikram das, aber er lachte und meinte, es sei närrisch, so abergläubisch zu sein. Niesen wäre etwas Natürliches und Harmloses.

Als wir um halb zwei Uhr morgens wieder zur Bande stießen, waren alle noch wach. Jeder saß für sich allein. Sri Ram fragte Vikram, wo wir schlafen wollten. Vikram sagte, er sei so müde, daß er überall schlafen könne. Sri Ram deutete auf zwei Betten und sagte, die seien für uns. Vikram und ich gingen schlafen. Nicht einmal eine halbe Stunde später hörte ich einen lauten Knall – wie ein Schuß. Vikram setzte sich abrupt auf, so daß ich erst glaubte, die Polizei hätte uns umzingelt. Ich langte nach unseren Gewehren, fand sie aber nicht. Dann klappte Vikram vornüber in meinen Schoß und sagte, er würde sterben. ›Diesmal wird mich niemand retten‹, sagte er, glaube ich, ein- oder zweimal. Ich begann zu schreien und zu brüllen, während ich immer noch im Dunkeln nach meinem Gewehr tastete. Ich wußte, daß man ihn erschossen hatte, spürte das nasse Blut, als ich mit meiner Hand über ihn strich, um festzustellen, wo er verwundet worden war. Dann hörte ich einen zweiten Schuß, und er sank leblos zusammen. Ich sah Sri Ram auf mich zukommen. Er begann mich zu prügeln und sagte, daß ich jetzt niemanden mehr hätte – keine Freunde, keine Helfer. Ich hörte noch mehr Schüsse. Sie hatten Vikrams Onkel Vareylal getötet.

Sie hielten mir etwas vor Mund und Nase. Ich glaube, es war Chloroform. Es benebelte mich so schnell, daß ich mich fühlte wie in einem Traum. Ich erinnere mich daran, daß ich gefesselt wurde und ich noch wußte, daß ich am Leben war. Alles schien mir so unwirklich. Das war im Monat Sawan, und es regnete heftig. Ich war genau ein Jahr mit Vikram zusammengewesen.«

Es war die Nacht zum 13. August 1980, und bald berichtete die örtliche Presse von dem Vorfall. Man rief die Polizei, und Vikrams Leiche wurde für die Akten fotografiert. Man hat mir gesagt, daß der Leichnam seinem Schwiegervater ausgehändigt wurde, der die Leichenfeier arrangierte, aber genau weiß das niemand.

Als sie 1983, nachdem sie sich gestellt hatte, der Presse von diesen Erlebnissen berichtete, äußerte sich Phoolan Devi, die sich einem Meer von Kameras und Fremden gegenübersah, sehr zurückhaltend. Auf einer von den Behörden organisierten Pressekonferenz antwortete sie wie folgt:

Frage: Haben Sie jemals Angst gehabt?
Antwort: Ich habe jeden Tag in Angst gelebt. Ich hatte in der ersten Nacht Angst gehabt, als Vikram und Babu Singh mich holten und sich überlegten, ob sie mich töten sollten. Auch

zweimal im Dschungel hatte ich Angt. Ich schlief, und etwas wischte über mein Gesicht. Ich faßte danach. Es war der Schwanz eines Panthers. Er lief fort. Das zweite Mal war, als ich in unserem *dera* (Lager) saß und plötzlich merkte, wie etwas über meine Schenkel glitt. Wir hatten nur ein schwaches Lagerfeuer, und ich dachte, einer der Männer wollte mir einen Streich spielen. Ich dachte, er hätte ein Seil auf mich geworfen. Doch merkte ich, daß es eine Schlange war. Ich hob sie blitzschnell hoch und schleuderte sie fort. Ich glaubte, es wäre ein *ashubh* (ein schlechtes Omen), und wir hoben unsere Waffen auf und liefen fort. Zehn Minuten später sahen wir an unserem Lagerplatz die Lichter eines starken Polizeiaufgebots. Gott schickt seine eigenen Zeichen...

Frage: Wie war das Leben in den Schluchten?

Antwort: Mir fehlen die Worte, um das zu beschreiben. Nur wenige Menschen werden es je begreifen. Man muß dort leben, um es zu verstehen. Wir marschierten jeden Tag 12 bis 15 *kos* (etwa 40 Kilometer). Es gab keine Ruhepausen, kein geregeltes Essen und keinen geregelten Schlaf. Wenn wir hungrig waren, gingen wir mit unseren *lathis* in ein Dorf und kamen mit Essen für vier Tage zurück. Manchmal zahlten wir für das, was wir nahmen. Wir schliefen fast immer im Freien, in Segeltuch gehüllt, sogar während des Monsuns. Meist aßen wir nur nachts. Wir wußten, daß die Polizei uns finden konnte, indem sie nach den Falken Ausschau hielt, die über unserem Lager kreisten. Wir mußten auch auf den Rauch achten und nachts die Feuer möglichst klein halten.

Frage: Hat das harte Leben oder der Druck der Polizei Sie zum Aufgeben bewegt?

Antwort: Ich habe Ihnen gesagt, daß ich keine Angst vor der Polizei habe. Das Leben war hart. Aber das war es immer...

Frage: Das klingt verbittert.

Antwort: Heute bin ich eine Kriminelle, die man am liebsten hängen würde. Aber was geschah, als man mich entführt und vergewaltigt hatte? Wo war da die Polizei? An dem Tag, als ich entführt wurde, bin ich zur Polizei gegangen und habe um Schutz gebeten, doch heute sind diese Polizisten Offiziere, und Phoolan Devi ist eine Mörderin...

Frage: Wie viele Verbrechen haben Sie begangen?

Antwort: Das weiß ich nicht mehr. Ich weiß nicht, wie viele Menschen ich entführt habe und wie viele *dacoities* ich begangen habe...

Frage: Wo waren Sie während der letzten zwei Jahre?

Antwort: Ich war in Rauxaul, und ich habe in allen Bezirken zwischen Jhansi und der nepalesischen Grenze sieben bis zehn Tage verbracht. Ich war in allen Bezirken Uttar Pradeshs, durch die die Yamuna fließt. Ich habe viel Zeit damit verbracht, durch die Schluchten der Yamuna zu ziehen. Die Polizei schuldet mir eine Menge Schuhe.

Frage: Weil Sie soviel gelaufen sind?

Antwort: Nein, weil ich immer meine Schuhe zurückließ. Ich habe die Angewohnheit, sie von mir zu werfen, sobald ich mich hinsetze. Ich bin eine Frau aus dem Dorf, und Schuhe engen mich ein, aber in den Schluchten muß ich sie tragen, wegen der Dornen. Jedesmal, wenn die Polizei uns umzingelte, mußte ich so schnell meine Position einnehmen, daß ich meine Schuhe zurückließ. Manchmal spielte ich mit dem Gedanken, zurückzugehen und meine Schuhe zu holen, doch dann überlegte ich es mir anders. Sollte doch die Polizei Phoolans Schuhe tragen.

Frage: Woher hatten Sie Ihre Schuhe?

Antwort: Aus den Dörfern. Ich bat um Schuhe, und die Menschen schenkten mir welche.

Frage: Ist das nicht wie Betteln?
  Antwort: *Dacoits* und Bettler sind dasselbe.

Es gibt mehrere Versionen darüber, was mit Phoolan Devi nach
Vikrams Tod geschah. Als ich mich mit ihr unterhielt, wollte sie
anfangs nicht über die *bazathi* (Schande), wie sie es nannte,
sprechen, die ihr die Thakurs zufügten. Sie wollte nicht auf die
Details eingehen und sagte bloß: »*Un logo ne mujhse bahut
mazak ki.*« (Diese Leute haben wirklich mit mir gespielt.) Es
überraschte mich nicht, daß sie nicht darüber sprechen wollte.
Erstens hatten wir Zuhörer, darunter Familienangehörige, andere Gefangene und ihre Verwandten; zweitens leben wir in
einer Gesellschaft, in der eine Frau, die sexuell mißbraucht
wird, sich unweigerlich tief gedemütigt fühlt, weil sie weiß, daß
viele glauben werden, sie habe die Situation provoziert und
trage deshalb ganz oder wenigstens zum Teil Schuld an ihrem
Schicksal. Phoolan Devi hat, wie viele andere Frauen in der
Welt, das Gefühl, daß sie ihre Schmach nur vergrößert, wenn
sie von diesen Erlebnissen spricht.
  Trotzdem weiß man manches, dank der Recherchen jener
Journalisten, die damals über Phoolan Devi schrieben, durch
die Dörfer in den Schluchten reisten und die Menschen befrag-
ten, die in den Strudel der Ereignisse geraten waren. So schildert zum Beispiel Jon Bradshaw, ein amerikanischer Journalist, in einem Artikel für den *Esquire*:

Die Bande raste zur Yamuna hinab, wo die Boote vertäut
waren. Erst als sie in einem saß, bemerkte Phoolan, daß
Vikram fehlte. Sie wollte ans Ufer zurück, doch Sri Ram
schlug sie mit einem Ruder und verkündete, daß er Vikram
getötet habe, weil er es leid gewesen sei, seine Befehle von
einem nichtswürdigen Fischer entgegenzunehmen. »Du bist
am Leben geblieben, weil mein Bruder Lala Ram dich für sich
haben will!« brüllte er.
Sie segelten ein paar Meilen weit den dunklen Fluß hinab und

machten schließlich an einem Dorf namens Behmai halt, wo man Phoolan in Gefangenschaft hielt. Sie wurde in eine schmutzige Hütte gesperrt. In der ersten Nacht kauerte sie nur auf dem Boden und weinte um Vikram. Kurz nach Mitternacht ging die Tür auf. Ein Mann kam herein, den sie nicht erkennen konnte. Erst schlug er sie nieder, dann riß er ihr, als sie auf dem Boden lag, die Kleider vom Leib. Phoolan kreischte und schlug nach ihm, doch er war zu stark. Der Unbekannte hielt sie fest und vergewaltigte sie. Einer nach dem anderen kam herein – große, schweigende Thakur-Männer – und vergewaltigten sie, bis Phoolan schließlich das Bewußtsein verlor.

Während der folgenden drei Wochen wurde Phoolan mehrmals pro Nacht vergewaltigt. Sie ergab sich schweigend in ihr Schicksal, das Gesicht zur Wand gedreht. Irgendwann später – sie hatte jedes Zeitgefühl verloren – wurde die Tür geöffnet, und helles Sonnenlicht drang herein. Geblendet hielt sie sich den Arm vors Gesicht, und eine laute Stimme rief sie nach draußen. Sri Ram, Lala Ram und eine Gruppe Thakurs, von denen sie manche wiederzuerkennen glaubte, standen um den Dorfbrunnen herum. Nirgendwo waren Frauen zu sehen. Sri Ram befahl Phoolan, ihm Wasser aus dem Brunnen zu holen. Als sie sich weigerte, riß er ihr die Kleider vom Leib und trat sie mit aller Gewalt. Schließlich humpelte sie zum Brunnen, ausgelacht und bespuckt von ihren Peinigern. Wenig später wurde das nackte Mädchen zur Hütte zurückgeschleift und erneut vergewaltigt.

In jener Nacht, der dreiundzwanzigsten ihrer Gefangenschaft, hörte Phoolan ein Klopfen an der Tür, und Santosh Pandit, ein Priester aus dem nahegelegenen Dorf Simra, kam hereingeschlüpft. Der Priester und Phoolan waren alte Freunde. Er legte den Arm um sie und sagte: »Ich weiß, was sie dir angetan haben. Jeder im Dorf weiß es. Aber ich konnte bis jetzt nichts unternehmen. Die Singh-Brüder haben Behmai heute morgen endlich verlassen, und die Dorf-

bewohner schlafen noch. Komm, ich hole dich hier raus.«
Phoolan begann, hysterisch zu weinen. Der Priester trug sie
hinaus – »Sie war leicht wie ein Sack voller Federn und
Knochen«, erinnerte er sich – und brachte das Mädchen auf
einem Ochsenkarren nach Pandri, wo Phoolan Kontaktleute
hatte, die sie, wie er wußte, pflegen und verstecken würden.

Später erzählt Phoolan in ihren Tagebüchern: »Als ich am
Morgen wieder zu Bewußtsein kam, entdeckte ich, daß man
mich an Händen und Füßen gefesselt hatte. Ich begann zu
wimmern und wollte wissen, warum ich gefesselt worden war.
Ich hatte doch gar nichts getan. Ich wand mich und schrie, bis
Kusuma zu mir gerannt kam. Sie trat mich und sagte: ›Nach
wem schreist du denn? Niemand wird dich hier hören. Dein
Tiger ist tot, von meinem Thakur getötet!‹ Sie machte immer so
weiter, bis Sri Ram mit zwei Männern dazukam, die nicht wie
dacoits aussahen. Wahrscheinlich waren es Männer aus dem
Dorf. Sie zerrten mich aus dem Boot und begannen mich zu
mißhandeln, schubsten und schleiften mich in Richtung Dorf.
Man behandelte mich wie ein Tier. Jeder, der vorbeikam,
beleidigte mich, und viele griffen mich an. Ich flehte sie an,
mich zu töten und mich nicht mehr zu quälen. Kusuma verfolgte alles voller Schadenfreude, lachte, klatschte in die Hände
und provozierte mich wegen Vikram. Seit meiner Gefangennahme waren fast vierundzwanzig Stunden vergangen, und ich
hatte immer noch keinen Tropfen Wasser zu trinken bekommen.
In der Nacht brachten sie mich zu einem Dorf, wo ich in
einem Haus drei Tage ohne Essen und Wasser eingesperrt
wurde. Ich durfte nicht einmal hinausgehen, um mich zu erleichtern. Alle schienen unsere Demütigung zu feiern. Ursprünglich waren vier weitere Männer aus der Bande mit mir in
dem Boot gewesen, genauso gefesselt wie ich, doch jetzt war
ich allein. Ich fragte mich, was mit ihnen geschehen war. Sri
Ram sagte, jetzt würde die Polizei sie in Ruhe lassen, weil sie

einen ›so berüchtigten *dacoit*‹ erledigt hätten. Er meinte, daß er vielleicht sogar die Belohnung kassieren könnte, die auf Vikrams Kopf ausgesetzt war. Selbst die Dorfbewohner schienen sich über Vikrams Tod zu freuen. Ich war nie zuvor in diesem Dorf gewesen und kannte nicht einmal seinen Namen.

Auf diese Weise wurde ich in einem Dorf nach dem anderen vorgeführt. Ich weiß nicht einmal, wie die Orte hießen, in die man mich brachte. Schließlich kamen ich und ein Gefährte, Bhiku – was aus den anderen wurde, weiß ich nicht –, in das Dorf Simra. Dort begegneten wir einem älteren *pandit*, der mich kannte, da sein Sohn Shiv Swaroop eine Weile bei uns gewesen war, ehe er bei einer Auseinandersetzung mit der Polizei getötet wurde. Er gratulierte Sri Ram dafür, daß er Vikram getötet hatte, und lud alle in sein Haus ein. Er schaute mich an und fragte Sri Ram, warum ich verschont worden sei. Sri Ram lachte und sagte, daß er bald meine Leiche auf der Polizeiwache abliefern würde.

Als wir in seinem Haus waren, machte er es allen bequem und ließ mich und Bhiku in einigem Abstand von den übrigen sitzen. Er sagte, das Mittagessen würde bald serviert, nach einer *puja*, einem Gottesdienst, den er für das zukünftige Wohl von Sri Rams Bande halten würde. Auf dem Weg in die Küche kam er an mir vorbei und machte eine verstohlene Geste zur hinteren Wand des Hauses hin, aber ich wußte nicht, was das bedeuten sollte, und mißtraute seinen Absichten. Als er zurückkam, sagte er zu Sri Ram, daß Phoolan ins Hinterzimmer eingesperrt werden sollte, da sie so verschnürt und schmutzig kein schöner Anblick sei. Ich sah Bhiku an. Ich wollte ihn nicht allein lassen und hatte Angst davor, daß mir dieser Priester im Hinterzimmer etwas antun würde, aber nachdem Sri Ram sich einverstanden erklärt hatte, befahl er uns beiden aufzustehen.

Im Hinterzimmer zeigte er uns hinter einem Stapel Feuerholz ein Loch in der Rückwand, das er gerade herausgebrochen hatte, um uns einen Fluchtweg zu schaffen. Er sagte, wir sollten eine Weile in dem Raum bleiben und warten, bis er zurückkäme. Er sagte, er würde Sri Ram den Türschlüssel geben, um jeden Verdacht von sich abzulenken. Plötzlich wurde mir klar, daß Durga meine Gebete erhört hatte.

Wenig später kletterte der *pandit* durch das Loch in der Wand in den Raum. Er überreichte mir eine Flinte mit 12er-Kaliber und wünschte uns Glück. Er zeigte uns, in welcher Richtung der Fluß lag, und versicherte uns, daß die Nachbarn uns nicht verraten würden, selbst wenn sie sähen, wie wir das Haus verließen. Er band uns los, und wir flohen. Wir liefen um unser Leben, bis wir das Ufer der Yamuna erreicht hatten. Zuallererst stillten wir unseren Durst. Ich wußte nicht genau, wohin wir uns wenden sollten. In mein Dorf zurückzukehren wäre gefährlich; dort würde die Polizei sofort nach mir suchen. Plötzlich fiel mir mein Cousin ein; also beschloß ich, in sein Dorf zu gehen. Bhiku sagte, er würde mich einen Teil des Weges begleiten und dann nach Kanpur fliehen, wo er Verwandte hatte.

Auf unserem Weg lag ein Dorf namens Dehalkan. Dort wurden wir plötzlich von Thakurs umzingelt, die auf uns zu schießen begannen. Ich erwiderte das Feuer und schwor Kali, daß ich, nachdem ich dem Thakur Sri Ram entkommen war, jeden Thakur töten würde, der mir begegnete, um Vikrams Tod zu rächen. Wir entkamen und erreichten das Dorf Narhan. Am Rand des Dorfes gab es einen Tempel, der der Muttergöttin Durga geweiht war. Als wir vor ihrem Bild beteten, hörte ich Schritte. Ich rief den Eindringlingen zu, sie sollten sich zu erkennen geben, aber sie wollten wissen, wer wir seien. Ich sagte ihnen, daß ich Phoolan Devi wäre, weil ich sie für Dorfbewohner hielt und Narhan ein uns freundlich gesinntes Dorf gewesen war. Zu meinem Entsetzen stellte sich heraus, daß es Polizisten waren. Sie begannen, einander Befehle zuzurufen, gingen in Deckung und feuerten auf den Schrein. Ich erwiderte das Feuer, aber ich wußte, daß ich nur fünfundzwanzig Kugeln hatte. Trotzdem gelang es uns, sie in Schach zu halten, und schließlich schafften wir es sogar, im Schutz der Dunkelheit zu fliehen. Uns waren gerade noch zwei Kugeln geblieben. Durga hatte uns beschützt.

Es war völlig dunkel, und wir schienen mitten im Wasser zu sein. Der Weg war kaum zu erkennen, und die Yamuna, die durch den Regen angeschwollen war, wirkte wie ein Ozean. Wir hatten nicht einmal Schuhe an den Füßen. Wir wanderten bis sechs Uhr morgens herum, dann machten wir Pause, um uns zu orientieren. Wir saßen außerhalb eines Dorfes unter einem *neem*-Baum. Schließlich kletterten wir auf den Baum, um die Gegend zu erkunden, und entdeckten, daß es in der Gegend von Polizisten wimmelte. Ich sagte zu Bhiku, daß wir diesmal nicht entkommen könnten. Anscheinend war uns die Polizei gefolgt, und wir hatten nur zwei Kugeln und ein Gewehr. Ich sagte Bhiku, daß ich auf dem Baum bleiben und hier mein Ende erwarten würde, daß er aber gehen könne, wenn er wollte, obwohl ich ihm davon abriet. Er beschloß ebenfalls zu bleiben.

Den ganzen Tag saßen wir auf diesem Baum. Ein paar Polizisten kamen vorbei, manche setzten sich sogar hin, um unter dem Baum zu essen und zu trinken, aber wir blieben unentdeckt. Um sechs Uhr abends, als sie fort waren, kletterten wir halbtot vor Hunger und Durst herunter und gingen zum Dorf, wo wir einen alten Mann trafen, der uns als erstes Wasser zum Trinken gab. Ich fragte, wie das Dorf hieß, und er sagte, es sei Pandri.

Ich kann gar nicht sagen, wie erleichtert ich war. Ich kannte einen Mann aus diesem Dorf namens Vijay Singh Chauhan, der ebenfalls *dacoit* war. Bestimmt würde er uns helfen. Wir betraten das Dorf und schickten nach seinen Brüdern. Ich schilderte unsere Lage und erklärte, daß wir Munition brauchten. Sie warnten mich, daß die Polizei im Dorf nach mir gesucht hätte und daß Sri Ram und Lala Ram eine Belohnung auf uns ausgesetzt hätten. Sri Ram hate den alten *pandit* getötet, der uns geholfen hatte zu entkommen.

Sie sagten, daß wir uns verstecken müßten, und boten uns für ein paar Tage den Schutz ihres Hauses an. Ich hatte kein Geld und fragte, ob ich welches leihen konnte. Ich sagte, wenn wir mit dem Leben davonkämen, würden wir ihre 2000 Rupien zurückzahlen, aber wenn man uns tötete, würden wir in ihrer Schuld sterben. Sie waren sehr freundlich, und ich wollte ihre Familien nicht in Gefahr bringen, deshalb verschwanden wir, nachdem wir uns einen Tag ausgeruht hatten. Sie halfen mir, einen Fischer zu finden, der uns für 1000 Rupien über den Fluß bringen würde. Wir legten uns in seinem Boot auf den Boden, und er deckte uns mit Fischernetzen zu. Als wir unter einer Brücke durchfuhren, sah ich, daß es oben von Polizisten nur so wimmelte.«

Einige Kilometer vor dem Dorf Nagina bat Phoolan Devi den Fischer, sie abzusetzen. Er sollte nicht erfahren, wohin sie wollte. Es war ein junger Mann, der während der Fahrt kaum mit ihr oder Bhiku gesprochen, aber lange mit ihr gehandelt hatte. Sie beschloß, Bhiku das Gewehr zu überlassen, denn sie wußte, daß ein *dacoit* ohne Waffe unter Fremden machtlos war. Allein machte sie sich auf den Weg. Sie entfernte sich entgegen der Richtung, die sie einschlagen wollte, wieder des Fischers wegen, während Bhiku weiter flußabwärts durch den Bezirk Kanpur fuhr.

KAPITEL 15

Begegnung mit Man Singh

Das folgende basiert auf Mannus Version der Ereignisse, so wie er sie mir acht Jahre später erzählte. Wir saßen in seiner Hütte am Rand der Schlucht und an der Dorfgrenze. Dort hatte Phoolan Devi damals Zuflucht genommen, ohne daß es der Rest der Familie wußte.

Er war zu Hause und hörte tief in der Nacht noch Radio. Er hatte die Kerosinlampe in seinem Zimmer angezündet und lag auf seinem Bett, als er ein schüchternes Klopfen an seinem Hoftor hörte. Anfangs ignorierte er es, weil er glaubte, die Eisenkette würde gegen das Holz baumeln – so schwach war es. Dann wiederholte sich das Geräusch, und er ging hinaus. Er fragte sich, wer das wohl sein mochte. Jeder aus seiner Familie und jeder Freund hätte ihn gerufen oder lauter geklopft. Er fragte, wer da sei, erhielt aber keine Antwort außer einem erneuten leisen Klopfen. Langsam wurde die Sache unheimlich, trotzdem schloß er das Tor auf. Phoolans Anblick versetzte ihm einen tiefen Schrecken: Sie war abgemagert und erschöpft, barfuß und hatte ein zerfetztes, schmutziges Khakihemd an. Zum letzten Mal hatte er sie im Haus seiner Tante, in einen *sari* gekleidet, gesehen. Jetzt war ihr Haar kurzgeschnitten, ungewaschen und schmutzverklebt. Er wußte, daß ein Kopfgeld auf sie ausgesetzt war, und hatte in der Zeitung Berichte über ihre Taten gelesen. Nachdem er sie in den Hof gelassen hatte, schaute er die Gasse auf und ab, um sicherzugehen, daß niemand sie beobachtet hatte, doch draußen war alles ruhig und verlassen.

Aus irgendeinem Grund flüsterte er, als er sie fragte, was sie

hier tat, was geschehen war, ob sie allein sei. Sie fragte –
gleichfalls flüsternd – zurück, ob sonst jemand im Haus sei. Er
verriegelte das Tor, führte sie in sein Zimmer und bemerkte,
daß sie zitterte. Der Regen hatte die Luft zwar abgekühlt, doch
es war keineswegs kalt. Sie setzte sich auf das Bett und schaute
sich nervös im Zimmer um. Erst hatte er das Gefühl, sie fühle
sich unwohl, weil man sich normalerweise im Hof unterhalten
hätte. Verwirrt hob er die Lampe hoch, führte sie wieder hinaus
und sagte, er würde das *charpai* bringen. Als er zurückkam,
hockte Phoolan Devi zusammengekauert an der Lehmwand
und weinte so hemmungslos, daß er erschrak. Er half ihr auf
und ließ sie wieder auf dem Bett sitzen. Dann fragte er, ob sie
etwas Tee wolle. Sie atmete tief durch, um die Beherrschung
wiederzufinden, und bat ihn um Wasser.

Schließlich sagte sie, die Augen starr auf den Lehmboden
gerichtet: »Vikram ist tot.«

Auch das war ein Schock für ihn. »Die Polizei?« fragte er,
aber sie schüttelte bloß den Kopf und brach wieder in Tränen
aus. Er wußte nicht, was er tun sollte, um ihren tiefen Schmerz
zu lindern, deshalb deckte er sie mit einer Decke zu, damit sie
nicht so zitterte. Sie brauchte lange, sagte er, um sich zu beruhigen und ihm zu erklären, was passiert war.

Über eine Woche lebte Phoolan Devi danach in der Hütte
ihres Cousins. Ihre Nerven waren vollkommen zerrüttet, und
beide schreckten bei jedem Geräusch auf. Mannu war sich der
Gefahr bewußt, in der sie schwebten. Noch wußte niemand im
Dorf, daß sie bei ihm war, aber früher oder später würde es
Probleme geben. Trotzdem versuchte er nach besten Kräften,
ihr das Gefühl zu geben, gut aufgehoben und in Sicherheit zu
sein. Er empfand Mitleid und Trauer, weil sie so viel durchgemacht hatte, und zermarterte sich das Gehirn, um einen Aus-
weg zu finden. Es war kein »sicheres« Dorf. Wenn die Polizei
ihre Suche verstärkte, würde sie Nagina höchstwahrscheinlich
auf ihre Liste setzen. Alles war nur eine Frage der Zeit. Die
Zeitungen hatten bereits über Vikrams Tod berichtet; Polizei-

beamte aus Uttar Pradesh hatten behauptet, daß sie ihn dank ihres Eifers und der Effizienz ihrer Aufklärungsarbeit eliminiert hätten.

Im Lauf der Jahre war Mannu mit verschiedenen *dacoit*-Banden in Berührung gekommen, hatte Botschaften überbracht oder gelegentlich Aufträge übernommen, um etwas Geld zu verdienen. Deshalb wußte er über die Rivalitäten und Allianzen in ihrer Welt Bescheid. Er wußte auch, mit wem Vikram Mallah Verbindung gehabt hatte, und schlug irgendwann vor, sich auf die Suche nach Mustaqueem zu machen, den Vikram damals aufgesucht hatte, um seine eigene Position zu festigen. Zuerst war Phoolan wenig begeistert, da ihr noch gut im Gedächtnis war, wie herablassend sie der moslemische Banditenführer behandelt hatte, aber schließlich erkannte sie, daß der Vorschlag ihres Cousins ihre einzige realistische Chance war. Schließlich *hatte* Vikram ein Abkommen mit Mustaqueem getroffen, auch wenn es nie umgesetzt worden war. Außerdem wußte sie nur zu genau, daß sie kaum eine andere Wahl hatte. Sie konnte nicht lange in Nagina bleiben und sich in der Hütte ihres Cousins verstecken, und sie konnte auch nicht in ihr Heimatdorf zurückkehren.

Eines Tages schloß Mannu sie in seiner Hütte ein und machte sich auf den Weg nach Kanpur, um herauszufinden, wo sich Baba Mustaqueems Bande gerade aufhielt. Spät in der Nacht kehrte er zurück, niedergeschlagen, weil er einem Kontaktmann viel Geld gegeben hatte, was, wie er fast augenblicklich gespürt hatte, ein Fehler gewesen war. Die Polizei war in großen Verbänden ausgerückt, und es schien unwahrscheinlich, daß der Mann Erfolg haben würde.

Sie warteten immer noch auf eine Nachricht von ihrem »Kontaktmann«, als Mannu eines Abends aufgeregt heimkam. Er hatte aus einer anderen Quelle erfahren, daß Mustaqueem in dieser Nacht im Dorf Galauli sein würde. Er würde im Morgengrauen wieder aufbrechen, deshalb müßten sie ihn in dieser Nacht treffen. Während Phoolan Devi sich hinsetzte, um ihr

Khakihemd zu flicken, das inzwischen zwar gewaschen, aber immer noch an vielen Stellen zerrissen war, traf Mannu alle nötigen Vorbereitungen. Ein paar Stunden später kehrte er in Hochstimmung zurück. Es war ihm gelungen, ein Boot zu mieten, das er selbst rudern würde; er hatte ein Gewehr von einem Freund geborgt unter dem Vorwand, er wolle am nächsten Morgen Flußenten schießen. Stolz überreichte er Phoolan die Waffe und sagte: »Leider haben wir keine Zeit, Munition aufzutreiben.« Sie zweifelte an dem Nutzen eines ungeladenen Gewehres, aber er behauptete, es würde Eindruck machen, immerhin besser als nichts. Phoolan Devi lachte zum ersten Mal seit vielen Tagen, dann legte sie ihr rotes Stirnband an und schlüpfte aus dem *lungi* und Hemd ihres Cousins in ihre reparierte Polizeiuniform.

Sie verließen das Dorf kurz nach Einbruch der Dunkelheit. Mannu ging durch die Dorfstraßen und über die Felder zum Fluß, während Phoolan einen Umweg durch die Schluchten machte. Mannu hatte ihr in Kanpur neue Turnschuhe gekauft. Unvermittelt fühlte sie sich optimistisch und fragte sich, wie sie sich wohl jemals für all die Liebe und Fürsorge, die er ihr erwiesen hatte, revanchieren sollte.

Am Fluß legte sie sich auf den Boden des Bootes, das eigentlich eher ein Dingi war und bei der leisesten Bewegungen grauenhaft zu schaukeln begann. Der Fluß hatte starke Strömung, und sie mußten dagegen an flußaufwärts fahren.

Als sie sich einige Stunden später ihrem Ziel näherten, ruderte Mannu das Boot auf die Sandbänke zu und tauschte die Ruder gegen eine Holzstange ein, mit der er sie um die Untiefen herum stakte. Zwei Rundhölzer im Sand zeigten an, daß sie an dem Punkt angelangt waren, der dem Dorf Galauli am nächsten war. Sie gingen ein Stück, dann sagte ihr Mannu, sie solle unter einem Baum warten, während er allein ins Dorf ging und prüfte, ob alles in Ordnung war. Zu seiner großen Erleichterung war das Dorf vollkommen ruhig, und der Junge, den er bezahlt hatte, hatte seine Botschaft überbracht. Mustaqeem würde mit ihnen sprechen und hatte zwei Männer zu dem Haus gesandt, das er als Kontaktadresse angegeben hatte, um sie dort zu erwarten.

Sie begleiteten Mannu lässig und freundlich zurück an den Dorfrand. Phoolan war nicht dort, wo er sie zurückgelassen hatte, doch nachdem er sie ein paarmal gerufen hatte, tauchte sie leise und geschmeidig wie ein Tier aus dem Schutz des Dickichts auf. Einer der Männer, die Mannu begleiteten, war Man Singh, ein wichtiger Mann in Mustaqueems Bande. Phoolan hatte ihn schon einmal gesehen. Sein Haar war immer noch genauso wirr und lang, doch diesmal war er gekleidet wie ein Dorfbewohner und trug sein Gewehr nachlässig über der Schulter. Den Jüngeren kannte sie dagegen nicht.

»Baba wartet auf dich«, sagte Man Singh ruhig und höflich und reichte ihr einen alten Baumwoll-*sari*. »Er glaubt, es ist sicherer, wenn du das hier trägst.«

Phoolan schlang den *sari* über ihre Polizeiuniform, bedeckte sich den Kopf und zog die Schuhe aus, die Mannu für sie trug. Dann nahm er ihr das Gewehr ab.

Sie kamen zu einem Ziegelhaus mit einer höher gelegenen, mit Dachziegeln gedeckten Lehmplattform. Auf einem Seilbett saßen zwei in der Dunkelheit kaum sichtbare, bewaffnete Wachtposten, die sich erhoben, als Man Singh mit den anderen näher kam. Sie traten vor, um Phoolan Devi zu begrüßen, und verbeugte sich, um ihre Füße zu berühren. »*Jai! Jai!*« sagten sie. »Phoolan Devi *ki jai*!« Mannu sagt, es hätte ihn stolz gemacht zu wissen, daß all seine Bemühungen und Ängste nicht vergebens gewesen waren; der respektvolle Empfang, den man seiner Cousine bereitete, übertraf seine Erwartungen bei weitem.

Drinnen erhellte eine Kerosinlampe einen Winkel des Hofes. Mustaqueem saß, umgeben von Leuten aus seiner Bande, auf einer breiten Strohmatte und rauchte eine *hookah*, die herumgereicht wurde. Alle außer dem Bandenführer erhoben sich, als sie hinter Man Singh eintraten. Mannu imponierte die extreme, schon fast zeremoniell wirkende Höflichkeit. Er überreichte

Phoolan Devi das Gewehr, während sie den *sari* ablegte, dann trat sie vor und berührte Baba Mustaqueems Füße. Er zeigte sich genauso höflich, indem er sie beide einlud, sich hinzusetzen, und trotz der späten Stunde Tee kommen ließ. Der ganze Haushalt schien noch wach zu sein, einschließlich der kleinen Kinder, die in dem Hof und auf der Straße herumrannten, als wäre es hellichter Tag.

Mustaqueem hatte von Vikram Mallahs Tod gehört, sagte aber, er kenne die Details nicht. Er bat Phoolan, ihm genau zu erzählen, was vorgefallen war. Während sie sprach, schwieg alles um sie herum. Obwohl die letzten Wochen eine seelische Tortur und eine Strapaze für ihr Gefühlsleben gewesen waren, gelang es ihr, die Geschichte ganz ruhig und ohne Tränen zu erzählen. Wahrscheinlich war ihr bewußt, wie wichtig es war, die Unterstützung dieser Männer zu gewinnen, die sie kaum kannte. Mannu sagt, es sei deutlich zu sehen gewesen, daß Mustaqueem von ihrer Würde und ihrer Selbstbeherrschung beeindruckt war; und daß ihn die Details ihrer Geschichte ebenso traurig stimmten wie die anderen. Um das Schweigen zu brechen, das ihrer Schilderung folgte, sagte Man Singh: »Vikram Mallah *ki jai*!« Andere wiederholten seine Worte im gleichen düsteren Tonfall oder gaben ihrem Mitgefühl und ihrer Solidarität auf andere Weise Ausdruck.

Mustaqueem sagte, er habe Vikram davor gewarnt, den Singh-Brüdern oder überhaupt einem Thakur zu vertrauen. Er hatte immer den Verdacht gehabt, daß vor allem Sri Ram als Informant von der Polizei in Uttar Pradesh bezahlt wurde. »Wie hätten die beiden bei so vielen Anklagen sonst auf Kaution freikommen können?« fragte er, als würde sich die Antwort von selbst verstehen. Phoolan Devi verschwieg ihnen, daß sie und Vikram das Geld aufgetrieben hatten. Sie redeten stundenlang, und er versicherte ihr, daß Vikrams Tod gerächt würde. Sie würden die Singh-Brüder aufstöbern und erschießen wie Hunde, die sie Mustaqueems Meinung nach auch waren.

Es würde ein Ratstreffen aller wichtigsten Gangs geben, die in der Gegend operierten, berichtete er ihr. Deshalb war er in Galauli. Auch Malkhan Singh würde kommen. Er habe Vikram Mallah geliebt wie einen jüngeren Bruder, so unbekümmert er auch gewesen sei. Aber andererseits war das Teil seines Charmes und der Grund für seine Beliebtheit gewesen. Mustaqueem war fast sicher, daß die anderen Banden ihre Vendetta unterstützen würden. Er würde jedenfalls alle Banden, auf die er Einfluß hatte, anweisen, Informationen über Sri Ram und Lala Ram zu sammeln. Sie würden nicht lange am Leben bleiben, versicherte er ihr.

Ermutigt durch Mustaqueems uneingeschränkte Unterstützung fragte Phoolan Devi, ob sie in seine Bande eintreten könne; sie konnte sonst nirgendwo hin. Aber er weigerte sich. Diese Regel war unumstößlich. Er würde keine Frau in seine Bande aufnehmen, auch wenn er ihr jede andere Unterstützung zukommen lassen würde, die sie brauchte.

»Such dir einen anderen Mann«, riet er ihr. »Gründe eine eigene Gang, Phoolan Devi, anders geht es nicht.«

Dann wandte er sich an Man Singh und befahl ihm, ihr ein bequemes Bett zu suchen. Er fragte Mannu, ob er ebenfalls bleiben wolle. Die Polizei, sagte er, suche ihn in einem anderen Bezirk. Galauli wäre ein paar Tage lang sicher, danach würde er dafür sorgen, daß Phoolan bei anderen Kontaktleuten bleiben konnte, die er in anderen Dörfern hatte. Ihm war klar, daß sie unter den gegebenen Umständen nicht nach Nagina zurückkehren konnte.

Mannu und Phoolan folgten Man Singh ins Haus, wo er zwei Frauen befahl: »Gebt ihnen zu essen und legt saubere Decken auf ihre Betten.« Bevor sie sich bei ihm bedanken konnten, kehrte er in den Hof zurück. Mannu mußte das Boot und das geliehene Gewehr zurückgeben, deshalb verschwand er, bald nachdem sie gegessen hatten. In ein oder zwei Tagen sei er zurück, erklärte er seiner Cousine und versicherte ihr, daß sie einen vielversprechenden Anfang gemacht habe. Er hatte das

Gefühl, daß Mustaqueem, wenn er sie besser kannte, vielleicht doch noch nachgeben und sie eine Zeitlang in seine Bande aufnehmen würde. Wie sich später herausstellte, schätzte er die Situation ganz richtig ein.

In ihrer 1983 aufgenommenen Aussage vor der Polizei sagt sie: »Nach drei Tagen hörte ich, daß der *dacoit* Balwan Vaghela und seine Gang in der Gegend um Kalpi seien, und ich beschloß, zu ihnen zu stoßen. Die Bande bestand aus acht oder neun Leuten. Nachdem ich neun Tage bei ihnen geblieben war, trafen wir auf Baba Mustaqueems Bande, die aus achtzehn bis zwanzig Leuten bestand, und ich schloß mich ihnen statt dessen an. In dieser Bande war ich ungefähr sechs Monate. Aber Mustaqueem sagte, daß ich nicht so weitermachen könne und daß ich mich an einen seiner Männer binden müsse. Einer der Männer, Man Singh, wurde überredet, mich aufzunehmen, und ich nahm ihn als meinen Ehemann an.«

Offenbar hatte Baba Mustaqueem ursprünglich vorgeschlagen, sie solle sich Balwan Vaghela anschließen, und darauf beharrt, daß er keine Frau in der Bande haben wollte. Balwan, sagte er, war sein Verbündeter und würde sie in seiner Bande aufnehmen, wenn Mustaqueem es ihm riet. Er hatte sie mit einer Eskorte nach Kalpi geschickt, wo sie Verbindung mit Balwan aufnehmen sollte, und ihr gesagt, daß sie sich wieder treffen würden, damit er sah, wie sich die Dinge entwickelten. Phoolan blieb nichts anderes übrig, als auf seinen Vorschlag einzugehen. Sie fühlte sich in der neuen Bande vollkommen fehl am Platz und wartete nervös darauf, daß die Männer Annäherungsversuche machen würden, was fast unausweichlich schien. Als sie Mustaqueem das nächste Mal traf, schilderte sie ihm ihre Ängste und flehte ihn an, sie mitzunehmen. Man Singh unterstützte sie, indem er seinen Anführer überzeugte, daß sie ihr das nach allem, was sie durchgemacht hatte, schuldig wären. Widerwillig hatte Mustaqueem nachgegeben.

In den folgenden Monaten wurde Man Singh ihr Freund und Verbündeter innerhalb der Bande; Mustaqueem dagegen – der ihren Mut und Kampfgeist und ihre Fertigkeiten am Gewehr bewunderte – behagte die Situation immer noch nicht, und so kamen langsam Spannungen auf. Mustaqueem erklärte ihr, daß es so nicht weitergehen könne.

Man Singh, der sich von Anfang an zu ihr hingezogen gefühlt hatte, schlug ihr in jener Zeit vor, eine eigene Bande zu bilden, in der sie beide gleichberechtigte Anführer wären. Anfangs hatte sie feindselig und immer noch der Erinnerung an Vikram Mallah verpflichtet erwidert: »Ich bin niemandes Spielzeug mehr.« Als sich Mustaqueems Ablehnung jedoch verstärkte, wurde Phoolan Devi klar, daß sie kaum eine andere Wahl hatte. Sie war auf Man Singh zugegangen und hatte sich für ihre erste Zurückweisung entschuldigt. Seit jenem Wortwechsel hatte er sich zurückgezogen, und sie hatte begonnen, seine Freundschaft zu vermissen. Sie merkte, wie dringend sie seine Unterstützung brauchte; außerdem war sie sich ihrer Verwundbarkeit zunehmend bewußt und fürchtete sich vor der Zukunft. Sie sagte, sie würde so mit ihm zusammenleben, wie er es wünschte, allerdings müsse er die Tatsache akzeptieren, daß sie nach allem, was ihr die Thakurs zugefügt hatten, Intimitäten mit einem Mann, wer er auch sei, unerträglich fand. Als ich sie fragte, wie er darauf reagiert habe, sagte sie, er hätte damals nur gelächelt.

Man Singh besprach die Idee mit Mustaqueem, der sofort darauf einging und ihm zusätzliche Männer anbot, mit denen sie beide ihre eigene, unabhängige Bande aufbauen konnten. Man kam überein, daß sich die beiden Banden zu gemeinsamen Operationen zusammenschließen sollten und die Beute gleichmäßig unter den Beteiligten aufgeteilt würde. Es gab eine ganze Reihe solcher unabhängiger Banden, die untereinander in Verbindung blieben, Informationen untereinander austauschten und letztlich der obersten Leitung Mustaqueems unterstanden.

Man Singh sprach zwei weitere Männer in der Bande an, Laltu und Jage, seine engsten Freunde. Mit Babas Segen wurde vereinbart, daß sie sich von den übrigen absondern und dabei vier Gewehre, Geld sowie genug Munition mitnehmen würden, um die »Phoolan Devi-Man Singh«-Bande zu gründen.

Es war im Oktober 1980. Die Regenfälle hatten aufgehört, und die Hitze war mörderisch. Vikram Mallah war gerade drei Monate tot, und sein Tod mußte immer noch gerächt werden. Phoolan Devi dachte kaum an etwas anderes. Bevor sie mit Man Singh wegging, wollte sie auf die Probe stellen, wie sehr sich Mustaqueem seinem Racheschwur verpflichtet fühlte. Sie wußte, über welche Macht er verfügte, und wollte herausfinden, wieviel ihre vereinten Kräfte wirklich bewirken würden. Aus diesen Überlegungen heraus näherte sie sich ihm eines Tages, als er allein im Halbschatten eines Dornenbusches saß.

»Ich erzählte Baba, daß in einem nahe gelegenen Dorf eine Frau lebte, die Sri Ram als seine Schwester betrachtete. Man hatte mich, an Händen und Füßen gefesselt, zu ihr geschleift, und sie hatte mich beleidigt. Ich fragte, ob er mich zu dem Dorf begleiten würde. Er willigte ein und wählte acht bis zehn Männer aus. Wir kamen mittags bei ihr an, ich erwischte sie und verabreichte ihr eine ordentliche Tracht Prügel. Ich sagte: ›Jetzt verrate mir, wo dein Freund, dein ›Bruder‹ ist! Ich weiß noch, wie du ihn ermuntert hast, mich zu schlagen – du hast ihnen sogar vorgeschlagen, daß sie mich umbringen sollen, soviel Angst hattest du vor dem, was ich später tun könnte! Was, glaubst du, soll ich mit dir tun? Ich lebe noch, wie du siehst, aber über dir hängt der Tod.‹ Dann schlug ich sie wieder. Sie schrie und weinte, berührte meine Füße und bettelte um Gnade. Sie hatte solche Angst, daß sie sich in die Hosen machte.

Wir brachten ihren Ehemann um. Bevor er starb, gestand er, daß er für Sri Ram Chloroform aus einem Polizeikrankenhaus besorgt hatte, jenes Chloroform, das Sri Ram in der Nacht benutzt hatte, als Vikram Mallah starb. Wir hinterließen eine Nachricht auf seiner Leiche: ›Alle Polizei-Informanten und Mittelsmänner werden so enden. Alle, die den Thakur-Hunden Sri Ram und Lala Ram helfen, werden genauso behandelt.‹

Wieder im Dschungel, schickten wir Nachricht an die anderen *dacoit*-Banden in der Gegend, sich zu versammeln. Innerhalb von zehn Tagen waren alle *dacoit*-Führer beisammen. Vijay, Balwan, Raghunath, Ram Avtar und Baba Mustaqueem – insgesamt waren es etwa hundert Männer, die zu fünf Banden gehörten. Baba erklärte ihnen, daß Man Singh und ich unsere eigene Bande bilden würden, und jeder Anführer malte ein *tilak* auf meine Stirn und sagte, daß er mich als Anführer meiner Leute anerkennen würde.

Das Bandenunwesen in der Gegend hatte so zugenommen, daß die Polizei überhaupt nicht mehr zu Rande zu kommen schien. Sie suchten pausenlos, Tag und Nacht nach uns, aber die Banden zerstreuten sich, um diesem Druck zu entkommen. Nur Babas Bande und unsere arbeiteten zusammen. Wir machten ein paar Entführungen und *dacoities* um Geld, das wir gleichmäßig unter unseren Leuten verteilten.«

KAPITEL 16

Rachepläne

Man Singh gehörte wie Phoolan Devi der Kaste der Sudras an und stammte aus einer Unterkaste von Melkern und Hirten. Sein gesellschaftlicher Status innerhalb der Dorfhierarchie entsprach dem eines Mallahs. In seiner Aussage vor der Polizei im Februar 1993 sagt er über sich selbst:

»Ich wurde in einem Dorf geboren. Ich interessierte mich nicht fürs Lernen und half nicht viel im Haus. Wir lebten vor allem vom Ackerbau, und dabei half ich. Mein Vater starb vor neun Jahren, aber meine Mutter ist noch am Leben. Mein Vater bestellte das Land, und ich habe noch drei Brüder, die ebenfalls Bauern sind. Sie haben sich auf Milchwirtschaft verlegt. Ich wurde für vogelfrei erklärt.

An einem Tag vor sieben Jahren kamen die *dacoits* Balwan Singh und Baba Mustaqueem ziemlich nahe an unser Haus heran. Balwan hatte einen Unterinspektor der Polizei getötet, aber die Polizei beschuldigte uns. Drei von uns, zwei meiner Brüder und ich, wurden in diesen Fall hineingezogen, so daß wir weglaufen mußten und uns schließlich der Bande von Baba Mustaqueem anschlossen. Damals bestand die Bande aus nur drei Mitgliedern; mit mir waren es vier. Zwei meiner Brüder wurden von der Polizei von Kalpi verhaftet und dann gegen Kaution entlassen. Der Fall ist immer noch nicht abgeschlossen. Später verhaftete die Polizei meinen Bruder in Verbindung mit einem anderen Fall. Er sitzt immer noch deswegen im Gefängnis. Meinen Bruder Baba, der auf Kaution entlassen wurde, brachte man unter einem Vorwand aus dem *thana* Kalpi. Man sagte ihm, er würde mich treffen, doch auf dem Weg wurde er bei einem ›Schußwechsel‹, wie sie es nannten, getötet. Ein anderer Mann, der damals bei ihm war, ein Chamar namens Ramsnehi, starb ebenfalls bei diesem angeblichen Schußwechsel. Diese Morde machten mich wütend, und um den Tod meines Bruders zu rächen, tötete ich drei Jahre später die Yadavs im Dorf Dhamra, weil sie unsere Feinde gewesen waren. Damals war ich noch in Baba Mustaqeems Bande. Ich brachte noch sieben Menschen um, alles Yadavs. An ihre Namen erinnere ich mich nicht mehr.«

Als Man Singh Phoolan Devi Ende 1980 begegnete und ihr anbot, mit ihm zusammen eine Gang zu gründen, hatte er wie die meisten anderen Bandenführer entdeckt, daß Entführungen gegen Lösegeld und Überfälle auf Lastautos, die über unbeleuchtete Hauptstraßen fuhren, die sicherste und einträglichste Geldquelle darstellten. Überfälle auf Dörfer wurden normalerweise als Racheakte gegen bestimmte Menschen oder eine festgelegte Kaste ausgeübt, nicht des finanziellen Gewinns wegen, obwohl sich bei jedem Überfall die Truhen der Bande mit Gold und Geld füllten.

Da ihn ihre Zielsicherheit beeindruckte, wählte Man Singh ein .303 Mauser-Gewehr für Phoolan aus. Er hatte gesehen, wie sie im Morgengrauen mit einem einzigen Schuß eine wilde Flußente erlegt hatte. Als Vegetarier aß er selbst kein Fleisch, aber er hatte nichts dagegen, wenn die anderen es genossen. Man Singh war ein ruhiger, in sich gekehrter Mensch, das Gegenteil von Vikram Mallah, und je mehr er sich zu Phoolan hingezogen fühlte, desto strikter hielt er sich zurück und behandelte sie wie seine Partnerin, nicht wie seine Frau.

All das war Phoolan neu. Man Singh und Baba Mustaqeem unterstützten nicht nur ihre Rachepläne, sie behandelten sie gleichwertig und ermutigten sie, Persönlichkeit zu entwickeln. Man Singh fragte sie regelmäßig nach ihrer Meinung, besprach seine Pläne mit ihr und diskutierte mit ihr, bevor er eine Entscheidung traf. Er vertraute ihrem Urteil, verließ sich aber auch auf seine Erfahrung. Sie arbeiteten gut zusammen. Sexuell drängte er ihr sich zu ihrer großen Überraschung nie auf. Andere Mitglieder betrachteten sie als zu ihm gehörig, obwohl er sie nie so behandelte. Auf diese Weise genoß sie eine Abgeschiedenheit, die sie nie zuvor erfahren hatte. Über die ersten Monate mit ihm erzählt sie im Gefängnis:

»Ich dachte einzig und allein an Rache. Wann immer wir hörten, daß die Singh-Brüder in einem bestimmten Dorf gesehen worden waren, griffen wir es an. Aber wir fanden sie nie, nicht einmal in den Dörfern, in denen sie sich angeblich versteckt hielten. Wir trugen ein Megaphon bei uns, und ich rief Sri Ram: ›Wenn du einen Bart im Gesicht trägst, wenn du ein Mann bist, dann komm heraus und töte mich im offenen Kampf. Ich bin bereit. Aber du erbärmlicher Verräter, du Thakur-Hund! Du kannst nur aus dem Hinterhalt schießen. Warum läufst du jetzt davon? Warum läßt du unschuldige Dorfbewohner für deine Sünden büßen?‹«

Ungefähr zu dieser Zeit waren Sondereinheiten der Polizei in die Gegend geschickt worden, da die örtlichen Kongreßabgeordneten und Politiker jeder Couleur »eine endgültige Lösung der *dacoit*-Bedrohung« forderten. In jedem Staat gab es einen Inspector General der Polizei (IG); ihm unterstanden eine Reihe von Deputy Inspector-Generals (DIG), die für Anti-Dacoit-Operationen zuständig waren. Bewaffnete Polizisten machten sich zu Tausenden auf die Suche – die Special Armed Forces (SAF) in Madhya Pradesh, die Provincial Armed Constabulary (PAC) in Uttar Pradesh und die Rajasthan Armed Constabulary (RAC) –, alle ausgerüstet mit automatischen Gewehren. Eine beträchtliche Armee, von der die Banden ständig auf Trab gehalten wurden. Dank der auf sie ausgesetzten Kopfgelder konnten sich die Anführer der Gangs nie sicher fühlen. Rivalisierende Bandenführer gaben der Polizei bisweilen Tips über die Operationen einer anderen Gang. Niemandem konnte man trauen. Aus Angst vor einer Vergiftung mußten Proviantlieferanten das gebrachte Essen vorkosten.

Auch der Polizei machten zwischenstaatliche Rivalitäten zu

schaffen. Jeder Staat behauptete, erfolgreicher zu sein als die anderen. Das Oberkommando der Polizei hatte lautstark von der Zentralregierung in Delhi mehr Mittel für zusätzliche Männer, eine bessere Ausbildung und ein auf bezahlten Informanten beruhendes, noch aufzubauendes Geheimdienstnetz gefordert. Solange man ihnen kein Geld anbot, neigten die Dorfbewohner zur Verschwiegenheit. Die Polizei klagte zudem über mangelnde Unterstützung oder zu große Einmischung der örtlichen Parteimitglieder, meist Mitgliedern der Gesetzgebenden Versammlung (*Members of Legislative Assembly – MLA*), die bekannterweise mit einzelnen *dacoit*-Banden unter einer Decke steckten und im Austausch gegen die Stimmen eines Dorfes ihre Kontaktleute deckten.

In diesem politischen Klima führten Phoolan Devi und Man Singh ihre Operationen durch, durch die sie stetig an Ansehen gewannen. Ihre Beziehung hatte sich vertieft, jetzt waren sie ein Liebespaar. Immer noch war sie besessen von dem Gedanken, Vikram Mallahs Tod zu rächen, wogegen Man Singh nichts einzuwenden hatte. Im Grunde bewunderte er ihre Loyalität dem toten Banditenanführer gegenüber. Er hatte Vikram nur flüchtig gekannt, aber viel von Mustaqueem über ihn gehört. Mustaqueem hatte Vikram Mallah als echten Freund, fast als »Sohn« betrachtet, obwohl er nur ein paar Monate älter als jener gewesen war. Man Singh versicherte Phoolan Devi all ihren Launen und Ausbrüchen zum Trotz, daß er die Singh-Brüder nicht vergessen hätte, daß sie aber auch Geld verdienen müßten, um die Männer bei Laune zu halten. In ein Dorf einzudringen, erklärte er ihr, um einen ihrer Verbindungsmänner zu töten, sei Zeitverschwendung, nutzlos und gefährlich. Die Männer würden ihre Vendetta nicht lange mittragen, wenn man immer wieder von ihnen verlangte, das Risiko einer Verhaftung oder des Todes einzugehen, ohne daß sie ein materieller Gewinn erwartete.

Phoolan sagte eines Tages mürrisch zu ihm: »Du denkst immer nur an das Geld und die Männer.«

»Das stimmt nicht«, erwiderte er.

»Also«, sagte sie, »dann muß Baijamau bestraft werden.« Baijamau war das Dorf, in dessen Nähe Vikram getötet worden war. Sie kannte es gut und wußte, wo die Thakurs wohnten, und sie kannte auch das Armenviertel, in dem die Menschen ihrer Kaste lebten.

Man Singh erklärte sich einverstanden, um seine Solidarität zu beweisen, fügte aber hinzu, daß sie danach etwas planen müßten, das ihnen Geld einbrächte. »Der Zorn allein bringt uns nirgendwohin«, meinte er zu ihr.

In einer Nacht im Dezember 1980 stürmten sie das Dorf und überfielen 90 Häuser, und Phoolan Devi kannte weder Mitleid noch Gnade. Sie schubste Männer und Frauen herum, stieß sie mit dem Gewehrkolben, drohte, ihre Kinder zu ermorden, nur weil es sie freute, die Angst in den Augen der Thakurs zu sehen. Den Rest des Dorfes rührten sie nicht an.

»Ihr Thakur-Schweine!« schrie sie, spie den Männern ins Gesicht und ohrfeigte die Frauen, die ihr im Weg standen. Sie wollte wissen, wo die Singh-Brüder steckten und wann sie zum letzten Mal im Dorf gewesen waren. »Ihretwegen sind wir hier«, erklärte sie. »Wenn sie jemals wieder hierherkommen, wenn ihr ihnen jemals wieder helft, dann werden wir eure Häuser in Schutt und Asche legen.« Als die Bande wieder abzog, beladen mit Geld, Silber- und Goldschmuck, nahm sie Man Singh das Megaphon weg und schrie in die Nacht: »Vergeßt nicht, ihr Thakur-Schweine, mit Phoolan Devi ist nicht zu spaßen. Vikram Mallah *ki jai*!«

Der Vorfall rief die Presse auf den Plan, und in diversen Zeitungsartikeln wurde Phoolan Devi zu den meistgesuchten Banditen gezählt. Noch nie war die mächtige herrschende Thakur-Kaste derart herausgefordert worden. Bis Anfang der siebziger Jahre hatten die meisten *dacoit*-Banden aus Männern der oberen Kasten bestanden, die Menschen aus ihrer Kaste bis zu einem gewissen Grad schützten, doch nun schien sich das zu ändern. Es war ein Prozeß, der das politische Leben Indiens während der ganzen achtziger Jahre bis in die neunziger beherrschen sollte. Plötzlich wurde den Angehörigen der unteren Kasten bewußt, wieviel Macht sie im Grunde besaßen und wie viele grundlegende Veränderungen in allen Bereichen der Gesellschaft sie fordern konnten.

Nach der Attacke auf die Thakurs von Baijamu beschlossen Phoolan Devi und Man Singh, ihr Lager in der Nähe des Dorfes Sindaus aufzuschlagen.

Ein Reporter des *Onlooker*, einer indischen politischen Zeitschrift, besuchte später das Dorf und schrieb anschließend: »Sindaus ist für seine Verbindungen zu Phoolan Devi bekannt. Es liegt in einem *Gujar-Ahir-Mallah*-Gebiet, dessen Kastenmischung genau der Zusammensetzung von Phoolans Bande entspricht. Da Diwan Gujar, Man Singh und Phoolan selbst *Gujar, Ahir* beziehungsweise *Mallah* sind, genießt die Bande nicht nur die Sympathie der ganzen Gegend, sondern findet dort auch Unterschlupf, wenn es nötig wird.«

Phoolan hatte viele Verbindungen nach Sindaus, die noch aus ihrer Zeit mit Vikram Mallah stammten. Sein Tod hatte ihr große Sympathien eingebracht, ihr Vergeltungsakt Bewunderung, darum waren sie und Man Singh dort immer willkommen. Sie fanden dort »sichere« Häuser, in denen sie sich verstecken konnten, bekamen zu essen und alles Notwendige. Da Man Singh wußte, in welcher Gefahr sie schwebten, bestand er darauf, daß die Bande im umliegenden Dschungel nächtigte; die Dorfbewohner versorgten sie mit ihren besten Betten und zwei vorzüglichen warmen Mahlzeiten am Tag. Phoolan erzählte mir, damals hätte sie sich *wirklich* als Königin gefühlt. »Sie brachten uns sogar Moskitonetze!« sagte sie mit strahlenden Augen wie ein Kind.

Später sollten sie sich bei Sindaus ein Gefecht mit der Polizei von Uttar Pradesh liefern, aber in den Wochen nach dem Angriff auf Baijamau blieb Phoolan Devi unentdeckt und lebte voller Muße, was großen Eindruck auf die anderen Mitglieder der Bande machte. Sie lagerten unter einem riesigen *banyan-*

Baum, der für heilig gehalten wird. Die Dorfbewohner opferten im Vorbeigehen dem Baum, und Reiskörner, Kokosnußschalen und schwache Spuren von gelber und zinnoberroter Farbe erinnerten an dieses Ritual. Man Singh hielt den Baum für glücksbringend, denn was Bäume betraf, hing er dem Volksglauben an, den Major-General Sir William Sleeman in seinen Memoiren, *Rambles and Recollections of an Indian Official* schilderte:

> Der *peepul*-Baum (*Ficus Indicus*) ist den Göttern überall heilig, die zwischen seinen Blättern sitzen und der Musik ihres Raschelns lauschen sollen. Der Gläubige nimmt ein Blatt in die Hand und ruft den über ihm sitzenden Gott an, ihn oder seine Lieben ebenso zu zerquetschen, wie er das Blatt in seiner Hand zerquetscht, sollte er etwas anderes als die Wahrheit sagen; dann pflückt und zerquetscht er das Blatt und macht seine Aussage.
>
> Der große Baumwollbaum ist unter den wilden Stämmen Indiens der Lieblingssitz noch schrecklicherer Götter, da ihre Zuständigkeit sich ausschließlich auf die Umgebung beschränkt; und da ihre Aufmerksamkeit weniger beansprucht wird, können sie das Verhalten der Menschen um sie herum viel genauer verfolgen. Der *peepul*-Baum wird von irgendeinem Gott aus der Hindu-Triade bewohnt, dem Gott der Schöpfung, der Bewahrung oder der Zerstörung, die sich um die Geschäfte des Universums kümmern müssen; der Baumwoll- und andere Bäume dagegen werden von irgendwelchen niederen Gottheiten besetzt, denen lediglich die Aufsicht über die Geschäfte eines Bezirks oder gar eines einzigen Dorfes obliegt.

In Fußnoten fügt Sleeman hinzu:

> Die heiligen Bäume und Pflanzen Indiens sind kaum zu zählen... Fast jedes Dorf und jeder Weiler hat seinen Orts-

geist, normalerweise bei dem Grab eines kinderlosen Mannes oder eines Menschen, dessen Bestattungsriten aus irgendeinem Grund nicht vollzogen wurden. In der ausdrucksreichen Sprache des einfachen Volkes »hat er kein Wasser«. Die Frommen opfern zweimal im Jahr an seinem Zenotaph und besänftigen seinen Geist mit Wasserspenden, die seinen Durst in der Unterwelt stillen sollen. Die uralte Schlangenverehrung lebt heute noch in der Ehrfurcht weiter, die traditionellen Dorfschlangen entgegengebracht wird. Manche der Ortsgeister sind wohltätig. Manche sind lediglich boshaft wie Klabautermänner, melken die Kühe, lassen die Milch sauer werden oder ziehen die Menschen am Haar, wenn sie nachts an bestimmten, bekanntermaßen unheimlichen Orten herumwandern. Einen gefährlichen Dämon kann man nachts im Rascheln der trockenen Blätter des Dattelbaums im Wind hören; und in manchen Bäumen spukt ein Vampir, der einen hinaufzieht und verspeist, wenn man in der Dunkelheit zu nahe vorbeigeht.

In jenem Lager nahe dem Dorf Sindaus erzählte Phoolan Devi, berauscht von ihrem Erfolg, Man Singh, sie habe noch eine Idee, zu der sie allerdings Baba Mustaqeems Unterstützung brauchten. Nachdem sie Sindaus verlassen hatten, wanderte die Bande ostwärts, um seine Gang zu suchen. Inzwischen hatten Phoolan und Man Singh neue Männer rekrutiert. Innerhalb weniger Tage trafen sich die beiden Banden und feierten ihre vorübergehende Wiedervereinigung. Phoolan Devi beschreibt dieses Ereignis in ihrem Tagebuch:

»Ich fragte Baba Mustaqeem, ob er nach Jangamajpur mitkommen würde. Er hielt mich für verrückt; dort war eine Polizeitruppe stationiert, und wir kannten den Ort nicht. Ich sagte, wir trügen ebenfalls Polizei-Uniformen und könnten das zu unserem Vorteil nutzen. Ich sagte, wir sollten das tun, was die Polizei keinesfalls von uns erwartete. Dort würden sie nicht nach uns suchen, sondern in den Schluchten und im Dschungel.

Nach einiger Überredung ließ sich Baba schließlich überzeugen, am hellichten Tag eine *dacoity* zu begehen. Wir machten uns kurz nach ein Uhr mittags auf den Weg und erreichten die Stadt eine Stunde später. Niemand erkannte uns. Wir schickten zehn Mann zum Polizei-*thana*, die übrigen betraten die Stadt.«

Auf dem Stadtplatz war viel los, und niemand kümmerte sich um die »Polizeipatrouille« von ungefähr fünfzig Mann in staubigen Uniformen, die in doppelter Reihe und mit geschultertem Gewehr einrückte. Die Männer sahen aus, als kämen sie von einer Routineübung zurück. Phoolan Devi hatte ihr kurzes Haar unter eine Polizeikappe gesteckt und sich unter die übrigen gemischt.

Sobald sie mitten auf dem Platz angekommen waren, wo ein paar Bänke unter einem Baum standen, hob Mustaqeem ein Megaphon hoch und verkündete: »Wer ruhig bleibt, dem geschieht nichts. Wir sind Freunde der Armen. Die Reichen werden für die Taten der Polizistenhunde bezahlen, die sie beschützen und die Unschuldigen verfolgen.« Die Leute liefen in alle Richtungen davon, verkrochen sich in den Seitenstraßen und in dem Labyrinth der Bazare dahinter. Männer aus der Gang begannen, Geiseln zusammenzutreiben, meist wohlhabend aussehende Bauern, denen man an der Kleidung ansah, daß es sich wahrscheinlich um Thakurs handelte. Die Bande fesselte acht oder zehn zusammen, warf sie auf einen Haufen neben die Bänke und ließ zwei Wachtposten zurück, die auf sie aufpassen sollten. Falls das Kommando, das man zum *thana* geschickt hatte, die Polizei nicht kontrollieren konnte und diese auf dem Platz auftauchte, würde man die Polizisten mit Hilfe der Geiseln in Schach halten.

Dann wandte sich Mustaqeem an die entsetzten Ladenbesitzer. »Jeder, der Widerstand leistet, wird erschossen. Wer versucht, sein Gitter herunterzulassen, dessen Laden wird niedergebrannt. Keiner rührt sich vom Fleck. Bleibt, wo ihr seid, wenn euch euer Leben lieb ist.« Zur selben Zeit plünderten

Mitglieder der Bande einen Schnapsladen und verteilten Flaschen mit Rum, Whisky, Gin und allem, was sie in die Hände bekamen, an eine wachsende Schar junger Männer, die ihnen unerschrocken zuschauten und nach dem Beutegut angelten. Das Geld aus den Kassen wurde in Leinensäcke gefüllt. Auch Getreidehändler, Stoffhändler und Juweliere nahm man sich vor. Man Singh riß einen Sack Reis auf und ermunterte die Menschen, sich zu bedienen. Phoolan betrat den Laden eines Juweliers und schaufelte Hände voll Goldketten, Ringen, Armreifen und anderem Schmuck in ihre Stofftasche, während sie mit der Waffe auf den entsetzten Besitzer zielte. Währenddessen stand die Polizeiwache unter Belagerung. Eine Handvoll Beamter war eingeschlossen.

Phoolan schildert: »Ich war so aufgeregt. Mit vier Männern aus der Bande rannte ich hin und her. Ich genoß es wahnsinnig. Um sechs Uhr abends hatten wir den ganzen Bazar geplündert und hielten elf Geiseln in unserer Hand. Als wir abzogen, nahm ich Baba das Megaphon weg und verkündete: ›Wir sind die Freunde der Armen und die erbitterten Feinde der Reichen. Vikram Mallah *ki jai*!‹

Baba und ich verteilten viel Geld an jenem Tag. Eintausend Rupien hier, zweitausend dort. Dann trat ein kleines Mädchen von ungefähr elf Jahren vor mich und warf sich mir zu Füßen. Ich fragte sie, ob sie wüßte, wer ich war. Ich sagte: ›Hast du keine Angst?‹ Sie antwortete: ›Ich weiß, daß Sie Phoolan Devi sind. Ich habe auch fünf Geschwister, und meine Eltern sind sehr arm. Können Sie uns nicht helfen? Sie haben so vielen soviel gegeben, bitte geben Sie mir auch etwas!‹ Ich nahm eine Goldkette von meinem Hals und einen goldenen Armreif von meinem Handgelenk und gab ihr beides. Sie dankte mir, segnete mich und sagte, sie würde beten, daß mir nichts zustoßen und ich lange leben sollte. Baba Mustaqueem gab ihr tausend Rupien, und andere folgten seinem Beispiel. Das Mädchen hatte den Schoß voller Geld!

Sobald wir abzogen, nahm die Polizei die Verfolgung auf und

begann zu schießen. Wir gingen in Deckung und lieferte uns etwa eine Stunde lang eine Schlacht. Kein einziger aus unserer Bande wurde verletzt, und wir erreichten den Fluß ohne Verluste.

Die Regierung hatte eine Belohnung von 50 000 Rupien auf meinen Kopf ausgesetzt, tot oder lebendig. Baba Mustaqueem schlug vor, daß sich die beiden Banden trennen sollten, denn wir waren zu viele, um uns gemeinsam zu verstecken, und die Polizei verfolgte uns unnachgiebig. Damit war ich einverstanden und wählte unsere Mitglieder aus. Ich bekam 20 von insgesamt 50 Männern. Jetzt waren wir insgesamt 21, und Baba ging in Richtung Osten, während wir uns westwärts wandten.

Innerhalb von fünfzehn Tagen hatten wir die nächste *dacoity* begangen. Es war nicht leicht, denn die Polizei war überall. Trotzdem konnten wir aus diesem Dorf, es war Gauri im Bezirk Kanpur, entkommen.«

In den folgenden Monaten konzentrierte sich die »Phoolan Devi-Man Singh«-Gang darauf, Geld zu machen, um die laufenden Kosten zu decken, Unterstützer und Informanten bezahlen zu können, die ihnen halfen, durch das Netz der Polizei zu schlüpfen, oder Munition, Schuhe und Uniformen auf dem schwarzen Markt zu kaufen. Sie raubten Thakur-Dörfer aus oder plünderten nachts auf den Hauptstraßen am Rande der Schluchten Last- und Lieferwagen. Man konnte die Lastwagen aufhalten, indem man die Reifen zerschoß. Manchmal verkleideten sie sich auch als Polizisten und winkten die Laster an den Straßenrand. Die Fahrer hielten immer an; denn sie wußten, daß sie ein Kugelhagel erwartete, wenn sie in diesem Landstrich eine Polizeiabsperrung durchbrachen. Die Polizei in Uttar Pradesh war berüchtigt dafür, daß sie bei der Durchsetzung von Recht und Ordnung nicht gerade zimperlich mit der Bevölkerung umging. Oft, erzählte mir Phoolan, waren die Fahrer erleichtert, wenn sie feststellten, daß es sich nur um eine *dacoit*-Bande handelte, die sie um ihr Geld und ihre Ladung erleichterte – die ihnen sowieso nicht gehörte – und die sie unverletzt ließ. Manche baten sogar darum, gefesselt zu werden, damit ihre Arbeitgeber sie nicht zur Verantwortung zogen.

Sie hatten ihr Lager nahe einem befreundeten Dorf im Bezirk Etawah in Uttar Pradesh aufgeschlagen, als sie wichtige Neuigkeiten erfuhren. Ein kleiner Junge aus dem Dorf hatte ihnen eines Morgens Milch und eine Nachricht von seinem Onkel überbracht. Sri Ram und Lala Ram sollten im Dorf Behmai an einer Hochzeit teilnehmen. Gerüchten zufolge hatte Sri Ram die Mitgift des Mädchens bezahlt und wäre der Ehrengast. Man Singh meinte, es sei an der Zeit, sich wieder mit Baba Mustaqeem in Verbindung zu setzen.

KAPITEL 17

Das Massaker von Behmai

Behmai, ein abgelegener, fast abgeschnittener Ort, beinahe unsichtbar in den Schluchten gelegen, hatte höchstens vierhundert Einwohner. Damals gab es keine offensichtliche Verbindung zwischen Phoolan Devi und diesem weltvergessenen, von Thakurs dominierten Dorf. Der Name des Dorfes tauchte auf keiner Polizeiliste auf. Es war so unzugänglich, daß nur wenige je davon gehört haten. Erst nach jenem Ereignis wurde nach Verbindungen gesucht, die beweisen sollten, daß Phoolan Devi in die Geschehnisse verwickelt war.

Die Presseberichte über das »Massaker von Behmai« weichen voneinander ab; Fakten werden mit Fiktionen und Phantasien gewürzt. Einige Details stehen allerdings außer Zweifel. Am 14. Februar 1981 wurden zweiundzwanzig Thakur-Männer aus dem Dorf kaltblütig und aus allernächster Nähe niedergeschossen. Zwanzig davon starben, zwei überlebten. Sie hatten sich in einer Reihe am Ufer der Yamuna hinknien müssen, dann schoß man sie in den Rücken. Der Gewehrdonner hallte durch das Dorf, wo ihre Mütter, Frauen und Kinder in den Türen kauerten. Sri Ram und Lala Ram waren nicht unter den Getöteten.

Nach ihrer Kapitulation sagte Phoolan Devi vor der Polizei aus, sie sei nicht dabeigewesen, sondern hätte mit einigen Männern aus ihrer Bande am Ufer des Flusses Betwa Wache gehalten. Sie fügte hinzu: »Ein paar von den Leuten aus der Gang, die in Behmai gewesen waren, hat man bei ihrer Verhaftung gefragt, ob Phoolan in dieses Massaker verwickelt war, und sie haben gesagt, daß ich damals nicht bei ihnen war.« Als Police

Inspector R. N. Gupta, der damals mit der Anti-*dacoit*-Einheit der CID in Bhind stationiert war, diese Aussage am 20. Februar 1983 aufzeichnete, fügte er eine Notiz am Ende an: »Phoolan Devi hat jede Beteiligung am Massaker von Behmai abgestritten, ihr Begleiter, Man Singh, hat seine Beteiligung dagegen in seiner Aussage zugegeben.«

Man Singh hatte vor demselben Beamten am 12. Februar 1983 ausgesagt: »Vikram Mallah, mit dem Phoolan über ein Jahr zusammengelebt hatte, wurde in Behmai von Thakurs ermordet. Damals war Ram Avtars Gang auch bei uns. Diese Bande bestand aus neunzehn Männern, und sieben meiner Männer waren bei ihnen. Im Dorf fand eine *panchayat* statt. Dieses Dorf hatte Sri Ram und Lala Ram immer wieder Unterschlupf geboten. Bei dem Angriff töteten wir achtzehn oder neunzehn Thakurs. Ich entkam in die Dschungel von Hamirpur.«

Das Massaker erregte großes Aufsehen im Land. Die Thakurs in Uttar Pradesh, die als reiche Bauern die Wählerstimmen der Landbevölkerung im ganzen Staat kontrollieren, waren außer sich. Die Premierministerin Indira Gandhi konnte ihre Proteste unmöglich ignorieren. Unzählige Artikel und Kommentare erschienen in der indischen und internationalen Presse; Phoolan Devi wurde mit legendären Banditen und Rebellen aus aller Welt verglichen. Der amerikanische Journalist Jon Bradshaw beschrieb sie in einem Artikel im *Esquire* als »Kreuzung zwischen Angela Davis und Jesse James«. In einem anderen Bericht wurde darauf hingewiesen, daß das Gemetzel von Behmai am gleichen Tag stattgefunden hatte wie das berüchtigte St.-Valentinstag-Massaker, das Al Capone 1929 in Chicago veranstaltet hatte. Journalisten eilten an den Tatort, und in der indischen Presse erschienen Schlagzeilen wie: »Bewohner von Behmai fordern Phoolans Kopf«, »Dorfbewohner leiden unter Erinnerung an das Massaker«, »*Dacoit*-Königin nimmt Rache«, »Der Haß auf die Thakurs machte sie zur *dacoit*« ... Der Autor eines Artikels, K. Vikram Rao, reiste nach

Behmai und veröffentlichte seinen Bericht am 17. Februar 1983. Er wurde von der führenden englischsprachigen Zeitung des Landes, der *Times of India* veröffentlicht. Ich gebe ihn hier vollständig wieder, da Rao als erster Journalist Behmai erreichte und mit den Überlebenden sprach:

Große Kontingente der PAC (Provincial Armed Constabulary) sind in diesem Bereich bereits an verschiedenen Stellen postiert.

Mr. Ram Krishna, der Bezirksmagistrat von Kanpur, erklärte gestern abend dem Korrespondenten gegenüber, er fürchte einen Gegenschlag der rivalisierenden *dacoit*-Bande unter der Führung Sri Ram Singhs. Er hat bereits Verstärkung von der Staatsregierung angefordert, um den Landstrich zu durchkämmen.

Er sicherte den Hinterbliebenen der Opfer eine Summe von 1000 Rupien für jeden Toten und 500 Rupien für jeden Verwundeten zu. Der Staatsminister, Mr. Shivnath Kushwaha, besichtigte das Dorf am Sonntag. Die Dorfbewohner hatten gestern den Verkehr im Weiler Rajpur lahmgelegt und gefordert, daß der Chief Minister Mr. Vishwanath Pratap Singh kommen sollte, um ihre Klage anzuhören. Der Bezirksmagistrat und der Polizei-Superintendent konnten sie jedoch dazu bewegen, die Blockade aufzuheben.

Das Dörfchen in den Schluchten der Yamuna wirkt bis auf die bewaffneten Polizisten vollkommen verlassen. Allerdings weckt diese Maßnahme kaum die gewünschte Zuversicht bei den Dorfbewohnern, da die *dacoits*, die am Samstag zuschlugen, ebenfalls in Khaki gekleidet waren und sich als Teil der Polizeikräfte ausgaben.

Die Dorfbewohner berichteten unter Tränen, wie die Desperados bei hellem Tageslicht über das Dorf herfielen. Tulsirams Witwe vermochte kaum zu sprechen. Ihre Nachbarn erklärten, sein Leib sei von Kugeln durchsiebt gewesen. Tulsirams zwei kleine Söhne fielen ebenfalls der brutalen Räuberbande zum Opfer. Die Familie, die 50 *bighas* Ackerland besitzt, besteht nun nur noch aus vier kleinen Mädchen und einer trauernden Witwe.

Dieser Staat war nie zuvor Zeuge eines solchen Massenmordes und einer derartigen *dacoity*. Polizeibeamte erinnern sich an einen grauenvollen Vorfall in den fünfziger Jahren, als *Thakur* Hargovind Singh Innenminister war. Damals hatte ein *dacoit* namens Mahabir bei einem einzigen Überfall im Dorf Sakeet im Bezirk Etah 16 Dorfbewohner niedergeschossen. Einer der Überlebenden des Angriffs, Mr. Krishna Swarup, der sich zur Zeit im Krankenhaus von Kanpur erholt, gab eine plastische Schilderung des grauenvollen Geschehens.

Die in Khakijeans gekleidete Banditenkönigin Phoolan Devi hatte die Dorfbewohner über Lautsprecher aufgefordert, aus ihren Häusern zu kommen und sich an einem bestimmten Punkt zu versammeln. Sie versprach Mr. Krishna Swarup, daß sie jede Familie auslöschen würden, die dem Anführer der rivalisierenden Banden, Sri Ram Singh, etwas zu essen angeboten hatte.

Sri Ram Singh hatte, wie berichtet, im August letzten Jahres den *dacoit* Vikram, Phoolan Devis Geliebten, erschossen. Die Feindschaft zwischen Phoolan Devi und Sri Ram Singh läßt sich auch auf ihre unterschiedlichen Kasten zurückführen.

ANTI-*DACOIT*-EINHEIT

Wenige Stunden nach dem kaltblütigen Mord an zwanzig Menschen entkam die Bande der Banditenkönigin Phoolan Devi knapp der Anti-*dacoit*-Einheit. Entweder hatte die Bande Glück, oder der Polizei-Einsatz war mangelhaft geplant.

Den Trauernden steht immer noch das Entsetzen im Gesicht. Beim Gang durch das Dorf konnte man brennende Tonlampen sehen und gemeinschaftliche Gebete für die Getöteten hören. Die Liste der Opfer liest sich grausig.

Die junge Witwe des achtzehnjährigen Lal Singh hatte noch

nicht einmal das Gesicht ihres Mannes gesehen, da ihre *gauna* noch nicht stattgefunden hatte. Die beiden hatten im Juni geheiratet, und nach der Erntezeit sollte sie in sein Haus ziehen. Der junge Thakur wurde von der Bande am Ufer der Yamuna niedergeschossen. In einem anderen Haus trauert eine Witwe um ihren Ehemann Tuli Ram und um zwei junge Söhne. Sohan Singh, ein Invalide, fragte weinend, warum Phoolan Devi ihn verschont hatte. »Einen verkrüppelten Mann zu erschießen ist unehrenhaft«, hatte die Banditenkönigin einem Augenzeugen zufolge bemerkt, wobei sie ihn mit dem Kolben ihres Gewehres gestoßen hatte. Sohans Bruder Banwari Singh wurde dagegen mitgenommen und erschossen.

KEINE GNADE

Ein Dorfbewohner namens Ram Avdhar Singh, der vor Phoolan Devi auf die Knie fiel und um Gnade bettelte, wurde zusammen mit anderen in die Schluchten gebracht und dort mit mehreren Schüssen getötet.

Noch 72 Stunden nach den Morden ist der Boden nahe den Schluchten an der Yamuna blutgetränkt. Die Polizei hat den Tatort mit dornigen *babool*-Büschen abgedeckt.

Phoolan Devi befahl den Geiseln, sich mit dem Rücken an eine Lehmwand zu setzen. Dann befahl sie ihren Männern zu feuern. Innerhalb weniger Minuten starben zwanzig Menschen. Vier weitere wurden, da sie Schußwunden aufwiesen, für tot gehalten. Dies sind die einzigen Zeugen des Verbrechens.

Mit großen Demonstrationen wurde in der nahegelegenen Stadt Oraiyya dagegen protestiert, daß die Polizei 24 Stunden lang nichts unternahm. Die Collegestudenten aus Oraiyya legten in einem Blitzstreik den Verkehr auf der Hauptstraße lahm. Sie verlangten, daß die Armee statt der Polizei die Suche nach den *dacoits* übernehmen solle.

»Die Polizei sucht jetzt schon fünf Jahre lang nach den

dacoits, und in den letzten 72 Stunden haben sie sie immer noch nicht gefunden«, bemerkte ein Student. Die Märkte blieben gestern aus Protest geschlossen. Selbst Volkszähler schrecken davor zurück, die Dörfer im Landesinneren zu besuchen.

Der Inspector General der Polizei, Mr. Mahendra Singh, versicherte während eines Besuches in dem betroffenen Gebiet gestern abend dem Korrespondenten, daß zusätzliche Kräfte zusammengezogen worden seien. »Ich gehe auch den Klagen einiger Dorfbewohner nach, gemäß denen die PAC-*jawans* sich geweigert hätten, ihr Volleyballspiel zu unterbrechen und jene zu begleiten, die auf einem Fahrrad Hilfe holen wollten.«

Phoolan Devi reagierte unterschiedlich: Offenbar ließ sie sich von ihren Gefühlen dem Interviewer gegenüber leiten. Die *Illustrated Weekly of India*, die zum *Times-of-India*-Konsortium gehört, veröffentlichte einen Auszug aus einem 1984 erschienenen Buch (*Devi*, von Richard Shears und Isobelle Gidly), in dem ihre damalige Reaktion geschildert wird:

Frage: Warum brachten Sie Ihre Bande nach Behmai?
Antwort: Was soll ich dazu sagen? Was kann ich sagen? Wir mußten rächen, was Lala Ram und Sri Ram getan hatten. Denn viele Tage, nachdem sie Vikram getötet hatten, machten sie *mazak* mit mir (machten sich über mich lustig).
Frage: Was halten Sie von den Thakurs von Behmai?
Antwort: Es sind Hunde. Dreckige Hunde. Mehr sage ich nicht.

Im *Indian Express*, der zweiten englischsprachigen Zeitung neben der *Times of India*, berichtet Chand Joshi (in seinem Artikel »Phoolan – nur noch ein Häufchen Elend« am 6. März 1983), daß Phoolan auf die Frage nach ihrer Rolle in Behmai geantwortet hätte:

An diesem Tag war ich nicht an diesem Ort, dafür ist Gott mein Zeuge. Niemals würde ich ein Dorf angreifen, in dem meine angeblichen Feinde nicht wirklich sind. Ich habe mit eigenen Händen in meinem ganzen Leben nur einen Mann getötet, und den Namen werde ich Ihnen nicht verraten. Ich war auf der anderen Seite des Dorfes, als das Massaker stattfand.«

Für den *Indian Express* verfolgte ein Journalist die Geschichte, der seit einigen Jahren Korrespondent der Zeitung in Madhya Pradesh war und das Terrain kannte. In bezug auf die Zeit nach Vikram Mallahs Tod fragte er Phoolan Devi:

Frage: Was geschah mit Ihnen?
Antwort: Ich wurde nach Simra gebracht. Es liegt im Bezirk Jalaun in Uttar Pradesh.
Frage: Wurden Sie nach Behmai oder Simra gebracht?
Antwort: Ich wurde nicht nach Behmai gebracht. Dort war ich nicht.
Frage: Wer war dann für Behmai verantwortlich?
Antwort: (Pause) Vier andere Gangs waren dort – Ram Avtar, Raghunath und Rampal.

Sunday, ein populäres Monatsmagazin, das damals von M. J. Akbar herausgegeben wurde, veröffentlichte in der Ausgabe vom 15. März 1981 eine Titelgeschichte über Phoolan Devi. Der Artikel unter der Überschrift »Phoolan Devi: Königin der Dacoits« begann mit folgendem Einleitungstext:

Sie trägt Jeans. Sie hat ein leichtes Maschinengewehr, das sie äußerst zielsicher und ohne Gnade einsetzt. Sie stammt aus einer niedrigen Kaste, und sie haßt die angesehenen Thakurs, die sie und ihresgleichen unterdrücken. Sie wurde entführt und von zwei Thakur-Anführern immer wieder vergewaltigt, die ihren Geliebten ermordet hatten, um sie in die Hand zu bekommen. Sie wurde zur *dacoit*, weil ihr Ehemann sie abgewiesen und die Gesellschaft sie verstoßen hatte. Heute ist sie die mächtigste und meistgesuchte *dacoit* in Uttar Pradesh. Und sie will sich rächen – an den Thakurs und an der Gesellschaft.

Am 14. Februar führte sie ihre Bande von niedrigkastigen *dacoits* in das Thakur-Dorf Behmai in Uttar Pradesh und erschoß alle, die bei ihrer Entführung und Vergewaltigung mitgemacht hatten. Und mit dem stolzen Lachen einer Frau, die Rache genommen und die Polizei an der Nase herumgeführt hat, verschwand sie. Die Polizei in Uttar Pradesh hat eine Treibjagd auf sie organisiert, doch bis zum Verfassen dieses Artikels gab es nur ein einziges Opfer – den Chef der Polizei in Uttar Pradesh, Mahendra Singh. Er wurde abgesetzt, da es ihm nicht gelungen war, Phoolan Devi zu fangen. Shubhabrata Battacharya wagte sich in die einsamen Schluchten zwischen dem Ganga und der Yamuna, wo Phoolan Devi operiert, um dieser faszinierenden Geschichte nachzugehen:

In seinem Artikel schreibt Shubhabrata Battacharya:

14. Februar 1981: Die Bewohner Behmais sehen Phoolan nach fünf Monaten wieder. Doch es ist nicht mehr die hilflose Phoolan, die sie im August kennengelernt hatten. Diesmal trägt Phoolan eine Polizeiuniform, und bei ihr sind zwanzig bewaffnete Männer aus den Gangs von Ram Avtar Mallah, Balwan Gadaria, Man Singh Yadav, Raghunath Mallah und »Baba« Mustaqueem, dem obersten Führer all dieser Banden (Mustaqueem selbst war nicht dabei).

Weiter unten im Artikel schreibt er:

Die Beschreibung, die der Polizei zur Verfügung steht, lautet wie folgt: Phoolan hat einen blassen Teint, ein rundes Gesicht mit Pickelnarben, ist mittelgroß und stark gebaut, hat männliche Hände und Füße und »durchschnittliche« Augen, Nasen und Ohren. Mit einer solchen Beschreibung kommt man nicht weit. Als die Tageszeitung von Kanpur, *Aaj* (eine Hindi-Zeitung), ein Foto von Phoolans jüngerer Schwester Ramkali veröffentlichte, erklärte der Polizeibeamte in Kalpi, der Phoolan gesehen hatte, daß Ramkali große Ähnlichkeit mit ihrer Schwester besitze.

Der Polizeibeamte in Kalpi hatte sich geirrt. Phoolan Devi sah keineswegs wie Ramkali aus, die als »Schönheit« der Familie betrachtet wurde. Phoolan sah viel eher wie Rukhmini und Moola aus, die beide nichts mit der Polizei oder der Presse zu schaffen haben wollten. Ramkali, der Phoolan in der Familie am wenigsten nahestand, wurde von Fotografen gejagt, posierte gegen ein kleines Entgelt und ließ sie ihre eigenen Schlüsse ziehen. Das führte dazu, daß das von der Polizei verbreitete Phantombild Phoolan Devis keinerlei Ähnlichkeit mit ihr hatte und weitere Verwirrung stiftete.

In einem Interview sagte Ramkali über ihre Schwester: »*Aaj hamahun laike chalau, khawao, piwao, goli chalibo sikhabau, hamahun khooni ban jaihen.*« (Wenn man mich heute fortbringt, mir Gutes zu essen und trinken gibt und mich lehrt, wie man ein Gewehr benutzt, dann werde ich auch zur Mörderin.) Es ist schwer zu sagen, was sie damit meinte. Vielleicht lebte sie in solchem Elend, daß sie ebenso gehandelt hätte wie Phoolan, hätte sie nur die Gelegenheit dazu gehabt; vielleicht meinte sie auch, daß ihre Schwester nur des Essens, Trinkens und der Macht der Gewehre wegen Blut geleckt habe. Niemand vermochte das genau zu sagen, trotzdem waren alle begeistert. Es paßte genau zu ihrer Vorstellung über die »Reinkarnation Kalis«. Was immer Ramkali auch gemeint hatte, es versetzte Moola und Rukhmini in solche Wut, daß sie jahrelang nicht mehr mit ihr sprachen. Vielleicht war das ungerecht, vielleicht hatten sie ihre Bemerkung ja ebenso mißverstanden wie die Leser der Zeitschrift. Später, im März 1981, erklärte Ramkali einem Reporter der vierzehntägig erscheinenden Zeitschrift *India Today*, die im ganzen Land gelesen wird: »Gott macht keine *dacoits* oder Heiligen. Nur die Menschen machen andere Menschen zu *dacoits* und Heiligen.«

In derselben Nummer – die ganze Ausgabe war mehr oder weniger diesem Thema gewidmet – gibt es eine Kurzmeldung mit der Überschrift »Ein Segen für die Kongreßjugend (I)«, der ein Schlaglicht auf die politischen Verhältnisse wirft, die damals herrschten:

Der Vorfall von Behmai hat sich für die Jugendorganisation der Kongreßpartei (I) in Uttar Pradesh als Segen erwiesen. Unter der Führung von Sanjay Singh, MLA (Mitglied des Staatsparlaments), attackierte der Youth Congress sofort die Regierung. Sanjay Singh, ein Schwiegersohn des Bruders des Chief Ministers Vishwanath Pratap Singh, war nach dem Tode Sanjay Gandhis einige Zeit von der Staatsführung aufs Abstellgleis geschoben worden, nachdem er als Sohn des *raja* von Amethi, des Wahlkreises von Sanjay Gandhi, zu Sanjay Gandhis Lebzeiten von höchster Stelle protegiert worden war. Er nutzte die sich bietende Gelegenheit, griff die Regierung nach dem Massaker von Behmai an und verlangte den Rücktritt des Inspector Generals der Polizei, Mahendra Singh. Einen Tag später wurde Mahendra Singh seines Postens als IGP enthoben.

Doch damit nicht genug. Als der Chief Minister am 25. Februar nach Bhogipur fuhr, um dort an der Totenfeier für den Polizeiinspektor Moolchand teilzunehmen, der bei einem Schußwechsel getötet worden war, besichtigte Sanjay Singh gemeinsam mit dem Abgeordneten von Kanpur, Bhoodar Mishra, und dem Führer der Kongreßjugend Jagadambika Pal das Dorf Behmai. Er hatte Bhogipur noch vor der Ankunft des CM besucht und sich im Inspektionsgebäude von Bhogipur mit dem neuen Inspector General N. K. Verma getroffen.

In Behmai bot Sanjay Singh den Bewohnern an, fünf Gewehre zu bezahlen, die an von der Polizei ausgewählte Bürger überreicht werden sollten – eine geschickte Geste. Denn in Behmai sind die Thakurs nicht so arm, daß sie die *dhotis* und Decken annehmen müßten, die ihnen von der Regierung angeboten wurden. Sie brauchen viel eher Waffen, und jeder, der ihnen welche verschafft, macht sich ihnen zum Freund.«

Jon Bradshaw zeichnete einen weiteren »Augenzeugen«-Bericht auf:

»Sie war grausam«, sagte Muhti. »Sie war leidenschaftlich. Sie war von einem schrecklichen Zorn erfüllt, wie von einem tiefen, unstillbaren Durst. Ich weiß noch, wie ich in ihr Lager am anderen Ufer des Chambal kam, um ihr Waffen und Munition zu verkaufen. Sie war nicht dort. Sie war auf einem Raubzug. Ich hatte sie noch nie gesehen, und als sie zurückkam, stieg mir das Herz in den Kopf. Sie war so begehrenswert, daß mir schwindlig wurde.
Sie war mindestens einen Meter achtzig groß, das können Sie mir glauben, und ihr Haar hatte die Farbe getrockneten Blutes. Ich schwöre Ihnen beim Kopf meines Sohnes, eine Nacht mit dieser Frau wäre, als würde man ein unbeschreiblich köstliches, tödliches Gift trinken.«

Weiter unten im Artikel fügt Bradshaw hinzu:

»Muhti«, sagte ich, »in Fällen wie diesen habe ich ein festes System. Eintausend Rupien für die Wahrheit, zweihundert Rupien für Lügen und fünfhundert Rupien für Übertreibungen.«
Ich gab ihm das Geld, und Muhti lächelte: »Danke, *sahib*«, sagte er. »Die fünfhundert Rupien werden mir helfen, den sprichwörtlichen Sohn durch die Schule zu bringen.«

Richard Shears und Isobelle Gidly berichten bei der Beschreibung des Massakers von Behmai in ihrem Buch *Devi* über ein interessantes Detail. Sie unterhielten sich mit den beiden Überlebenden des Massakers, die angeschossen und für tot gehalten worden waren. Sie hatten nur überlebt, weil sie unter den Leichen der anderen begraben wurden, als die Schüsse fielen. Krishna Swarup wie auch Dev Prayag Singh erklärten den Reportern gegenüber, daß sie Phoolan Devi am Fluß nicht gesehen hätten. Ram Avtar sei allem Anschein nach der maßgebliche Mann gewesen und habe Befehle erteilt. »Tötet die Schweine!« hatte er gebrüllt. Krishna Swarup hatte einen Schmerz in seiner Schulter gespürt und das Bewußtsein verloren. Dev Prayag Singh wurde mehrmals ins Bein und auch in die Brust getroffen, konnte aber immer noch wahrnehmen, was um ihn herum vorging. Er behauptet, daß Ram Avtar gerufen habe, nachdem er einen letzten Schuß auf den Leichenberg abgegeben hatte: »Hier ist deine Rache, Phoolan Devi!«

In einem Brief, den sie mir aus dem Gefängnis zukommen ließ, erklärte Phoolan Devi: »Es ist so schwer, über das zu sprechen, was in Behmai passierte, weil meine Briefe an Dich durch zu viele Hände gehen. Auch was ich für Dich schreibe (das Tagebuch), wird von so vielen gelesen und von Menschen geschrieben, die ich kaum kenne. Was kann ich sagen? Du weißt, wie es ist: Sobald eine Frau etwas tut, wollen die Männer beweisen, daß sie es besser können, und gehen deshalb noch weiter. Es stimmt, daß ich Vikrams Tod rächen wollte. Viele Menschen bestärkten mich in diesem Gefühl, über viele Monate hinweg. Ich kann jetzt nicht mit dem Finger auf sie zeigen. Ich kann Dir nur sagen, daß ich Sri Ram und Lala Ram töten wollte, aber die waren nicht unter den Toten, wie Du weißt. Ich finde es falsch, Menschen ohne einen bestimmten Grund zu töten, aber die Situation geriet außer Kontrolle. In den Augen Durga Matas bin ich unschuldig an diesen Toten.«

In den folgenden Monaten erschienen immer wieder Artikel in der Presse. Eine lokale Hindi-Zeitung, *Jagran*, die auf nationaler Ebene kaum von Bedeutung ist, druckte einen Brief ab, der angeblich von Phoolan Devi stammt, allerdings ohne Unterschrift war. Die Tatsache, daß jeder ihn hätte verfassen können, kümmerte niemanden. Die englischsprachige Presse in Indien, genauso skrupellos, übernahm den Text, obwohl vollkommen ungeklärt war, aus welcher Quelle er stammte. Es kam zu Überschriften wie: »Phoolan droht mit totalem Krieg«, »Phoolans Drohung«. Phoolan Devi bestreitet, Urheberin dieses Briefes zu sein; trotzdem heizte er die Gemüter in der Gegend an. Ein Teil des Briefes, der am 1. März 1981 in der *Times of India* abgedruckt wurde, konzentrierte sich auf folgenden Aspekt:

»Die Hinterbliebenen der Getöteten aus Behmai erhielten jeweils 10 000 Rupien. Waren die Mallahs, die bei lebendigem Leibe verbrannt worden waren, nicht auch Menschen? Thakurs haben erklärt, daß sie Mallahs fangen und einen nach dem anderen umbringen wollen. Ich warne sie – wenn ein Mallah getötet wird, dann werden hundert Thakurs durch meine Bande sterben.«

Das hatte zur Folge, daß sich die Spannungen zwischen den Kasten in Uttar Pradesh verstärkten und Phoolan Devi in den Ruf einer kaltblütigen, ruchlosen Mörderin kam. Die Presse hatte ihr Urteil über sie gefällt.

Die Überlebenden von Behmai rasierten sich zum Zeichen ihres Verlustes den Kopf; der Ort wurde zu einem Dorf der Frauen und Kinder. Lediglich die Männer, die das Dorf früh am Morgen verlassen hatten, um den *baraat* aus einem Nachbardorf zu begleiten, waren dem Tod entkommen. Offenbar war ihnen ein Bote auf der Straße entgegengelaufen und hatte die Hochzeitsgesellschaft davor gewarnt, in den Ort zurückzukehren. In den Berichten über das Massaker bleiben Ungereimthei-

ten, doch die grundlegenden Tatsachen stehen fest: Zweiundzwanzig Thakurs wurden niedergeschossen, zwanzig starben,
zwei überlebten. Krishna Swarup wie auch Dev Prayag Singh
verließen bald nach ihrer Genesung mitsamt ihren Familien das
Dorf, denn sie fürchteten weitere Racheakte, nachdem in der
Presse so ausführlich über sie berichtet worden war.

KAPITEL 18

Nachbeben

Mustaqueem hatte ein paar seiner Männer bei dem Überfall zur Verfügung gestellt, um dem Racheritual Genüge zu tun, war aber nicht selbst dabeigewesen. Als er Pressefotos des Gemetzels sah und Radioberichte hörte, in denen über die politischen Auswirkungen berichtet wurde, wurde er fuchsteufelswild. Behmai war für alle Beteiligten – ausgenommen vielleicht die Singh-Brüder, die nicht im Ort gewesen waren – eine Katastrophe.

»Seid ihr alle verrückt geworden?« brüllte Mustaqueem, als sich die Banden ungefähr eine Woche später wieder versammelten. »Schaut euch an, was ihr angerichtet habt! Tausende Polizisten strömen aus allen Richtungen in dieses Tal. *Deinetwegen* ist niemand mehr sicher!« schrie er Phoolan Devi an.

»Es war nicht meine Entscheidung, Baba. Außerdem, was geschehen ist, ist geschehen. Du solltest es wie ein Mann hinnehmen«, antwortete sie mürrisch.

»Ich brauche keinen Rat von dir, Phoolan Devi«, schnauzte Mustaqueem sie an. »Ich habe immer gesagt, daß du Unglück bringen würdest, und das hast du getan. Und du«, fuhr er Man Singh an, der schweigend neben Ram Avtar und Balwan Singh hockte, »du wirst wie Vikram Mallah enden. Tot, sage ich dir, tot!«

»Diese Thakur-Hunde haben es so gewollt«, wandte Ram Avtar ein.

»Und *du* hast gewollt, daß uns die Polizei im Nacken sitzt«, schleuderte Mustaqueem wutentbrannt zurück. Ihm war voll und ganz klar, welche Konsequenzen das für sie hatte.

Balwan Singh versuchte, die Atmosphäre zu entspannen, und schlug vor, daß man sich in Zweier- und Dreiergruppen zerstreuen solle. Die beiden Frauen, Phoolan Devi und Meera Thakur (seine Geliebte), sollten seinem Vorschlag entsprechend gemeinsam untertauchen und in irgendeiner Kleinstadt Arbeit suchen. Hunderte von Dorffrauen taten das, und die Arbeitgeber stellten selten Fragen. Die Polizei würde sie dort bestimmt nicht suchen; man würde sie nicht erkennen; ihre Gesichter waren weder der Presse noch der Polizei bekannt; er hatte das Phantombild von Phoolan gesehen, das ihr kein bißchen ähnlich sah; Meera Thakur war ebenfalls noch nie fotografiert worden. Während er sprach, sagt Phoolan, fielen ihr Vikram Mallahs Worte wieder ein: »Laß dich niemals fotografieren«, hatte er ihr geraten, als sie sich mit ihm in einer winzigen Kabine in Kanpur fotografieren lassen wollte, wo man für 20 Rupien postkartengroße Farbbilder machen lassen konnte.

»Ich dagegen«, fuhr Balwan fort, »tauche in einem Dorf auf, in dem die Polizei Informanten hat. Ich gehe durch das Dorf und erzähle den Leuten, daß ich ganz in der Nähe ein Lager habe. Ich bezahle sogar jemanden, damit er mir später etwas zu essen bringt – oder tue etwas Vergleichbares. Dann marschiere ich ohne jede Pause mindestens zwanzig *kos*. Das verwirrt die Polizei jedesmal!« sagte er lachend, aber Mustaqueem war nicht nach Lachen zumute.

Er funkelte Balwan an und sagte, immer noch zornig: »Ich werde mich mit meinem Cousin Immamuddin treffen und dann nach Bombay gehen. Er kennt Leute dort. Ihr könnt machen, was ihr wollt.«

»Aber in Bombay bist du bestimmt nicht sicher«, gab Man Singh zu bedenken.

»Überall ist es sicherer als hier, nach dem, was ihr Idioten angerichtet habt!« war die Antwort.

Die Banden kampierten die Nacht unter schwerer Bewachung. Mustaqueem stellte Männer auf Beobachtungsposten hoch über den Schluchten ab, die nach den verräterischen

Scheinwerfern von Polizeijeeps Ausschau halten sollten. Die Nacht verging ohne Zwischenfall; am nächsten Morgen würde sich Phoolan Devi gemeinsam mit Meera Thakur aufbruchbereit machen. Balwan hatte recht, meinte Man Singh zu ihr, so wäre es sicherer, wenigstens in den kommenden Wochen. Er würde sich mit ein paar Leuten aus ihrer Gang in den Schluchten verstecken, aber sicherheitshalber ständig weiterziehen. Sie würden sich nicht weit entfernen, versicherte er ihr, als sie darüber sprachen, wie sie in Verbindung bleiben könnten. Phoolan riet ihm, sich das Haar zu schneiden, an dem er leicht zu erkennen war, aber er lachte und sagte: »Keine Angst, auch das geht vorbei.« Sie kuschelten sich aneinander und schliefen unter einer dicken, rauhen Decke. Es war extrem kalt in jener Februarnacht 1981. Phoolan Devi, die der Gedanke an eine Trennung schmerzte, sagte: »Du nimmst die Decke«, bevor er einschlief. Er hielt sie eng umschlungen und antwortete: »Keine Angst, mir passiert nichts.«

Am nächsten Morgen, kurz nach der Dämmerung, machte sich Phoolan Devi mit Meera Thakur auf den Weg, nachdem sie den von den Männern gekochten Tee getrunken und zwei trockene *rotis* gegessen hatten. Beide Frauen trugen Baumwoll-*saris*, die sie von einem Sympathisanten in einem Nachbardorf gekauft hatten. Phoolan umarmte Man Singh und berührte Baba Mustaqueems Füße. Es sollte ihre letzte Begegnung mit dem moslemischen Banditenchef sein. Sie empfahl ihm, sich *Sholay* anzusehen, wenn er nach Bombay kam, den einzigen Film, den sie je gesehen hatte. Trotz seines Zornesausbruchs tags zuvor segnete Mustaqueem die Frauen und wünschte ihnen Glück. Man Singh und Balwan Singh begleiteten sie schweigend ein Stück des Weges und blieben am Rand der Schluchten zurück, von wo aus die Frauen mehrere Felder überqueren mußten, um den Bus auf der Hauptstraße zwischen Kanpur und Agra zu erreichen.

Sie sollten sich mit einem sympathisierenden Ziegelbrenner treffen, der ihnen Arbeit auf einer Baustelle in einer Kleinstadt besorgen würde. Weder im Bus noch an der Haltestelle, an der sie über eine Stunde warteten, schenkte ihnen jemand besondere Beachtung. Sie arbeiteten eine gute Woche, transportierten, zusammen mit einer Schar anderer Dorffrauen, Ziegel auf ihren Köpfen und verdienten acht Rupien am Tag. Abends gingen sie mindestens zwei Stunden aus Sicherheitsgründen jeden Tag in eine andere Richtung. Es waren bereits genug Fehler gemacht worden; die Polizei war in beunruhigendem Ausmaß in der Gegend präsent. Natürlich konnten sie nicht wissen, daß sie ziemlich weit von dem Einsatzgebiet der Anti-*dacoit*-Einheit entfernt waren, die das Gelände im Umkreis jedes abgelegenen Dorfes durchkämmte, mit dem Phoolan Devi den Polizeiakten zufolge jemals zu tun gehabt hatte.

Nach der Abreise der Frauen machten sich auch die Männer mit ihren verschiedenen Banden auf den Weg. Mustaqueem riet ihnen, sich in Gruppen von zweien oder dreien, keinesfalls mehr, aufzuteilen, und in nächster Zukunft keinen Gedanken an irgendwelche Operationen zu verschwenden. Sobald sich der Sturm gelegt hatte, würden sie sich wieder treffen. Man Singh ging nach Osten, in Richtung Rewa im Staat Madhya Pradesh, wo die Polizei weniger aktiv als in Uttar Pradesh war.

Balwan Singh wandte sich mit seinen Männern nach Süden und zog sich in das Dorf Behta zurück, wo er zuverlässige Informanten und Unterstützer hatte. Er hatte vor, den Männern alles Wichtige zu kaufen, bevor sie sich in kleineren Gruppen aufteilten. Als sie ihr Ziel nach einem Tag ohne Essen erreicht hatten, waren ihnen die Beine schwer vor Müdigkeit. Ihr zuverlässigster »Kontaktmann«, ein junger Mann von Anfang zwanzig, hieß sie wie heimkehrende Helden willkommen. Innerhalb weniger Stunden besorgte er ihnen alles, was sie brauchten. Seine Frau begann zu kochen, nachdem er die Männer beschworen hatte, sich auszuruhen und etwas zu essen, bevor sie weiterzogen. Das Dorf war ruhig und friedlich, nur ein paar Kinder spielten in den staubigen Gassen.

Sie wußten nicht, daß ein Polizei-Informant im Dorf Balwan

Singh und ein weiteres Mitglied seiner Gang erkannt hatte. Er konnte es kaum erwarten, seine Belohnung einzufordern, und war augenblicklich zur nächsten Polizeiwache gelaufen. Als sich die Bande zum Essen niederließ, kam ein weiterer Informant, diesmal einer von ihren Leuten, ins Haus gelaufen und meldete, daß ein Polizeikontingent ins Dorf gekommen sei. Balwan und seine Leute schnappten ihre Waffen und rannten quer durch das Dorf auf die schützenden Schluchten zu, wobei sie Schüsse auf die Polizeipatrouille abgaben. Die Polizei eröffnete die Jagd. Hätte Balwan nicht gefeuert, wäre er vielleicht entkommen, aber so folgte, was ausführlich in Shears' und Gidlys Buch *Devi* beschrieben wird.

Die Jagd dauerte den ganzen Tag an und erstreckte sich über 22 Meilen unwegsames Terrain. Am Batwa, der bei Hamirpur in die Yamuna mündet, rannten ein paar der *dacoits* in einen Steinbruch, während drei andere Positionen bezogen und auf die Polizisten warteten. Als die Beamten ins Blickfeld kamen, feuerten die Banditen und trafen Inspector Moolchand ins Bein. Ein weiterer Beamter, Sub-Inspector Udenia, suchte Schutz und zog Moolchand mit sich. Ein paar bewaffnete Polizisten tauchten aus einer anderen Richtung auf, sahen die beiden hinter einem Steinhaufen hocken, hielten sie für *baghis* und machten ihre Waffen bereit. Moolchand und Udenia streckten ihre Hände hoch und riefen, sie seien Polizisten. Doch seine Kollegen hielten das für einen Trick, eröffneten das Feuer, und Moolchand wurde wieder getroffen, diesmal von seinen eigenen Leuten. Die *dacoits*, die viel näher bei Moolchand und Udenia waren, krochen an Moolchand heran, nahmen sein Gewehr und schossen ihm eine Kugel in den Kopf, während Udenia floh. Die Polizisten hatten inzwischen ihren schrecklichen Fehler bemerkt, schleuderten Granaten auf die *dacoits* und töteten sechs von ihnen, Balwan Singh eingeschlossen, der tatsächlich die Uniform eines Superintendents der Polizei trug.

Meera Thakur, die nichts vom Tod ihres Geliebten ahnte, erklärte Phoolan Devi, daß sie es leid sei, Ziegel zu tragen, und in die Schluchten zurückkehren werde, um sich Balwan wieder anzuschließen. Auch Phoolan vermißte Man Singh; das Leben, das sie jetzt führte, kam ihr sinnlos, deprimierend und anstrengend vor. Am folgenden Samstag verließen die beiden Frauen die Stadt, nachdem ihnen ihr Lohn ausgezahlt worden war. Bevor sie verschiedene Wege einschlugen, umarmten sie sich auf einer belebten Busstation. Das Rufen der Straßenverkäufer hallte durch die Luft, Fliegen umsummten sie, und Kundenschlepper wie Weissagerinnen belästigten sie. Sie sollten einander nicht wiedersehen.

Auf ihrer Suche nach Balwan stieß Meera Thakur auf andere Mitglieder ihrer Bande, die ihr erzählten, was vorgefallen war. Bevor sie ihren Schmerz verarbeiten oder sich davon erholen konnte, wurde auch sie bei einer Auseinandersetzung mit der Polizei getötet. Ihr Tod löste einen kleinen politischen Sturm aus. Die Polizei paradierte mit ihrer nackten Leiche auf einem Handkarren durch die Straßen einer Kleinstadt in Uttar Pradesh. Meera Thakur war zwar nicht in Behmai gewesen, doch man verurteilte sie dafür, daß sie ein Verhältnis mit Balwan gehabt hatte. Groteske Fotos erschienen in verschiedenen Zeitungen. Prominente Bürger wie auch eine Reihe von Journalisten erregten sich darüber und beschuldigten die Polizei, brutal und obszön vorgegangen zu sein. Auf Pressekonferenzen forderte man eine Untersuchung des Vorfalls, und im Parlament wurden Fragen gestellt. Ein Teil der Polizeikräfte, zumeist Beamte im Ruhestand, fand den Vorgang ebenfalls unerhört. Mr. Pathak zum Beispiel, der DIG in Gwalior war, als ich ihm begegnete, sagte: »Warum nackt? Hätten sie das auch mit einem Mann gemacht?«

Als Meera Thakur starb, hatten sich Phoolan Devi und Man Singh bereits wiedergefunden und mit sechs weiteren Männern, die zum Teil in Behmai gewesen waren, eine neue Gang gegründet.

»Wir waren zu acht«, berichtet sie später aus dem Gefängnis. »Wir wollten das Dorf Bhadroli im Bezirk Agra überfallen, aber es dauerte Monate, bis wir damit Erfolg hatten. Jedesmal, wenn wir uns dem Dorf näherten, eröffneten die Dorfbewohner das Feuer und hinderten uns daran, das Dorf zu betreten. Schließlich schmiedeten wir einen Plan, um sie zu täuschen. Wir schickten zwei Männer gefesselt zum Dorf. Die anderen folgten ihnen, als Polizisten verkleidet, und erklärten den Dorfbewohnern über einen Lautsprecher, daß die beiden Mitglieder aus Phoolan Devis Bande seien, die aus der Haft entkommen sei und gefangengehalten werden müßten, bis die Jeeps eintrafen.

Als er das hörte, nahm der *pradhan* des Thakur-Dorfes die beiden Männer und schloß sie in einem Zimmer ein. Als wir bei seinem Haus waren, bettelte der *pradhan* uns an. Er wollte eine Belohnung dafür, daß er der Polizei geholfen hatte. Er selbst und das Dorf wären in Gefahr, sagte er, wenn Phoolan Devi je erführe, daß er geholfen hatte, zwei ihrer Männer zu verhaften. Er wollte eine Genehmigung für zusätzliche Waffen. Wir sagten, die könne er haben, aber erst müsse er uns die Genehmigung zeigen, die er schon hatte. Er rief seinen Diener und befahl ihm, uns die Waffen und Genehmigungen zu zeigen. Darunter waren fünf Gewehre, drei .315er, zwei .306er und drei doppelläufige 12-schüssige Gewehre, die wir beschlagnahmten. Dann nahm ich meine Polizeimütze ab und ließ mein Haar herunter. Als er mich erkannte, flehte uns der *pradhan* an, all sein Gold und Silber zu nehmen, aber ihn zu verschonen. Ich band unsere Männer los, fesselte den *pradhan* mit demselben Strick und schloß ihn in einen Raum. Bei ihm ließ ich einen Zettel zurück, auf dem stand: ›Wer seinen Reichtum unrecht erwirbt und ansammelt, indem er den Armen das Blut aussaugt, wird sich nicht lange daran freuen.‹

Während meine Begleiter das Haus plünderten, stand ich mit einem Lautsprecher auf dem Dach. Ich erklärte dem Dorf, daß Phoolan Devis Bande hier war und versicherte ihnen, daß wir uns nur für den *pradhan* und seinen Reichtum interessierten und niemandem sonst etwas passieren würde. Wir waren gut gelaunt und sangen bei der Arbeit. Kein Mensch rührte oder regte sich. Das Dorf war verlassen wie eine Geisterstadt. Selbst an der Bushaltestelle war es ruhig.

Als wir soviel genommen hatten, wie wir tragen konnten, verließen wir das Dorf. Unterwegs sprachen wir mit Dorfbewohnern. Der *pradhan*, sagten sie, war gleichzeitig Geldverleiher und verlangte doppelt so hohe Zinsen wie andere in der Gegend. Als ich das hörte, verteilte ich etwas von seinem Reichtum unter den Leuten.

Aber als wir gerade die Straße überquerten, sahen wir zwei Lastwagen voller PAC-*jawans*. Sie eröffneten das Feuer, und weil rund um das Dorf nur flaches Land ohne jede Deckung war, mußten wir zurückschießen. Immer wenn wir umzingelt waren und keine Hoffnung auf Entkommen bestand, wandten wir dieselbe Strategie an – wir warfen die ganze Beute auf den Boden und liefen los. Die Polizisten fielen natürlich über das Gold und das Silber her und rauften sich darum, statt uns zu folgen. So machten wir es auch diesmal und konnten auf diese Weise entkommen. So dicht war ich kein anderes Mal davor, von der Polizei gestellt und erschossen zu werden.

Nachdem wir ein paar Tage gereist waren, kamen wir in den Bezirk Etawah. Wir waren gerade auf dem Weg zum Tempel, als ich erfuhr, daß Baba Ghanshyam mich treffen wollte und seit Tagen in der Gegend auf mich wartete. Es machte Mut, mit anderen Banden Kontakt aufzunehmen, deshalb sagte ich, ich würde ihn ebenfalls gern treffen, und schickte zwei meiner Männer mit dem Boten fort, die Baba zu unserem Lager führen sollten. Sie kamen zusammen mit fünf Männern zurück – Baba Ghanshyam, seinem Bruder Karan Singh und drei anderen, die ich nicht kannte. Wir freuten uns, einander zu sehen, und feuerten zur Feier ein paar Schüsse ab. Baba Ghanshyams Vater war von der Polizei festgenommen worden, und wir sollten ihm helfen, ihn zu befreien. Ich schwor im Namen der

Göttin Bhagwati, daß wir ihm helfen würden, soweit es in unserer Macht stand. Abends trennten wir uns und zogen in den Bezirk Bhind und Madhya Pradesh. Dann hörten wir eines Tages im Radio, daß Baba Mustaqueem getötet worden war. Man Singh und ich waren wie am Boden zerstört.«

Der Name Mustaqueem bedeutet »der Feste, der Starke, Unbeugsame«. Mustaqueem war ihr und Man Singhs Mentor gewesen. Phoolan erzählt, daß sie angesichts seines Todes plötzlich das ganze Gewicht der Einsamkeit und Angst spürten. Anfangs versuchte sie, Man Singh zu trösten, so wie sie Vikram getröstet hatte, als Bharat und Madho getötet worden waren. »Zeitungen lügen«, sagte sie, aber Man Singh hielt das für unwahrscheinlich. Er wies sie darauf hin, daß nicht einmal die Polizei eine solche Falschmeldung verbreiten könnte. Die ganze Bande verzagte und wurde mutlos.

Über diese Zeit berichtet Phoolan in ihrem Tagebuch: »Wir beschlossen, die Meldung zu überprüfen, indem wir in Babas Dorf Galauli reisten. Wir waren die ganze Nacht unterwegs und erreichten Galauli um vier Uhr morgens. Bis sechs Uhr versteckten wir uns im Dschungel. Dann kam Suntan, einer von Babas Vertrauten, zu uns. Er hatte sich um Babas Schätze gekümmert. Sobald er uns sah, begann er zu weinen und sagte, es sei unsere Pflicht, Babas Tod zu rächen. Ich fragte ihn, wo all die anderen *baghis* wären. Er sagte, daß Babas Bruder Muslim die Bande übernommen hätte und sie irgendwo im Bezirk Agra steckten. Dann gab er uns zu essen und versteckte uns in seinem Haus. Wir sollten ein paar Tage bleiben, um unsere nächsten Aktionen zu planen. Er sagte, er hätte einen Stapel Waffen für uns gesammelt. Irgendwie wurde ich mißtrauisch und sagte, wir würden lieber im Dschungel schlafen, wir seien aus Gewohnheit Dschungelbewohner geworden. Nachdem er weg war, sprach ich mit der übrigen Bande über ihn, aber sie waren der Meinung, er sei in Ordnung. Sie wiesen mich darauf hin, daß er einer von Babas engsten Vertrauten gewesen war. Nach einigem Hin und Her beschlossen wir, ihm zu glauben

Oben: Fort Ater in der Nähe von Bhind. Solche hoch über den Schluchten gelegenen, gut zu bewachenden Schlupfwinkel boten *dacoit*-Gangs tagsüber Schutz und schirmten nachts die Lagerfeuer ab. *(Horace Ové)*
Unten: Ein Dorfbrunnen in Uttar Pradesh. *(Horace Ové)*

Oben: Polizeipatrouille in den Schluchten.
(Prashant Panjiar)
Unten: Polizisten verhören einen Dorfbewohner.
(Prashant Panjiar)
Kleines Bild: Pensionierter Polizist, dem zur Bestrafung von *dacoits* die Nase abgeschnitten wurde.
(Prashant Panjiar)

ben: Vikram Mallah, Phoolan Devis
*eliebter, der im August 1980 erschossen
urde. (Polizeifoto im Besitz Mala Sens)
nten: Die Leichen der Banditen aus Pan
*ingh Tomars Gang wurden nach einem
Zusammenstoß« mit der Polizei 1981
*ffentlich zur Schau gestellt. (Prashant
anjiar)*
leines Bild: Titelblatt der Zeitschrift *Sun-
ay* im März 1981 mit dem Phantombild
hoolan Devis und einem Bild Pan Singh
omars. *(Sunday)*

MARCH 1981 NO ANANDA BAZAR PUBLICATION INR 1.00

SUNDAY
WANTED
DEAD OR ALIVE

	Picture Not Available	
UP's Fascinating Dacoit Queen Phoolan Devi	**Chambal's "Emperor" Malkhan Singh, the Robin Hood of the '80s**	**Pan Singh Tomar, who once represented India in the Asian Games**

How these three have become terrors and legends

EXCLUSIVE EXTRACT
FROM THE FIFTH HORSEMAN
By Collins and Lapierre, authors of
Freedom at Midnight

Oben: Malkan Singh, der »Robin Hood aus den Schluchten«, umgeben von Bewohnern des Dorfes Bilao, auf dem Weg zu seiner Kapitulation im Juni 1982 in Bhind. *(Prashant Panjiar)*

Unten: Ein Lokalpolitiker (links in Weiß), Malkan Singh (Mitte) und Rajendra Chaturvedi, der »Architekt« der Kapitulationen 1982/83, stellen sich auf dem Weg nach Bhind den Kameras. *(Prashant Panjiar)*

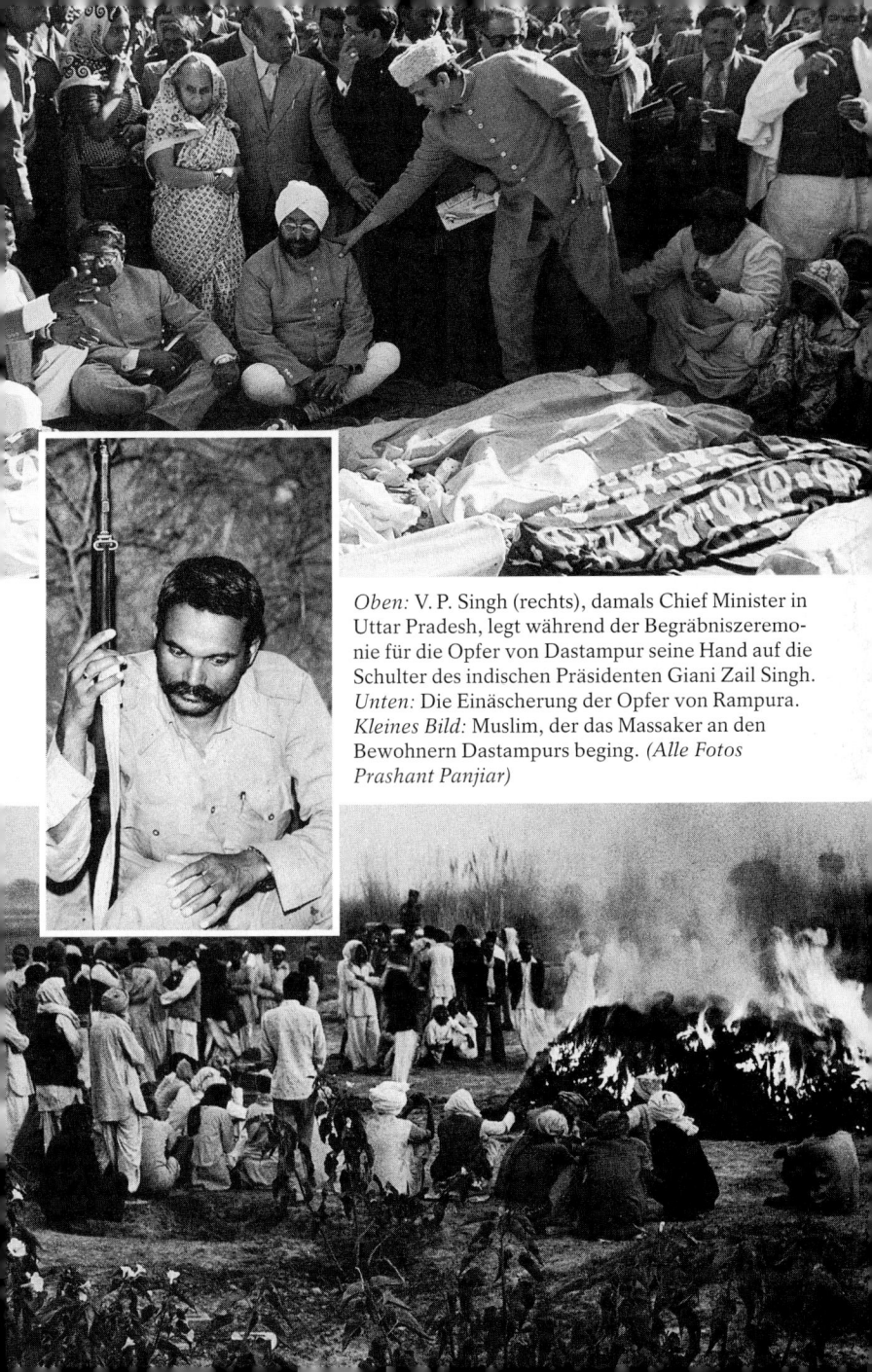

Oben: V. P. Singh (rechts), damals Chief Minister in Uttar Pradesh, legt während der Begräbniszeremonie für die Opfer von Dastampur seine Hand auf die Schulter des indischen Präsidenten Giani Zail Singh.
Unten: Die Einäscherung der Opfer von Rampura.
Kleines Bild: Muslim, der das Massaker an den Bewohnern Dastampurs beging. *(Alle Fotos Prashant Panjiar)*

Oben links: Baba Ghanshyam. *(Prashant Panjiar)*

Oben rechts: Ein Mann aus Ghanshyams Gang kommt aus seinem Versteck in den Schluchten, um Rajendra Chaturvedi zu ihrem Lager zu führen. Ghanshyam war die einzige Verbindung zu Phoolan Devi. *(Prashant Panjiar)*

Unten: Phoolan Devi mit Männern aus ihrer Bande auf dem Weg zur Kapitulationszeremonie. *(Jagdish Yadav)*

Oben links: Man Singh und Phoolan Devi am 12. Februar 1983. *(Sondeep Shankar)*

Oben rechts: Phoolan Devi mit Polizeieskorte am 12. Februar 1983. *(Sondeep Shankar)*

Unten: Phoolan Devi bei der Kapitulationszeremonie, zu der mehr als 7000 Menschen in das abgelegene Dorf Bhind strömten. *(Sondeep Shankar)*

Oben: Phoolan Devi 1983 im Zentralgefängnis von Gwalior. *(Jagdish Yadav)*
Oben rechts und unten: Phoolan Devi 1986 im Zentralgefängnis von Gwalior.
(Prashant Panjiar)

und sein Angebot anzunehmen. Wir wollten auch in das Dorf, um Babas Verwandte unsere Aufwartung zu machen.

In dieser Nacht wollte mich Suntan um Mitternacht sprechen, nachdem wir mit der übrigen Familie gebetet hatten. Er wollte wissen, wieviel Geld ich hätte. Ich sagte ihm, ich hätte 50 000 bis 60 000 Rupien, eine Goldkette und einen Ring. Ich fragte ihn, weshalb er das wissen wolle. Er sagte, daß Baba im Dorf Dastampur ermordet worden sei und wir unmöglich zu Fuß dorthin kommen könnten. Der Fahrer des Wagens, der uns hinbringen sollte, wollte Geld, nicht nur für die Reise, sondern auch für den Wagen. Er war bereit, ihn uns zu verkaufen. Er sagte, er sei zwei *lakhs* wert (200 000 Rupien). Ich hatte keine Ahnung, was ein Auto kostet, deshalb gab ich ihm mein ganzes Geld, die Goldkette und den Ring. Man Singh gab ihm 20 000 Rupien, Baladin 15 000. Ich wußte nicht, daß er bereits Geld von anderen Bandenmitgliedern eingesammelt und ihnen gesagt hatte, ich hätte ihn darum gebeten. Ich war immer noch mißtrauisch und sagte zu Man Singh, daß er etwas im Schilde führe. Man Singh und Baladin widersprachen mir beide. Sie sagten, er sei ein guter, anständiger Mann und würde für uns arbeiten. Außerdem meinten sie, daß ein Auto sehr nützlich sein könnte. Wenn wir es nicht mehr brauchten, könnten wir unser Geld wiederbekommen, indem wir es in Kanpur verkauften.

Wenig später kam der *pandit* des Dorfes und gab mir ein Gewehr. Er sagte, daß ich dieses selbstladende Gewehr behalten und ihm mein halbautomatisches Gewehr geben sollte, damit er es aufbewahrte, denn es sei zu schwer. Ich dankte ihm, sagte, ich würde ihm mein Gewehr am frühen Morgen geben, und behielt alle beide. Er verschwand in Richtung Kalpi, um den Wagen zu holen, da er den Besitzer kannte.

Ich wollte verschwinden, sobald er fort war, aber Man Singh und Baladin weigerten sich. Der *pandit* kehrte um vier Uhr morgens mit ein paar Männern zurück. Er stellte sie als Besitzer des Autos vor und sagte, er hätte sie mitgebracht, damit wir den

Handel persönlich mit ihnen abschließen könnten. Ich war mißtrauisch und sagte den Männern, daß sie eher wie Polizisten aussehen würden. Inzwischen war es sechs Uhr.

Der *pandit* und die Männer sagten, sie wollten sich waschen und auf den Feldern erleichtern und würden bald zurückkommen, damit wir zusammen essen könnten. Ich war extrem besorgt und unruhig, deshalb stieg ich auf das Terrassendach, um frische Luft zu schnappen. In den Bäumen, auf den Dächern, überall sah ich einsatzbereite, behelmte Polizisten in voller Ausrüstung sitzen. Voller Schreck und Angst rannte ich hinunter und sagte Man Singh, daß wir umzingelt seien und nur noch Durga Mata uns helfen könne.

In aller Eile zogen wir unsere Khakisachen aus. Man Singh und Baladin schlüpften in *kurta-pajamas* des *pandit*, ich zog einen *sari* an, der seiner Schwester gehörte. Zum Glück war niemand im Haus, sonst hätte ich ihn bestimmt umgebracht. Ich tobte vor Wut über den *pandit*, der uns an die Polizei verraten hatte. Auf Händen und Knien schlichen wir zu den Häusern, in denen sich die übrigen Männer aus unserer Bande versteckten, und konnten sie warnen – wenigstens die, die da waren. Bestimmt haben uns immer wieder Polizisten gesehen, doch da sie glaubten, daß die Banditen Khaki trugen, erkannten sie uns nicht.

Nach ungefähr einer halben Stunde begann die Polizei, auf das Haus des *pandit* zu feuern. Über Megaphon forderten sie mich auf, aus dem Haus zu kommen. Sie schworen, daß sie mich nicht töten würden. Die Stimme war die des Inspector-Generals der Polizei. Sie erhielten keine Antwort aus dem Haus des *pandit*, deshalb belagerten die Polizisten das Haus daneben, in dem sich drei Männer aus unserer Bande versteckt hatten. Sie traten die Tür ein und feuerten ins Innere. Dann stürmten noch mehr Polizisten ins Haus, doch sie kamen mit leeren Händen heraus, und wir drei beschlossen, uns weiter zurückzuziehen.

Ungefähr um ein Uhr mittags kam die Stimme des IGP wie-

226

der über das Megaphon. Alle Frauen und Kinder sollten aus Sicherheitsgründen aus ihren Häusern kommen. Er sagte, sie würden das Dorf mit einer Feuerwalze überziehen, die kein Hund überleben würde. Als alle Einwohner das Dorf verlassen hatten, legte die Polizei Feuer an eine der Hütten, um uns auszuräuchern. Überall sahen wir Polizisten, viele noch auf den Dächern und in den Bäumen. Einmal kam sogar ein Helikopter, der über dem ganzen Dorf und dem Dschungel darum kreiste. Nachts beleuchtete die Polizei das ganze Dorf mit speziellen Scheinwerfern, die so hell waren, daß man in ihrem Licht lesen konnte.

Wir dachten, diesmal könnten wir unmöglich gerettet werden. Es war am nächsten Tag um acht Uhr abends, und wir alle lechzten nach einem Schluck Wasser. Ich bemerkte einen Krug in der Ecke der *masjid* (Moschee): Es war noch etwas Wasser darin. Also betete ich zu Durga Mata, wir krabbelten hin und konnten unseren Durst stillen. Während ich nach Wasser gesucht hatte, waren mir die Ruinen des Hauses hinter der Moschee aufgefallen. Ich erklärte Man Singh und Baladin, daß wir kaum eine Überlebenschance hätten, und schlug vor, einen Graben in den Ruinen anzulegen, in dem wir uns so lange wie möglich verstecken könnten. Man Singh sagte, er würde lieber im Kampf sterben, als in einem Versteck ermordet zu werden. Ich sagte, es wären zu viele Polizisten, als daß wir mit ihnen fertig werden könnten. Wir mußten unsere Intelligenz gebrauchen. Es wäre bestimmt nicht ruhmvoll zu sterben. Schließlich hatte ich sie überredet. Wir arbeiteten uns zu den Ruinen vor und buddelten einen tiefen Graben, in den wir uns hineinlegen konnten. Ich deckte die anderen mit Sand und trockenem Gestrüpp zu und rollte Steinsäulen aus den Ruinen darauf. Dann versteckte ich mich genauso.

Am Morgen begann die Polizei, Haus für Haus zu durchsuchen. Ab und zu liefen Polizisten über uns hinweg, ohne unser Versteck zu entdecken. Die Suche dauerte mehrere Stunden, und die ganze Zeit über lagen wir reglos im Staub. Schließlich kehrten die Dorfbewohner zurück, und die meisten Polizisten zogen ab. Irgendwann kam eine alte Frau und hockte sich über unser Versteck, um sich zu erleichtern. Wir setzten uns alle gleichzeitig auf und fragten, ob die Polizei das Dorf verlassen hätte. Sie begann zu schreien, daß es hier spuken würde! Sie machte solchen Lärm, daß wir sicher waren, entdeckt zu werden, deshalb kletterten wir aus dem Graben und suchten ein neues Versteck.

Wir sahen Polizisten, die aus einem Brunnen tranken. Als sie in die entgegengesetzte Richtung davongingen, rannten wir um unser Leben. Eine halbe Stunde später tranken wir ebenfalls Wasser, aus der Yamuna. Bevor wir uns in den Dschungel zurückzogen, sagte ich zu Man Singh und Baladin, daß wir nicht verschwinden sollten, ohne dem Inspector-General der Polizei einen Abschiedsgruß zu hinterlassen. So stellten wir uns auf einem kleinen Hügel außerhalb des Dorfes auf und feuerten fünfzehn Salven in die Luft. Es war ungefähr zehn Uhr morgens. Dann rannten wir los.«

Phoolan Devi, Man Singh und Baladin waren mit viel Glück entkommen. Anderen Mitgliedern ihrer Bande war dieses Glück nicht beschieden.

KAPITEL 19

Entkommen

Genau wie Mustaqueem war auch Malkhan Singh wütend über das Massaker von Behmai gewesen. Die massive Polizeipräsenz in den Schluchten hatte zur Folge, daß er seine Operationen erheblich einschränken mußte. Immer wieder verfluchte er Phoolan Devi, denn er wußte, daß Vikram Mallahs Tod ein wichtiger Grund für den Racheakt an den Thakurs von Behmai gewesen war, und verband deshalb diesen Akt mit Phoolan Devi, gleichgültig, welche Rolle sie tatsächlich dabei gespielt hatte. Auf dem Ratstreffen der Bandenführer Ende 1980 hatte er die Einschätzung der meisten geteilt, daß die Singh-Brüder wahrscheinlich jenseits der Grenze von Uttar Pradesh als Polizei-Spitzel arbeiteten.

Er stammte im Grunde aus derselben Kaste, allerdings aus einer höheren Unterkaste als die Mallahs und hielt sich deshalb für wesentlich bedeutender. Außerdem hatte er persönlich nur wenig Respekt vor Frauen, obwohl er das Benehmen anderer Banditenführer imitierte, die den »Respekt vor Frauen« – wenigstens in der Öffentlichkeit – zum Ritual erhoben hatten. Eigentlich hielt er Frauen für minderwertige Wesen.

Ich begegnete ihm einmal kurz im Zentralgefängnis von Gwalior und gewann schnell diesen Eindruck, obwohl er, oberflächlich gesehen, außerordentlich höflich war. Sein Benehmen mir gegenüber war wahrscheinlich von dem Wissen geprägt, daß ich im Grunde hier war, um Phoolan Devi zu treffen, die er immer noch verachtete.

1981 kommandierte er die größte Einzelbande im Tal, die aus ungefähr siebzig Leuten bestand, und wurde von der Presse als »Banditenkönig« bezeichnet. Gerüchteweise besaß er ein Schlauchboot »aus dem Ausland«. Die Einfuhrgenehmigung sollte auf den Namen eines Politikers lauten, den er bei der Wahl unterstützt hatte, indem er ihm »Blockstimmen« aus einigen Dörfern in seinem Einflußbereich hatte zukommen lassen. Das Boot, das die Bande angeblich überall hin mitnahm, ermöglichte es Malkhan, seine ausschließlich nachts durchgeführten Flußüberquerungen geheimzuhalten. Die Dorffischer, die *dacoit*-Banden über die Flüsse im Tal transportierten, informierten die Polizei nur selten aus eigenem Antrieb, doch sie verplapperten sich oft. Es gehört zum Dorfleben, daß jedes ungewöhnliche Ereignis eine Abwechslung darstellt und ausgiebig besprochen wird. Das macht die Banden verwundbar, denn viele Informanten tragen alle Gerüchte an die Polizei weiter; und eine Begegnung mit dem »Banditenkönig«, in dessen Glanz sich der Erzähler sonnen konnte, führte unvermeidlich zu ausgiebigen Schilderungen.

Sobaran Singh, ein junger Mann aus Malkhans Bande, der seinen Anführer verehrte, machte den Vorschlag, die Frau zu eliminieren, die sich *dasyu sundari* »Schöne Banditin« nannte. Malkhan hatte ihn knapp zurechtgewiesen, daß er keine Frauen töte und Phoolan Devi ihm nichts getan habe – zumindest nicht direkt. Er stimmte mit Sobaran allerdings darin überein, daß die Polizei, die die Banditen inzwischen ununterbrochen jagte, aus dem Tal abziehen würde, wenn jemand Phoolan Devi beseitigen würde.

Malkhans Kommentar ging Sobaran Singh durch den Kopf und ließ ihn nicht mehr los. Eines Tages beschloß er, Malkhan einen persönlichen Gefallen zu erweisen, indem er die Sache selbst in die Hand nahm. Nachdem er diesen Entschluß gefaßt hatte, machte er sich auf den Weg nach Galauli. Malkhan sagte er, er müsse familiäre Probleme klären.

In Galauli wurde er als Mann aus Malkhan Singhs Bande, der dem Dorf einen Besuch abstatten wollte, freundlich empfangen. Phoolan Devi und Man Singh waren nicht dort, wurden

aber erwartet. Statt dessen stellte man ihm zwei Männer aus
ihrer Bande vor, Laltu und Ram Shankar, mit denen er Freundschaft schloß. Die beiden warteten ebenfalls auf Phoolan Devi
und Man Singh, daraus schloß Sobaran, daß er die Fährte
aufgenommen hatte. In Gesellschaft der beiden wurde er als
Ehrengast behandelt, und bei Anbruch der Nacht schlug Laltu
vor, daß er sie nach Sirauli, einem Nachbardorf, begleiten solle,
wo sie aus Sicherheitsgründen übernachteten. Galauli war der
Polizei als Mustaqueems Heimatdorf zu gut bekannt.

Am nächsten Morgen setzte ihn Laltu davon in Kenntnis, daß
Phoolan Devi und Man Singh in Kürze erwartet würden und
daß ein Bote aus Galauli ihnen mitteilen würde, wann sie
eintreffen sollten. Sobaran beschloß, sich an diese Männer zu
halten. Sie sollten ihn zu der Frau führen, die zu töten er
gekommen war. Wenn die Tat erst vollbracht wäre, würde
Malkhan ihm danbkar sein und seine Entschlußkraft bewun-
dern. Davon war er überzeugt.

Er wußte nicht, daß am selben Nachmittag des 30. März
1981 der Sub-Inspector Yadav von einem Informanten angerufen worden war, der ihm mitgeteilt hatte, daß Phoolan Devi
und Man Singh sich angeblich in der Nähe von Galauli oder
Sirauli aufhielten. Der Polizist überlegte und kam zu dem
Schluß, daß Galauli zu auffällig sei; er würde es zuerst in
Sirauli versuchen. Über Funk sammelte er eine Kommando-
einheit von fünfzehn erfahrenen Männern, die mit leichten
Maschinengewehren und Handgranaten bewaffnet waren. Am
Spätnachmittag bestiegen sie ihre Polizei-Jeeps und gingen
nicht weit von dem Dorf entfernt im hohen Gras in Deckung.
Yadavs Informant hatte ihm verraten, welches die beiden
»sicheren« Häuser waren. So befahl er seinen Männern:
»Umstellt sie beide und stürmt sie gleichzeitig. Uns darf kein
Fehler unterlaufen.«

In einem der Häuser hatten sich Laltu, Ram Shankar und
Sobaran gerade entspannt plaudernd zum Essen niedergelassen, als die Tür eingetreten wurde und sie mitten im Kugelhagel

saßen. Ram Shankar versuchte anscheinend noch, nach seiner Waffe zu greifen, wurde aber in die Brust getroffen. Laltu starb, ehe er sich rühren konnte, und Sobaran, der den Mund noch voll Essen hatte, wurde von Kugeln durchsiebt.

Sub-Inspector Yadav war zwar enttäuscht, daß sich Phoolan Devi nicht unter den blutbefleckten Leichen befand, doch seine Enttäuschung wurde dadurch gemildert, daß er drei Männer aus ihrer Bande erlegt hatte. Augenblicklich setzte er über Funk eine Erfolgsmeldung ab. Drei Mitglieder der »IR 40« – Inter-Range 40 war in Uttar Pradesh der Codename für Phoolan Devis Bande – seien »erfolgreich eliminiert worden«, meldete er, ohne die Namen der Männer zu nennen, da er sie nicht kannte. Dann befahl er, die Leichen auf dem Dorfplatz zur Schau zu stellen.

Die Polizei sah eine Gelegenheit gekommen, sich in besseres Licht zu setzen, und gab diese Information an die Medien sowie an andere Regierungsstellen weiter. Am 1. April 1981 erschien ein Bericht in den *Hindustan Times*, einer Zeitung mit Sitz in Delhi:

Drei Mitglieder der meistgesuchten *dacoit*-Gang, die von der neunzehnjährigen Banditenschönheit Phoolan Devi angeführt wird, wurden bei einer Auseinandersetzung mit der Polizei im Bezirk Jalaun getötet. Die langgesuchte Phoolan Devi soll sich unter den Getöteten befinden. Bislang war aber keine offizielle Bestätigung aus Jalaun zu erhalten.

In Galauli, dem nahegelegenen Zwillingsdorf von Sirauli, startete die Polizei eine weitere massive paramilitärische Operation. Zwar gelang Phoolan, Man Singh und Baladin die Flucht, doch Jage und Kallu Lalla, zwei weitere Mitglieder ihrer Bande, wurden aufgespürt und getötet. Auch ihre Leichen wurden öffentlich zur Schau gestellt.

Schließlich mußte die Polizei eingestehen, daß sie Phoolan Devi keineswegs hatte fangen können; im Gegenteil, niemand hatte sie auch nur zu Gesicht bekommen. Man war nicht einmal sicher, ob sie sich überhaupt in diesem Gebiet aufgehalten hatte. Niemand vermochte zu sagen, wie knapp man das gesetzte Ziel verfehlt hatte.

Die Banden wurden aufgerieben und in Kleingruppen zersprengt, die ständig auf der Flucht waren. Beide Seiten setzten immer mehr Spitzel ein. Als die Polizei sich endlich dazu durchgerungen hatte, für Informationen zu bezahlen, belohnten die Anführer der Banden alle Beobachtungen über Polizeibewegungen ebenfalls mit erklecklichen Summen. Phoolan Devi erinnert sich an diese Zeit:

»Eines Abends erreichten wir den Fluß Betwa, nachdem wir den ganzen Tag auf der Flucht gewesen waren. Wir waren knapp 20 *kos* entfernt von Ghamna, dem Dorf, zu dem wir wollten, als wir erfuhren, daß die Polizei ebenfalls auf dem Weg dorthin war. So mußten wir unsere Marschrichtung ändern. Nach einem Marsch über viele Stunden erreichten wir den Dschungel von Panna-Chatarpur. Wir waren müde und hungrig und hatten keine einzige *paisa* mehr. Wenn uns jemand was zu essen gab, dann aßen wir, aber meistens blieben wir hungrig. Nachdem das ein paar Tage so gegangen war, machte sich Baladin auf den Weg zu seiner Schwester, aber auf dem Weg in ihr Dorf wurde er von der Polizei verhaftet und ins Gefängnis gesteckt. Jetzt waren nur noch wir beide übrig.«

Etwa zu jener Zeit recherchierten zwei Journalisten aus Delhi, Kalyan Mukherjee und Brij Raj Singh, über das Thema; sie veröffentlichten später ein Buch mit dem Titel *Malkhan: Die Geschichte eines Banditenkönigs*. Sie halfen der Polizei auch, die Bedingungen für Malkhans Kapitulation 1982 auszuhandeln, und erhielten für ihre Bemühungen eine Belohnung von 70 000 Rupien. Über die damalige Zeit schrieben sie:

Als wir wieder nach Lucknow kamen, bemerkte Vishwanath Pratap Singh (der damalige Premierminister von Uttar Pradesh): »Sie werden die Ergebnisse bald sehen.« Er sagte auch, seine Regierung erwäge, die Schluchten zu fluten; es wäre zwar nicht möglich, die ganze Gegend unter Wasser zu setzen, sagte er, aber in ausgewählten Gebieten ließe sich eine solche Maßnahme durchführen. Zwar lachten alle, die sich damit auskannten, hinter vorgehaltener Hand über diese Idee, doch Vishwanath Pratap Singh war nicht der einzige, der mit solch ungewöhnlichen Gedanken spielte: Bei einem Treffen hatte Vikram Singh, der Superintendent der Polizei in Hamirpur, vorgeschlagen, in den Schluchten Leoparden auszusetzen, die darauf trainiert werden sollten, Banditen zu erkennen! Ein anderer Officer schlug vor, die indische Luftwaffe einzusetzen, um die Banditen im Tiefflug zu bombardieren – wie in einem Luftkrieg ...

Die Treffen gingen weiter, die Zeit verging. Aber eine wichtige Veränderung war eingetreten: Bei einer Auseinandersetzung im *daang* (Wald) war die Polizei auf die hochklassigen Waffen der Banditen gestoßen. Bei einer Zusammenkunft am 28. März in Delhi wurden mehr Waffen angemahnt und in der Folge 600 SLRs (selbstladende Gewehre), 150 Maschinenpistolen, 20 Mörserwerfer und Munition im Wert von 40 *lakh* Rupien (4 000 000 Rupien) für die Polizei von Madhya Pradesh beschafft. Feldstecher, Funkgeräte und Fahrzeuge wurden von verschiedenen paramilitärischen Organisationen zur Verfügung gestellt.

Im April 1981 erließ die Regierung von Madhya Pradesh die Anti-*dacoit*-Verordnung, gemäß der die Polizei das Recht erhielt, Unterstützer und Informanten auf bloßen Verdacht hin zu verhaften. Diese Verordnung ermöglichte es auch, Vermögen einzuziehen, Verdächtige bis zu vier Monaten ohne Kaution zu inhaftieren und Haftstrafen bis zu zehn Jahren für Unterstützer zu verhängen ...

Die Todesschwadronen der Polizei aus Uttar Pradesh hatten ihre Arbeit Anfang 1980 aufgenommen und bis zum Jahresende nach eigenen Angaben 1000 *badmaashs* getötet – wie sie die Banditen nannten. Die Polizei zog eine blutige Spur durch Uttar Pradesh; ein Menschenleben bedeutete nicht mehr als eine Zahl in den Polizeiakten. Die Polizei von Uttar Pradesh tat alles, um dem Chief Minister zu gefallen, und verbreitete derart dreiste Lügen, daß der Staat Uttar Pradesh bereits in Todeszuckungen zu liegen schien. Die Männer in Khaki gaben in den Bezirken, in denen die Banden operierten, die Jagd auf die Bevölkerung frei. Innerhalb von sechs Monaten wurden 700 »Banditen« getötet; 5000 wurden bei »Zusammenstößen« verhaftet. Die echten Banditen schlugen zurück: in Aliganj, Mainpuri, Pawa-Pawta, Agra und Etawah, wo sie unschuldige Dorfbewohner umbrachten und Polizisten niederschossen. Das Chambaltal versank in einem nie gekannten Blutrausch.

Während man in Madhya Pradesh immer noch einen Rest an gesundem Menschenverstand besaß und es dort nur vereinzelt zu vorgetäuschten »Zusammenstößen« kam, war Uttar Pradesh zu einem Land der Gesetzlosen geworden – ein kopfloses, wütendes Monster. Der Polizei zufolge war jeder fünfhundertste erwachsene Mann im Staat zum Banditen geworden.

Viele Jahre später, 1987, besuchte ich auf Phoolans Empfehlung hin zusammen mit ihrer Mutter und ihrem Bruder Galauli. Es war ein relativ großes Dorf mit etwa 11 000 Einwohnern und weit städtischer als viele Dörfer, in denen ich gewesen war, obwohl es den Charakter eines »Schluchtdorfes« bewahrt hatte. Der Ort, der eine Straßenanbindung besaß, war eine Hochburg der Moslems in der Gegend, daneben lebte dort eine Minderheit von niedrigkastigen Hindufamilien. Man sagte mir, es habe nie Konflikte zwischen den beiden Gemeinschaften gegeben.

Wir gingen zu dem Haus, in dem Baba Mustaqueem gewohnt hatte. Seine Verwandten lebten immer noch im selben Haus, in das Mannu Phoolan Devi 1979 nach Vikram Mallahs Tod gebracht hatte. Das Haus, der Innenhof und die Terrassen waren mir aus Mannus Beschreibungen vertraut, und die Moslems waren genauso höflich und förmlich, wie er sie damals erlebt hatte. Als ich von Mustaqueem sprach, wurde ich von einem der anwesenden jungen Männer verbessert, ich solle ihn *Baba* Mustaqueem nennen, da er kein gewöhnlicher Mensch gewesen sei. Während wir ein ausgezeichnet zubereitetes Mahl verspeisten, bei dem es Hammel mit roten Beten gab – eine ungewöhnliche, aber delikate Kombination –, dazu verschiedene Gemüse, *dal*, Reis und frisch geröstete *rotis*, versuchte ich, meine Absichten zu erklären. Lakshman Rao, der Fahrer, der mich auch nach Nagina begleitet hatte, war bei uns und wurde ebenso respektvoll behandelt. Mittlerweile war er mir zu einem festen Verbündeten geworden. Als Angestellter der Indian Tourism Department Corporation war er es nicht gewohnt, so von den Gastgebern seiner Fahrgäste behandelt zu werden. Wohin wir auch kamen, behandelte man ihn ebenso höflich wie mich, und da er mir bei meinen Arbeiten helfen wollte, verschwand er nach dem Essen und kehrte mit zwei jungen Moslems zurück, die er mir als »Männer aus Babas Bande« vorstellte. Ich fragte die beiden, ob sie tatsächlich mit Mustaqueem zusammen gewesen seien. Sie sagten, sie hätten sich im Dorf um seine Angelegenheiten gekümmert, sichere Häuser gestellt und Botschaften überbracht, aber nie mit ihm in den Schluchten gelebt und keine Verbrechen begangen.

Sie standen der Familie offenbar nahe, und man bat uns auf eine der oberen Terrassen, die von einem großen Baum überdacht wurde. Stundenlang unterhielten wir uns und spazierten dann durch das Dorf. Sie zeigten mir die Stelle, wo man die Leichen Jages und Kallu Lallas zur Schau gestellt hatte. Ihre verwesenden, fliegenbedeckten Körper hätten drei Tage lang dort gelegen. Sie zeigten mir auch den Baum, an dem sie selbst kurz nach den Morden in Sirauli und Galauli von der Polizei kopfüber aufgehängt und nach Phoolan Devi befragt worden waren. Dies sei eine in der Gegend verbreitete Foltermethode, erklärten sie mir, die oft als Laxman Jhula bezeichnet werde, ein Euphemismus, der sich von der mythologischen Gottesfigur Laxman ableitet, dem Bruder des Ram, der im Ramayana – einem der zwei Hauptwerke der Hindu-Religion – von dem Affengott Hanuman gezwungen wurde, sich von Baum zu Baum zu schwingen. Überraschend lässig sprachen sie über diese Erlebnisse. Vieles, was ich über Baba Mustaqueem erfahren habe, stammt von ihnen. Die Ruinen, unter denen sich Phoolan, Man Singh und Baladin versteckt hatten, zeigten sie mir, als wäre es eine historische Stätte von touristischem Interesse.

Trotz der Laxman Jhula, während der sie hin und her geschwungen worden waren, bis sich das Blut in ihren Köpfen staute, trotz der Prügel, die sie dabei erhalten hatten, trotz all der Fragen, mit denen man sie während der Folter bombardiert hatte, hatten sie geschwiegen und den Tod dem Verrat vorgezogen. Als ich sagte: »In Menschen wie euch hat Phoolan Devi gute Freunde«, antworteten sie: »Wir haben es für Baba getan, in der Erinnerung an ihn. Wir kannten Phoolan Devi kaum.« Auch nach seinem Tod waren sie ihrem Banditenanführer ergeben.

Ich bat sie, mir zu erzählen, wie Baba getötet worden war. Das folgende basiert auf den Notizen, die ich damals machte, sowie auf Presseberichten über den Vorfall.

Mustaqueem war wie geplant in das Dorf seines Cousins gegangen. Man hatte über die Möglichkeit gesprochen, nach Bombay zu gehen, und Immamuddin, der seinen gesetzlosen Verwandten vergötterte, hatte sich bereit erklärt, ihn zu begleiten. Vor der Abreise wollte Mustaqueem seinem Bruder im Dorf Dastampur Geld überbringen, damit jener Mustaqueems Familie durchbringen konnte, während er fort war.

Mustaqueem schnitt sich das Haar, das er lang wie Man Singh getragen hatte, rasierte sich den Bart ab, stutzte seinen Schnurrbart und zog einen weißen *kurta-pajama* an. Er steckte seinen Revolver in die Reisetasche seines Bruders und band sich sein ganzes Geld um den Bauch, dann stiegen sie in den Bus nach Dastampur.

»Er sah so vollkommen anders aus«, meinte Salim, einer der

Männer, die mir die Geschichte erzählten, »daß alle überzeugt waren, ihm könne nichts passieren. Die Polizei hätte ihn nicht mal erkannt, wenn sie ihm direkt gegenübergestanden hätte.«

Der Bus fuhr nur bis Galaupur im Bezirk Kanpur, Uttar Pradesh, von wo aus man das Dorf seines Bruders zu Fuß erreichen konnte.

An diesem Morgen gab das Polizeihauptquartier in Lucknow eine Liste von Dörfern heraus, deren Zugangsstraßen überwacht werden sollten. Jeder, der diese Straßen benutzte, sollte angehalten und verhört werden. Sub-Inspector Harimram Pal und Constable Hari Singh fuhren auf Fahrrädern vom Dorf weg, als sie zwei Männer auf sich zukommen sahen. Das Land war im Umkreis von Meilen vollkommen flach und verdorrt, deshalb war ein Entkommen unmöglich. Mustaqueem und Immamuddin setzten ihren Weg fort, da sie keine andere Möglichkeit sahen. Aber als die Polizisten auf gleicher Höhe mit ihnen waren und sie fragten, wohin sie wollten, konnte Immamuddin seine Angst nicht mehr verhehlen, und die Polizisten schöpften augenblicklich Verdacht. Sie stiegen von ihren Rädern, kamen auf Immamuddin zu, ohne Mustaqueem Beachtung zu schenken, und fragten ihn nach seinem Weg. Immamuddin, der vor Angst kaum sprechen konnte, deutete zum Dorf hin und murmelte etwas.

»Was ist in der Tasche?« wollten die Polizisten wissen und befahlen ihm, sie zu öffnen.

»Kleider«, antwortete er, während er mit zitternden Händen am Reißverschluß herumhantierte.

In diesem Augenblick stürzte Mustaqueem vor, um sich den Revolver in der Tasche seines Cousins zu schnappen, aber ein Polizist hatte die Waffe bereits entdeckt. In dem darauffolgenden Handgemenge löste sich ein Schuß, der die Aufmerksamkeit einiger Studenten aus dem Dorf erregte. Die jungen Männer, die ein Stück vor ihnen auf der Straße gingen, machten kehrt, um nachzusehen, was passiert war.

Als sie herbeigelaufen kamen, war der Kampf zwischen den

vier Männern bereits recht brutal geworden. Mustaqueem hatte den Sub-Inspector zu Fall gebracht, indem er das Gewehr auf seinem Rücken zertrümmert hatte; der Constable und Immamuddin kämpften immer noch. Die jungen Männer kamen der Polizei zu Hilfe und überwältigten Mustaqueem und seinen Cousin. Ein paar liefen vor ins Dorf, um Verstärkung und Stricke zu holen, und schließlich waren die beiden Männer gefesselt und wurden ins Dorf gebracht.

Die Polizei wußte immer noch nicht, um wen es sich handelte. Als sie im Dorf angekommen waren, offenbarte Mustaqueem der Polizei, wer er war, um seinen Cousin zu retten. »Er ist unschuldig. Er ist kein *dacoit*, nur ein einfacher Bauer. Laßt ihn frei. Ihr habt mich, was wollt ihr denn noch?« sagte er. Die Kunde verbreitete sich in Windeseile und lockte immer mehr Menschen an, die den legendären Baba Mustaqueem sehen wollten, dessen Haar dreck- und blutverklebt war und den man so verschnürt hatte, daß er sich kaum bewegen und kaum stehen konnte.

Kalyan Mukherjee und Brij Raj Singh setzen die Schilderung in ihrem Buch über Malkhan Singh fort:

Sie (die Polizisten) schubsten sie in einen kleinen Holzkarren, und Mustaqueem begann zu brüllen:
»Diese Bullen sind Schweine, sie werden mich umbringen. Sie haben mir mein Geld genommen. Sie sollen es nicht haben: Wenn es hier Arme gibt, nehmt es für eure Töchter!« rief er immer wieder.
Die Menge schaute zu, wie er sich in der Karre heiser brüllte. Außerhalb des schwülen, kleinen Ortes führte die Straße – eine schmale Piste – zum *thana*. Die Nachricht war bereits bis nach Derapur gedrungen, und mehr Polizei wurde ausgeschickt. Aus dem *thana* war die Neuigkeit an den jungen Mohan Das Menon telegrafiert worden, den SP im bäuerlichen Kanpur.
Aber unterwegs überlegten es sich die Polizisten anders; sie

steckten das Geld ein, und einer der beiden begann nach der Goldkette zu schielen, die um Mustaqueems Hals hing. Sie hielten den Karren in der Nähe des Baches Ratwa an und luden das Duo aus. Während man sie in die Felder zerrte, küßte Mustaqueem den Talisman um seinen Hals und betete zu Allah. Als Sunnit war er tief religiös und gottesfürchtig. Er hatte gewußt, daß der Weg allzu schnell zu Ende war, nur zwei Wochen vor dem Fest von Urs.

Es war der vierte März 1981.

Die Polizei veröffentlichte später eine offizielle Version der Ereignisse, derzufolge sich zwei Männer auffällig verhalten hätten. Als man sie aufgefordert habe, stehenzubleiben, seien sie über die Felder geflohen und hätten dabei das Feuer auf die Polizisten eröffnet, die zurückgeschossen und dabei beide getötet hätten. Einer der Toten sei Mustaqueem gewesen, »der berüchtigte moslemische *dacoit*-Führer«, bei dem anderen habe es sich um einen »Unbekannten« gehandelt.

Mustaqueem wie auch Balwan Singh waren weniger als einen Monat nach dem Massaker von Behmai gestorben. Für Man Singh signalisierte dies das Ende einer Ära. Er erinnerte sich an früher, als Mustaqueem ein geschickter Ringer gewesen war, dessen Ruhm sich schnell in Kalpi verbreitete. Er kämpfte für Geld, und das Publikum schloß Wetten ab, meist auf ihn, da er der Held des ganzen Ortes und der Sohn Pir Mohammads war.

Mit den Profikämpfen hatte es angefangen, dann kamen Straßenkämpfe und das Glücksspiel, das ihn nach Kanpur zog. Die Geheimnisse des Stadtlebens lockten ihn. Dort war er Balwan Singh begegnet, der bereits *baghi* war, und hatte Freundschaft mit ihm geschlossen. Es war nur eine Frage der Zeit gewesen, bis Mustaqueem mit Balwan zu arbeiten begann und mehr Geld machte, als er in seinem ganzen Leben gesehen hatte, obwohl er immer noch zu Hause lebte und nur ab und zu einen Job für die Gang erledigte, ohne daß seine Familie davon wußte. 1979 wurde er Zeuge, wie Balwan einen Constable der Polizei tötete, mit dem er verfeindet war. Mustaqueem ergriff für seinen Freund Partei und wurde automatisch dessen Komplize. Deshalb beschloß er, unterzutauchen, um nicht zu riskieren, wegen Mordes vor Gericht gestellt zu werden, obwohl er nur am Tatort gewesen und an dem Totschlag gar nicht beteiligt war. Er hatte der Polizei nie getraut, die größtenteils aus Hindus bestand, dazu kannte er zu viele aus seiner Gemeinde, die unter den Schikanen der Obrigkeit gelitten hatten. Man Singh hatte den agilen, dunklen, gewitzten Muslim kennengelernt, als sich Mustaqueem in Man Singhs Schwester Shitala Devi verliebte, die nicht weit von Balwans Heimat im Dorf Tirahi lebte. Jetzt, da beide tot waren, erklärte er Phoolan Devi, sei es nur noch eine Frage der Zeit, bis das Schicksal auch ihn einholen würde.

KAPITEL 20

Ende einer Ära

Nun waren nur noch Phoolan Devi und Man Singh übrig, ständig auf der Flucht, körperlich und seelisch ausgelaugt und ohne Hoffnung auf ein Ende der Jagd. Es war eine schwere Zeit. Phoolan erinnert sich:

»Vier Monate lang zogen wir durch die Dschungel, kämpften mit allen möglichen Schwierigkeiten, hatten oft nichts zu essen. Wir lebten von wilden Beeren, Obst und Gemüse, das wir manchmal von den Feldern stahlen. Schließlich beschlossen wir, daß es Zeit war, eine neue Gang zu bilden. Der erste, der sich uns anschloß, war Maniram, dem Kharag folgte. Nicht viel später überfielen wir zu viert ein Dorf. Es war vier Uhr nachmittags. Wir stürmten das Haus eines reichen Grundbesitzers und erbeuteten Sachen im Wert von drei oder vier *lakhs*. Das schien viel Geld, aber wir hatten es bald für Waffen und Munition ausgegeben. Einen Monat später schlossen sich uns noch mal fünf Männer an: Munna Singh Chauhan und Jaiveer Singh Chauhan, die schon früher bei uns gewesen waren, Mehdi Hassan, Gopi und Jeevan. Jetzt waren wir zu neunt in der Bande. Wir organisierten kleine *dacoities* und Entführungen und konzentrierten uns darauf, unser Waffen- und Munitionsarsenal zu vergrößern. In jener Zeit stieß auch Baba Mustaqueems Bruder Muslim zu uns. Er war nach Babas Tod einige Zeit in Malkhan Singhs Bande gewesen, hatte aber beschlossen, zu uns zu kommen, nachdem sich Malkhan im Sommer 1982 der Regierung von Madhya Pradesh ergeben hatte. Er sagte, Babas Tod sei immer noch nicht gesühnt.«

Muslim, der eigentlich ein Cousin ersten Grades von Mustaqueem war, sollte weniger als zwei Wochen, nachdem Malkhan Singh und seine Bande sich in der Stadt Bhind dem Chief Minister von Madhya Pradesh ergeben hatten, Rache nehmen. Seine Tat löste ein weiteres politisches Erdbeben in Uttar Pradesh aus; *Sunday*, das politische Magazin, das ausführlich über das Massaker von Behmai berichtet hatte, widmete den Vorfällen eine Titelgeschichte unter der Überschrift: »V.P.Singh – ein Chief Minister kapituliert«. Fettgedruckt war darunter zu lesen:

Nachdem Mr. Vishwanath Pratap Singh sein Verbleiben im Amt an die Bedingung geknüpft hatte, daß er es schaffen werde, die Bedrohung durch *dacoits* in UP zu beenden, fiel er nun seinem eigenen Versprechen zum Opfer. Am 28. Juni, unmittelbar nach dem Massaker, das *dacoits* an 17 Menschen in Kanpur und Mainpuri ausgeübt haben, reichte der Chief Minister sein Rücktrittsgesuch ein. Shubbabrata Bhattacharya besuchte Lucknow, um über die Ereignisse zu berichten, die zu V. P. Singhs Rücktritt führten.«

Im eigentlichen Artikel schrieb der Reporter:

Das Gemetzel von Dastampur ist ein bedrückendes Beispiel dafür, wie nachlässig die Verwaltung in Uttar Pradesh arbeitet. Die unschuldigen Menschen von Dastampur hätten nicht sterben müssen, hätte die Regierung von Uttar Pradesh nur Augen und Ohren offengehalten. Dastampur ist jenes Dorf, dessen Bewohner am 4. März 1981, keine drei Wochen nach dem Massaker von Behmai, der Polizei geholfen hatten, den gefürchteten *dacoit* Baba Mustaqueem festzunehmen... Mustaqueems Bruder Muslim, der in Mustaqueems Bande gewesen war, hatte sich bald darauf Malkhan Singhs Bande angeschlossen und geschworen, den Tod seines Bruders zu rächen.
Als Malkhan Singh und seine Bande sich unter großem Tam-

tam am 17. Juni 1982 dem Chief Minister von Madhya Pradesh ergaben, befand sich Muslim nicht unter den Männern. Tatsächlich wußte die Polizei von Madhya Pradesh nur zu gut, daß Muslim und ein paar weitere Männer aus der Gang gemeinsam mit Malkhan Singh aus den Schluchten herausgekommen waren, es sich dann aber anders überlegt hatten und in die Schluchten zurückgekehrt waren. Muslim war überzeugt, noch den Tod seines Bruders rächen zu müssen. Muslims öffentliche Erklärung, er würde sich dem Kapitulationsschauspiel nicht anschließen, weil er die Mörder seines Bruders bestrafen wolle, hätte die Polizei ernster nehmen müssen. Aber man schenkte der offenen Drohung, die nur zehn Tage vor dem Gemetzel von Dastampur ausgesprochen wurde, keine Beachtung.

Nach Mustaqueems Tod waren ein Jahr lang Polizeiposten in Dastampur aufgestellt worden. Im März dieses Jahres war die Regierung von Uttar Pradesh aufgrund einer unergründlichen politischen Logik davon überzeugt, daß Dastampur keinen Polizeischutz mehr benötige, und ließ die Polizeiposten abziehen. Nachdem am 17. Juni Muslims Drohung öffentlich bekannt geworden war, wandten sich die Dorfbewohner an Madan Singh, den Kommandanten der Polizeistation in Derapur (in deren Verantwortungsbereich Dastampur fällt). Doch der Polizeikommandant war so von sich überzeugt, daß er den Dorfbewohnern befahl, keinen blinden Alarm zu schlagen. »*Kya baar baar aa jaate ho? Daaku kahan hain? Bhag jao nahin tho maar ke patang bana doonga!*« (Warum kommt ihr ständig angelaufen? Wo sind die *dacoits*? Schert euch weg, oder ihr werdet verprügelt und wie Drachen zum Fliegen gebracht!) erklärte der Kommandant den Dorfbewohnern noch wenige Tage vor dem Gemetzel. Die Dorfbewohner hatten die Polizei um Schutz gebeten, da sie gehört hatten, daß Muslim den Tod Mustaqueems rächen wolle. Der Polizeikommandant machte sich nicht einmal die Mühe, seine Vorgesetzten von der Bitte der Dorfbewohner in Kenntnis zu setzen. Die Beziehungen zwischen der Polizei von Uttar Pradesh und der von Madhya Pradesh waren nach Malkhan Singhs Kapitulation derart gespannt, daß weder die Polizei von Madhya Pradesh ihre Kollegen über die Vorsätze informierte, die Muslims Bande gefaßt hatte, noch die Polizei von Uttar Pradesh Notiz von dem nahm, was in Bhind am Tage der Kapitulation Malkhan Singhs geschehen war.

Zwar leugnete Muslim seine Beteiligung an den Morden von Dastampur, wie mir ein paar befreundete Journalisten erzählten, gemäß der allgemein verbreiteten Version fuhr er jedoch in der Nacht vom 27. Juni 1982 in einem offenen Matador-Lieferwagen in das Dorf. Bei ihm waren etwa zwanzig Bewaffnete. Sie suchten nach den Häusern zweier Männer, Shivram Singh Yadav und Gangacharan Yadav, die beide eine ordentliche Belohnung dafür erhalten hatten, daß sie der Polizei bei Mustaqueems Festnahme geholfen hatten. Alle Bewohner des einstöckigen Hauses, das Shivram Singh Yadav gehörte, wurden niedergeschossen, Frauen und Kinder eingeschlossen. Viele der Leichen wiesen mehrere Einschüsse auf. Die zweite Familie hörte die Schüsse und ergriff die Flucht, was Muslim so wütend machte, daß er das Feuer auf die Nachbarn eröffnete und zwei weitere Männer sowie einen zwölfjährigen Jungen tötete. Als die Bande abzog, hatten die Dorfbewohner keinen Zweifel mehr an dem Grund für die Vendetta. Die Banditen feuerten in die Luft und riefen: »*Baba Mustaqueem zindabad! Khoon ka badla khoon se lenge!*« (Lang lebe Baba Mustaqueem! Wir werden Blut mit Blut rächen!)

In derselben Nacht kam es in dem Dorf Rampura, Uttar Pradesh, zu einer Reihe weiterer Rachemorde, bei denen sechs *harijans* erschossen wurden. Man hatte sie angeblich verdächtigt, Polizeispitzel zu sein.

Vishwanath Pratap Singh, der wegen dieser Affäre am nächsten Tag als Chief Minister von Uttar Pradesh zurücktrat, wurde später indischer Premierminister, nachdem Rajiv Gandhi im November 1989 abgewählt worden war. Bis dahin sollte Muslim bereits sieben Jahre im Gefängnis verbracht haben – aber all das war 1982 noch nicht vorherzusehen. Als man ihn im Juli jenes Jahres über das *dacoit*-Problem befragte, antwortete Mr. V. P. Singh folgendermaßen:

Frage: Warum sind Sie zurückgetreten?
Antwort: Ich hatte das Gefühl, die Verantwortung zu tragen. Es hat eine Reihe solcher Morde gegeben. Mein Bruder wurde ein Opfer der *dacoits*. Aber zugleich möchte ich nicht der Polizei die Schuld geben, die gute Arbeit geleistet hat. Eine Reihe berüchtigter Banden wurde eliminiert.
Frage: Die Aktivitäten gegen die Banden im letzten Winter bildeten den Höhepunkt Ihrer Regierungszeit. Es gibt Behauptungen, es habe eine Reihe gestellter Schießereien gegeben, bei denen Unschuldige getötet worden seien. Wie reagieren Sie auf diesen Vorwurf?
Antwort: Mehr als 130 Polizisten haben ihr Leben in diesem Kampf gegeben. Uttar Pradesh ist ein politisch höchst lebendiger Staat. Wenn diese Behauptungen wahr wären, dann hätte die Bevölkerung das nicht so ruhig hingenommen. Keine Regierung hätte einen solchen Skandal überlebt. Natürlich sind uns ein paar Fälle zu Ohren gekommen. Wir haben Mordanklage gegen vier Sub-Inspectors und elf Constables erhoben. Aber die Behauptungen sind größtenteils aus der Luft gegriffen.
Frage: Wie reagieren Sie auf die Kapitulation Malkhan Singhs?
Antwort: Wir halten nicht viel von Kapitulationen.
Frage: Bekanntlich hat während Malkhans Kapitulation Muslim, der Mitglied in dessen Gang gewesen war, verkündet, er würde sich nicht ergeben, da er den Tod seines Bruders Mustaqueem rächen wolle. Hätte die Polizei in Dastampur nicht auf der Hut sein müssen?

246

Antwort: Ja, auch das ist richtig. Die Dorfbewohner haben mit dem Polizeikommandanten in Derapur gesprochen. Aber aus irgendeinem Grund hat der nicht reagiert oder seine Vorgesetzten informiert. Wir haben ihn vom Dienst suspendiert. Der Polizeikommandant ist also suspendiert, und der Chief Minister entlassen!

Im März 1982 wurden Mr. V. P. Singhs Bruder, Chandra Shekar Prasad, Richter am Hohen Gericht in Allahabad, und sein zwölfjähriger Sohn Ajit Pratap Singh ermordet, zusammen mit einem Diener, der im selben Jeep fuhr. Der zweite Sohn, Vikram Pratap Singh, der damals neun Jahre alt war, wurde verletzt. Sie waren auf der Heimfahrt von ihrem Familienpalast gewesen, einem alten Fort, wo sie auf *shikaar* (Jagd) gegangen waren.

Höchstwahrscheinlich hielten die *dacoits* den Jeep des Richters für ein Polizeifahrzeug und glaubten, sie seien in einen Hinterhalt geraten. Der überlebende Sohn hörte sie sagen: »*Galti ho gai.*« (Es war ein Fehler.)

Dieser Vorfall führte in Verbindung mit dem wachsenden Unmut der Öffentlichkeit über die Polizeiexzesse in Uttar Pradesh dazu, daß viele mutmaßten, die Politiker würden sich ebenso wie die *dacoits* von persönlichen Rachegefühlen leiten lassen.

Vor V. P. Singhs Rücktritt hatte die *Times of India* in einem Leitartikel kommentiert:

Die Polizei von Uttar Pradesh behauptet, sie habe in den letzten fünf Jahren 40 000 *dacoits* verhaftet und 3000 bei bewaffneten Zusammenstößen liquidiert, davon 1000 allein im Lauf des letzten Jahres. Aber die Bedrohung nimmt keineswegs ab, sondern hat im Gegenteil alarmierende Ausmaße angenommen. Einige der verrufensten Banden, die drei Staaten unsicher machen, werden immer größer und frecher. Und für jede aufgeriebene Räuberbande entstehen ein paar neue. In jeder Hinsicht hat die Polizei bislang auf verlorenem Posten gekämpft.

Nach den Gründen braucht man nicht lange zu suchen. Die meisten *dacoits* genießen die Protektion mächtiger Politiker, Grundbesitzer und, gelegentlich, sogar der Polizeibeamten in den Schluchten. In regelmäßigen Abständen beschuldigten sich reihum die Parteien in Lucknow, Bhopal und Jaipur (den Regierungssitzen von Uttar Pradesh, Madhya Pradesh und Rajasthan), solche Verbindungen zu pflegen. Tatsächlich gibt es genügend Fälle, in denen ein Politiker die Hilfe von *dacoits* in Anspruch genommen hat, um einen Rivalen zu liquidieren oder einen Kritiker zum Schweigen zu bringen; oft genug hat man sich ihrer auch bedient, um Kastenkriege auszutragen ...

Im Januar veröffentlichte dieselbe Zeitung – die in Indien als Organ des Establishments betrachtet wird – einen Artikel mit der Überschrift »Dacoit-Verbindungen mit Geheimdiensten«, der folgendermaßen begann:

Viele horchten erstaunt auf, als Kashi Ram, das erste Mitglied aus Malkhan Singhs Bande, das verhaftet wurde, die Verbindungen seiner Gang zu Politikern und Polizisten in der Region offenlegte.

Die Polizeibeamten waren diesbezüglich zwar zu keiner Auskunft zu bewegen, aber aus zuverlässigen Quellen war zu erfahren, daß Kashi Ram zwei ehemalige Regenten (d. h. Mitglieder des lokalen Adels), einen ehemaligen Minister der damaligen Lok-Dal-Regierung in Uttar Pradesh und mehrere andere erwähnt hatte, die der Bande Protektion gegeben hätten.

Die einzige Art von »Industrie«, die es hier gibt und in der man einen Job finden kann, ist die institutionalisierte Form der *dacoity*. Die *dacoits* haben bessere Nachrichtendienste als die Polizei. Sie genießen die Unterstützung der Polizei, die sich ihnen gegenüber loyaler verhält als gegenüber ihren eigenen Vorgesetzten, von Politikern, die ihnen gegenüber loyaler sind als gegenüber ihren politischen Parteien, kurz gesagt, von *dacoits* mit weißem Kragen, die vom indischen Strafgesetz als »Sympathisanten« bezeichnet werden ... Im Gegenzug nutzen die Sympathisanten ihre Verbindungen zu den Banditen, genießen Respekt in der Gesellschaft und erhalten einen großzügigen Anteil am Einkommen der *dacoits*.

Vor seiner Kapitulation war Malkhan Singh zu der Überzeugung gelangt, daß er der Polizei in Uttar Pradesh nicht trauen konnte und sich nur in Madhya Pradesh stellen würde. Mehr noch. Er war zu dem Schluß gekommen, daß es einen einzigen Polizeibeamten gab, dem er trauen konnte, den SP von Bhind, Rajendra Chaturvedi. Es gab Spekulationen darüber, daß Rajendra Chaturvedi auf Malkhans Drängen hin nach Bhind versetzt worden war, da Malkhan sich weigerte, mit Chaturvedis Vorgänger zu verhandeln und zugleich auf Bhind als Ort der Kapitulation bestand. Wenn es irgendeinen Zwischenfall geben sollte, wenn er und seine Männer irgendwie hintergangen werden sollten, hätten sie es nicht weit in die Schluchten, und seine Männer wären noch im Besitz ihrer Waffen. Im Gegensatz dazu sollten die Polizisten, die sie begleiteten, unbewaffnet bleiben und strikte Anweisung erhalten, nicht auf »kleinere« Provokationen zu reagieren, die bei einem solchen Zusammentreffen von Jägern und Gejagten unvermeidlich waren. Dies war eine von Malkhans Forderungen gewesen, und Chaturvedi hatte ihr aller öffentlichen Kritik zum Trotz zugestimmt.

Auf dem Weg nach Bhind besuchten Malkhan und seine Bande Bilao, seinen Geburtsort. Man bereitete ihnen einen stürmischen Empfang; alte Frauen kamen angelaufen, um ihn zu umarmen, und junge Männer knieten nieder, um seine Füße zu berühren. Mitglieder seiner Bande feuerten daraufhin eine Freudensalve in die Luft ab, der Polizei zum Trotz, die die

Männer mit ungeladenen Gewehren begleitete. Wie befohlen, reagierten die Polizisten nicht, sondern nahmen die Schüsse als Teil der *tamasha* hin, der letzten heroischen Geste vor der Kapitulation. Die Nachricht von den Vorgängen in Bilao erboste jenseits der Grenze in Uttar Pradesh Teile der Presse und Politiker gleichermaßen. Dem Chief Minister von Madhya Pradesh wie auch Chaturvedi wurde wieder einmal vorgeworfen, sie würden die »*dacoits* glorifizieren«. Malkhan verließ sein Heimatdorf, nachdem er große Summen verteilt und einige Zeit mit seinen Verwandten gefeiert hatte. Viele Dorfbewohner begleiteten die Bande zur offiziellen Zeremonie nach Bhind.

Die Nachricht, daß der achtunddreißigjährige Malkhan Singh der ständigen Flucht und des Lebens in den Schluchten müde war, brachte Man Singh zum Nachdenken. Er unterhielt sich mit Phoolan Devi darüber, die ihm jedoch antwortete: »Soll er doch tun, was ihm gefällt. Was habe ich mit ihm zu schaffen?« Ihre Verbitterung rührte daher, daß sie ihm nach Mustaqueems Tod eine Botschaft geschickt und ihn um Unterstützung gebeten hatte. Sie hatte ausrichten lassen, sie stünden seit dem Zusammenstoß in Galauli, bei dem fünf Männer getötet worden waren, unter großem Druck. Unter den Opfern war auch Sobaran, ein Mitglied seiner Bande, gewesen. Sie hatte damals nicht gewußt, daß Sobaran sie hatte töten wollen. Sie hatte um Geld, Nahrung und Munition gebeten, aber der Banditenkönig hatte nicht geantwortet. Später war sie von Ghanshyam, der mit Malkhan verwandt war, in aller Freundschaft davor gewarnt worden, sich Malkhan wieder zu nähern; Ghanshyam hatte hinzugefügt, Malkhan spreche in *baghi*-Kreisen »schlecht« über sie. Phoolan Devi hatte bestimmt nicht vor, seinem Beispiel zu folgen. Außerdem, erklärte sie Man Singh, vertraue sie der Polizei nicht, egal, von welcher Seite der Grenze sie komme.

Im Gegensatz zu Malkhan Singh besaßen Phoolan Devi und all ihre Verbündeten keine nennenswerten »politischen Kontakte«, allen Spekulationen der Medien zum Trotz. Da sie aus einer niedrigen Kaste stammten, wesentlich weniger Geld besaßen und damit wesentlich weniger Macht hatten, konnten sie sich nicht wie Malkhan Singh in bedrängter Lage freikaufen.

KAPITEL 21

Auf der Flucht

Der Rücktritt von V. P. Singh, des Chief Ministers von Uttar Pradesh, hatte zur Folge, daß sich die Spannungen innerhalb der Polizei vertieften, nicht nur in Uttar Pradesh, sondern auch in Madhya Pradesh, möglicherweise sogar auf nationaler Ebene. Die Öffentlichkeit beobachtete mit zunehmendem Miß-trauen, wie Polizei und Regierung das Problem der Gesetzlo-sen zu lösen versuchten. Es kam zu einer Reihe von Zeitungsar-tikeln und Demonstrationen, in denen nach einer Veränderung verlangt wurde. Manche befürworteten die Methode, die man angewandt hatte, um Malkhan Singhs Kapitulation zu errei-chen; es gab aber auch viel Kritik an der »weichen Linie«, da sie langfristig nur zu noch mehr Gesetzlosigkeit führen würde. Die Kritiker wiesen darauf hin, daß die Banditenkönigin immer noch auf freiem Fuß war und der Polizei immer wieder entkam, während Tausende unter der Suche nach ihr und der kleinen Gruppe ihrer Gefolgsleute zu leiden hatten.

Dieses Thema war von der Presse bereits ein Jahr vor V. P. Singhs Rücktritt aufgegriffen worden. So hatte beispielsweise der *Indian Express* im September 1981 einen Bericht unter der Überschrift »Unschuldige bei Anti*dacoity*-Jagd ermordet« veröffentlicht. N. K. Singh, der Korrespondent der Zeitung in Bhopal, schrieb:

Am 24. Juli und 11. August organisierten Hunderte von Bau-ern eine Demonstration in Bhind, um gegen die Ermordung »unschuldiger Menschen« zu protestieren. In einem Memo-randum an den Bezirksrat forderten die Bauern die sofortige

Verhaftung des Polizeibeamten, der Vishwanath niedergeschossen hatte.

Wie Mr. Ramashankar Singh und andere Oppositionsmitglie-
der am Dienstag in der Versammlung erklärten, war Vishwanath weder Mitglied einer polizeilich bekannten oder irgend
einer anderen Bande gewesen, noch habe es einen Haftbe-
fehl auf seinen Namen gegeben. Er sei auch nicht polizeilich
gesucht worden und hätte keine Vorstrafen gehabt, trotzdem
sei er nach seinem Tod von der Polizei als Mitglied der
berüchtigten Bande um Pan Singh bezeichnet worden.

... der Chief Minister beantwortete die Fragen des Abgeordneten mit der Bemerkung, daß, bevor er eine Erklärung vor
dem Parlament abgebe, »sich die Regierung mit allen Aspekten des Falles vertraut machen möchte. Ich möchte die Informationen nicht häppchenweise verteilen«, fügte er hinzu.

Dies führte zu einem hitzigen Wortwechsel zwischen dem
Chief Minister und Mr. Ramashankar Singh, der behauptete,
die Polizei habe eine »Schreckensherrschaft im Chambal«
errichtet und ermorde »unschuldige Menschen in vorgetäuschten Schießereien«.

Im Verlauf des Streites erklärte der Chief Minister dem Mitglied der Lok Dal: »Sie können mich nicht zwingen, gleich zu
antworten.«

In demselben Artikel hieß es allerdings auch:

Der Chief Minister erklärte am Montag vor dem Parlament,
ein Abgeordneter der Kongreß (I)-Partei habe Beschwerde
darüber geführt, daß eine große Anzahl von Frauen 18 Tage
lang in einem Polizeilager festgehalten worden seien. Sie
wurden dort mehrfach vergewaltigt und nackt durch ein
nahes Dorf geführt. Der Chief Minister versicherte den aufgebrachten Abgeordneten, er habe eine Untersuchung des
Falles angeordnet und würde deren Ergebnisse im Parlament
vortragen.

Einem weiteren ernstzunehmenden Vorwurf zufolge soll die Polizei den kürzlich verhängten Erlaß über Gebiete mit starkem Bandenunwesen zum Vorwand genommen haben, um Unschuldige zu schikanieren. Unschuldigen wird eine Verhaftung entsprechend dieses Erlasses angedroht und Geld von ihnen gefordert. Viele derartige Klagen wurden im Bezirk Chattarpur laut. In Chattarpur haben zudem einige Inhaftierte behauptet, sie seien von der Polizei mit Elektroschocks gefoltert worden und hätten dabei ihre Potenz verloren.

Die Glaubwürdigkeit der Polizei und der Zivilverwaltung von Uttar Pradesh war untergraben. In diesem Klima fuhr Rajendra Chaturvedi nach Delhi und bat um eine Audienz bei der Premierministerin. Er eröffnete ihr, daß auch in Madhya Pradesh die Polizei an Glaubwürdigkeit verliere: Es habe zu viele Tote gegeben; die Öffentlichkeit sei der Situation zunehmend überdrüssig, und Phoolan Devi sei zum lebendigen Symbol polizeilichen Versagens geworden. Er sagte, es könne noch Jahre dauern, bis man sie fangen würde. Es gebe allein im Chambal-Tal über 200 Dörfer, und neuere Berichte ließen darauf schließen, daß Phoolan Devi die Mittel habe, sich in ganz Nordindien bis hin zur nepalesischen Grenze frei zu bewegen. Ihre einzige Möglichkeit, erklärte er Indira Gandhi, bestünde darin, Phoolan Devi irgendwie davon zu überzeugen, wie Malkhan Singh zu kapitulieren. Die Premierministerin hörte ihm aufmerksam zu, erteilte ihm schließlich die Erlaubnis, alle Möglichkeiten auszuschöpfen, und wies ihn an, den Chief Minister von Madhya Pradesh, Arjun Singh, über alle Entwicklungen auf dem laufenden zu halten. Wenn Phoolan Devi zu einer Kapitulation überredet werden könne, solle man ihr die gleichen Bedingungen anbieten wie Malkhan Singh.

Das Konzept der »freiwilligen Kapitulation« war nicht neu in der Geschichte des Banditenwesens. Schon zweimal, 1960 und 1972, hatte es Massenkapitulationen unter der Leitung von Banditenanführern gegeben, die sich nach Indiens Unabhängigkeit im Jahr 1947 einen Namen gemacht hatten. Beide Anführer, Acharya Vinoba Bhave und Jaiprakash Narayan, wurden als geistige Erben der gewaltlosen Philosophie Mahatma Gandhis betrachtet und genossen im ganzen Land Respekt.

1960, fünf Jahre nach dem Tod Mansinghs und zwei Jahre nach dem Putli Bais, den berühmtesten Banditen jener Zeit, legten Hunderte von *dacoits* auf einen Aufruf Vinoba Bhaves hin ihre Waffen nieder.

Damals befand sich Mansinghs einziger überlebender Sohn Tehsildar Singh unter Androhung der Todesstrafe im Gefängnis. Er war seit 1956 in Haft und zu einer außerordentlich schweren Haftstrafe von 246 Jahren verurteilt worden. Mit dem Todesurteil hatte er sich abgefunden, erzählte er mir, als ich ihn 1988 in dem Haus seiner Vorfahren im Dorf Khare Rathore aufsuchte, und sich schon in sein Schicksal gefügt. Doch mittlerweile hatten die Gerichte das Urteil zu seinem großen Kummer in lebenslängliche Haft umgewandelt. Er erzählte mir, damals habe er den Gedanken nicht ertragen, jahrzehntelang im Gefängnis bleiben zu müssen; die Erniedrigung, launischen Gefängniswärtern ausgeliefert zu sein; ein alter, verbitterter, gebrochener Mann zu werden. Aus diesen Gründen hatte er den Obersten Gerichtshof Indiens angerufen, ihm statt dessen die Todesstrafe zu gewähren. Seiner Bitte wurde entsprochen, doch infolge einiger unvorhersehbarer Ereignisse – bürokratischer Stolpersteine und Fallen – vergingen Jahre, ohne daß etwas geschah.

Ende der sechziger Jahre beschloß er schließlich, Vinoba Bhave zu schreiben. In dem Brief betonte er nochmals seine Bereitschaft zu sterben und wies auf die sozialen und ökonomischen Bedingungen im Chambal-Tal hin, wegen der viele junge Menschen ein »sinnloses Leben voller Blutvergießen und Verbrechen« führten. Er flehte den Gandhi-Veteranen an, »sich einzumischen«, »etwas für ihre Zukunft zu tun«. Der alte und gebrechliche Bhave gab den Brief an seinen politischen Erben J. P. Narayan weiter und bat ihn, sich der Sache anzunehmen. »Ich habe es nicht meinetwegen getan«, wiederholte Tehsildar Singh immer wieder. Er war inzwischen selbst ein alter Mann, dem die Enkelkinder immer wieder wie bei einem neuen Spiel auf den Schoß krabbelten. Alle, die ihm während meines Besuches in seinem Haus und auf der Reise durch Uttar Pradesh (wir brachten die Kinder zum jährlichen Viehmarkt nach Bateshwar am Ufer der Yamuna) begegneten, begrüßten ihn mit zeremonieller Verehrung, berührten seine Füße und sprachen ihn, wie schon seinen Vater, als »Dau« an.

Als J. P. Narayan den Brief erhielt, warf er einen Blick auf das Datum und kam zu dem Schluß, daß das Todesurteil inzwischen vollstreckt sein mußte. Um Bhaves Bitte zu erfüllen, gab er einem Angestellten Anweisung, die Angelegenheit mit den Gefängnisbehörden zu klären, und übergab den Brief, um ihn der Nachwelt zu bewahren, dem Gandhi-Ashram in Pune in der Nähe von Bombay. Das Schreiben war vom Geist Mahatma Gandhis geprägt und wurde, da es von Mansinghs Sohn stammte, als Dokument von historischem Rang angesehen.

Zu seiner großen Überraschung erfuhr JP (wie man ihn oft nannte), daß Tehsildar Singh immer noch in der Todeszelle auf seine Exekution wartete. Er flog nach Delhi und sprach mit der Premierministerin Indira Gandhi, die ihn ermunterte, sich mit dem Gefangenen zu treffen.

Das führte schließlich dazu, daß Tehsildar aus dem Gefängnis entlassen wurde – auf Bewährung, die in eine Begnadigung umgewandelt wurde – und JP half, im Jahre 1972 weitere 483 *dacoits* zur Kapitulation zu bewegen.

Interessanterweise waren die meisten dieser Männer Thakurs und Gujars aus der Kaste der Kshatriyas, unter denen sich ein paar Brahmanen befanden. Die Sudra waren in der

256

Minderheit, es gab nur 13 Moslems und einen einzigen Sikh. Alle Anführer waren Thakurs oder Gujars.

Minoo Masani, ein Journalist, der sich später der Politik zuwandte und dem rechten Flügel zuzurechnen ist, sprach über die Philosophie der freiwilligen Kapitulation, als er nach der Massenkapitulation jener Thakur-Gangs Jaiprakash Narayan im Juni 1972 für die *Illustrated Weekly of India* interviewte.

JP antwortete folgendermaßen auf die Fragen nach seiner damaligen Rolle und nach seiner Meinung über das »*dacoit*-Problem«:

JP: Ich möchte zu allererst einmal betonen, daß die *dacoits*, wie alle gewöhnlichen Menschen, Augenblicke der Einsicht und der Reue kennen. Es gibt keine hundertprozentigen Kriminellen und keine hundertprozentigen Heiligen.

MM: Welchen philosophischen Hintergrund hat dieses Experiment?

JP: Ich meine, die philosophische Grundlage ist die gleiche wie bei *Bhoodan, Gramdan* und Gandhis Konzept des »Vertrauenschaffens« – die Überzeugung, daß das menschliche Herz beeinflußt werden kann, wenn man sich ihm nur richtig nähert, daß niemand unrettbar verloren ist und daß die *dacoits* von Chambalghati dabei keine Ausnahme machen. Die Philosophie, die dahintersteckt, ähnelt der Philosophie der modernen Straflehre – daß der Kriminelle resozialisiert, nicht bestraft werden muß.

MM: Wen finden Sie, JP, uneinsichtiger – die *dacoits* oder Geschäftsleute?

JP: Ich glaube, die Geschäftsleute sind uneinsichtiger. Deshalb leidet Indien heute unter der schleichenden Krankheit der Planwirtschaft.

MM: Angenommen, ein Zyniker würde behaupten, hier handle es sich lediglich um ein polizeiliches Problem, und Sie würden ihm unnötigerweise edlere Dimensionen verleihen?

Sind diese Leute wirklich *baghis*, Rebellen? Sind sie lauter Robin Hoods?

JP: Die rebellische oder *baghi*-Tradition der *dacoits* im Chambalghati reicht Jahrhunderte zurück. Der Sieg der Sultane von Delhi – und später der *Moguln* und *Marathas* – über die Rajput-Klassen dieser Gegend, wie zum Beispiel die *Tomars* und die *Bhadaurias*, ließ diese zu Rebellen gegen die aufgezwungene Ordnung werden und hielt die Tradition immer am Leben. Geophysikalische und ökonomische Bedingungen verstärkten diesen Prozeß. Die Tradition Robin Hoods ist unter ihnen ebenfalls lebendig. Zuletzt hat sie der legendäre Mansingh verkörpert. Er verteilte einen beträchtlichen Teil dessen, was er den Reichen wegnahm, unter den Armen und unterhielt an verschiedenen Orten Schulen. Die Armen betrachteten ihn als Wohltäter und nannten ihn *raja*. Vielleicht existiert die Tradition nicht mehr in dieser Form, aber die Erinnerung daran und eine entsprechende Geisteshaltung sind noch lebendig.

Die meisten, so schätze ich, 75 Prozent der *dacoits*, die sich ergeben, stammen aus Familien, denen von kleinlichen Beamten oder Polizisten sozioökonomische Ungerechtigkeiten zugefügt wurden. Sie sind heißblütige Menschen, und so führten diese Provokationen zu Gewalttaten, nach denen sie Schutz in den Schluchten suchten. Da diese Menschen ihr erstes Verbrechen begingen, um eine Ungerechtigkeit zu rächen, betrachten sie sich natürlich als *baghis*.

Deshalb handelt es sich hier nicht nur um ein polizeiliches, sondern auch ein sozioökonomisches und psychologisches Problem. Alle, selbst die offiziellen Untersuchungsausschüsse, sind sich darüber einig. Interessanterweise hat man jedoch dem ordnungspolitischen Aspekt des Problems wesentlich mehr Aufmerksamkeit geschenkt als allen anderen Aspekten. Man könnte sogar sagen, daß bislang praktisch nichts geschehen ist, um die sozioökonomischen Gründe zu beheben, die dem Problem zugrunde liegen.

Es handelt sich hier um Auszüge aus einem längeren Interview (was darauf schließen läßt, wie wichtig das Thema damals war). Gegen Ende fragt Minoo Masani:

MM: Was sind die »ausgefeilten Waffen«, von denen in der Presse berichtet wird?

JP: Ich kenne mich nicht besonders gut bei Waffen aus, aber man sagte mir, es handle sich um Maschinenpistolen, leichte Maschinengewehre und automatische Gewehre. Während der Kapitulationszeremonie erzählte mir jemand, der Wert der übergebenen Waffen betrage zwischen 10 und 15 *lakhs* Rupien.

MM: Haben Sie eine Vermutung darüber, woher diese Waffen kommen?

JP: Von der Polizei, vom Militär. Der Handel mit gestohlenen Waffen floriert im Lande, müssen Sie wissen. Man erzählte mir, daß ein beträchtlicher Teil der Waffen auf dem Schwarzmarkt aus der Waffenreparaturwerkstatt in Gwalior stammt.

MM: Was haben Sie zu den Versuchen zu sagen, die Presse von der Kapitulationszeremonie fernzuhalten? Warum sollte die BBC keinen Film darüber drehen? Wäre das nicht eine gute Werbung für Indien im Ausland, wo wir ein ziemlich schlechtes Image haben?

JP: Ich hätte an der Regierungspolitik, was das und andere Dinge betrifft, eine Menge zu kritisieren. Im Augenblick muß ich mich jedoch zurückhalten. Soviel möchte ich dennoch sagen: Ich kann in dieser Angelegenheit die Bedenken der Regierung beim besten Willen nicht teilen... Jedesmal, wenn die Polizei ein paar *dacoits* erschießt, wird das Ereignis publizistisch ausgeschlachtet; die Leichen werden öffentlich zur Schau gestellt, ihre Fotos wie auch die Fotos der Polizisten, die sie »erlegt« haben, werden in der Presse veröffentlicht, und die ausgesetzten Belohnungen werden demonstrativ überreicht. All das soll die Moral stärken und Macht und

Ansehen der Staatsmacht steigern. Aber kennt diese Staatsmacht wirklich nur die Philosophie von Auge um Auge, Zahn um Zahn? Sind unsere Vorstellungen von Verbrechen und Sühne immer noch so primitiv? Ich weiß nicht, wie andere darüber denken, aber ich zweifle nicht daran, daß das Kapitulationsprogramm ohne die volle, bewußte Kooperation der Polizei von Madhya Pradesh wie auch jener von Uttar Pradesh und Rajasthan keinen Erfolg gehabt hätte. Ich habe mich in aller Öffentlichkeit für ihre Hilfe bedankt und betont, daß wir die Kapitulation auch und vor allem der Polizei von Madhya Pradesh zu verdanken haben. Deshalb ist es ein Irrtum zu glauben, die Kapitulation hätte dem Ansehen der Polizei in dieser Gegend geschadet und die Autorität des Staates untergraben. Ich weise solche Unterstellungen scharf zurück. Sie sind nur gültig, wenn der Staat glaubt, Schießen und Töten sei die einzige Methode, mit der die Polizei gegen die *dacoits* vorgehen darf.

Ermutigt durch Indira Gandhis Haltung, machte sich Rajendra Chaturvedi daran, Phoolan Devi zu finden, um ihr den Vorschlag einer freiwilligen Kapitulation zu unterbreiten. Er unterhielt sich mit Malkhan Singh im Gefängnis, der keine Ahnung hatte, wo sich Phoolan Devi aufhalten könnte, aber erklärte, Chaturvedi könne wahrscheinlich über Ghanshyam Kontakt mit ihr aufnehmen. Wenige Wochen später gelang es Chaturvedi, sich mit Ghanshyam zu treffen, nachdem er jenem durch Malkhan und einen »Kontaktmann« versichert hatte, daß er allein und unbewaffnet kommen würde. Sie führten ein langes Gespräch; als sie sich trennten, hatten sie vereinbart, daß Ghanshyam einerseits selbst die Möglichkeit einer freiwilligen Kapitulation überdenken und andererseits versuchen würde, Phoolan Devi zu kontaktieren, damit ein Treffen aller Beteiligten arrangiert werden konnte.

Wenig später stieß Ghanshyam in den Dschungeln von Hamirpur auf Phoolan Devis Gang und setzte sie darüber in

Kenntnis, daß er sich mit dem Polizisten getroffen und beschlossen habe, ihm zu vertrauen; er spielte selbst mit dem Gedanken an eine Kapitulation und drängte Phoolan und Man Singh, zumindest darüber nachzudenken. Nach einiger Diskussion kamen sie überein, sich in den Schluchten mit Chaturvedi zu treffen. Ghanshyam würde alle nötigen Sicherheitsvorkehrungen treffen und ihnen durch ein vertrauenswürdiges Mitglied seiner Bande Bescheid geben.

An jenem Tag, als Mansharam und Ramprakash, zwei Männer aus Ghanshyams Bande, in ihrem Lager ein paar Meilen abseits des Dorfes Sahnson im Bezirk Etawah eintrafen, fand Phoolan Devi keine Ruhe; sie hatte die beiden bereits erwartet. In der letzten Nacht hatte sie von Blut geträumt, sagte sie, vermochte aber die Bilder nicht zu deuten. Sie hatte im Traum keine Angst gehabt, wessen Blut war es also gewesen? Man Singh versuchte, ihr Mut zu machen. Er sagte, sie brauchten dem Polizisten keine Antwort zu geben und würden sich lediglich anhören, was er zu sagen habe.

Als Ghanshyams Männer auftauchten, gab man ihnen Tee und etwas zu essen. Sie brachten einen Brief von Ghanshyam, in dem stand, daß die Zeit allmählich knapp würde; wenn sie das Angebot ernsthaft erwögen, sollten sie so schnell wie möglich in sein Lager kommen. Der Brief trug Ghanshyams Siegel, das er immer wie einen Talisman um den Hals trug, es gab also keinen Zweifel daran, daß das Schreiben authentisch war. Man Singh und Phoolan Devi beschlossen, die Männer zu begleiten. Den Rest der Bande ließen sie mit der Anweisung zurück, für alle Fälle in ein anderes Lager weiter östlich zu ziehen.

Sie wußten nicht, daß Ghanshyam sich auch mit Polizeibeamten auf der anderen Seite der Grenze in Uttar Pradesh getroffen hatte, nicht nur mit Chaturvedi, der für die Polizei von Madhya Pradesh arbeitete. Offensichtlich wollte er sicherstellen, daß er die bestmöglichen Bedingungen aushandelte. Malkhans Kapitulation hatte sich als politischer Erfolg herausgestellt, den Madhya Pradesh allein für sich beanspruchte. Im

Gegensatz dazu war der Ruf der Polizei von Uttar Pradesh ruiniert; daran hatte nicht einmal der Rücktritt des Chief Ministers V. P. Singh etwas geändert. Die Behörden von Uttar Pradesh wollten um jeden Preis beweisen, daß auch sie das Vertrauen der *dacoits* gewinnen konnten, wenn sie nur wollten.

In jenem Jahr hatte die Polizei von Uttar Pradesh bereits einen ähnlichen Handel mit einem weiteren prominenten Bandenführer namens Chabiram abgeschlossen. Zuverlässigen Quellen zufolge wurde Chabiram, als er aus dem Unterholz aufgetaucht war und seine Waffe weggeworfen hatte, kaltblütig erschossen, da die Polizei von Uttar Pradesh im Grunde nichts von Vereinbarungen mit den *dacoits* hielt. Bei einer späteren Befragung konnten die Polizisten lediglich die Erklärung vorbringen, er hätte sich »eigenartig verhalten«, deshalb seien sie gezwungen gewesen, »Vorkehrungen« zu ergreifen. Die Nachricht von der Ermordung Chabirams verbreitete sich wie ein Lauffeuer in den Schluchten und verstärkte das Mißtrauen gegenüber der Polizei von Uttar Pradesh.

Die Polizisten aus Uttar Pradesh standen also in Konkurrenz zu ihren Kollegen aus dem Nachbarstaat bei ihren Verhandlungen mit Ghanshyam, der ihnen immer noch mißtraute und deshalb Phoolan Devi und Man Singh gegenüber nichts davon erwähnt hatte. Im Gegensatz zu Chaturvedi, der die Kultur und Tradition der *baghis* verstand, bewiesen die Beamten aus Uttar Pradesh jedoch wenig Feingefühl.

Viele hohe Polizeibeamte und Regierungsangestellte in Uttar Pradesh, erzählte mir Chaturvedi viele Jahre später, seien nach Malkhan Singhs Kapitulation schlecht auf ihn zu sprechen gewesen. Behörden und Polizei von Madhya Pradesh hatten ihnen mit einem politischen Coup, den die Kollegen jenseits der Grenze Chaturvedis Ansicht nach mißbilligten, die Schau gestohlen. Manche Politiker verstiegen sich sogar zu der Behauptung, die *dacoit*-Führer hätten ihr Vertrauen zu ihm nur deshalb öffentlich bekannt, weil »sie ihn in die Tasche gesteckt hatten«, fügte Chaturvedi bitter hinzu. Er betonte, daß er nichts ohne die Billigung seiner Vorgesetzten, die Premierministerin eingeschlossen, getan hätte; aber Politiker wie Polizeibeamte hätten aus eigennützigen Gründen seine Integrität und seine Motive in verleumderischer Weise in Zweifel gezogen. Er versicherte mir, er würde all das gelassen nehmen, weil er »etwas von Politik« verstehe! »Rivalität und Konkurrenz sind weit verbreitete Empfindungen«, sagte er, als ein Mann aus seinem Stab uns in die Messe zum Mittagessen einlud: eine willkommene Mahlzeit aus Reis, *dal*, Gemüse und heißen *chapatis*.

Auch Chaturvedi wußte nicht, daß sich Ghanshyam mit einem Vertreter des Additional Inspector-Generals der Polizei, Mr. R. Govil, getroffen hatte. Govil ließ seinerseits den Banditenführer durch ein ausgeklügeltes Netz von Spähern und Informanten überwachen, weil er hoffte, daß er ihn irgendwann zu Phoolan Devi führen würde. Als Ghanshyam Mansharam und Ramprakash losschickte, ahnte keiner, wie verwundbar sie waren – auch Man Singh und Phoolan Devi nicht, die ihren Führern schweigend durch die Schluchten folgten.

In kurzer Entfernung, am Rande des nächsten Dorfes, lag eine PAC-Patrouille auf der Lauer, die darauf baute, daß Ghanshyams Boten dieselbe Route für Hin- und Rückweg wählen würden und mit etwas Glück nicht allein wären.

Phoolan Devi erinnert sich noch daran, wie heiß es an jenem Tag war und wie erschöpft sie sich damals fühlte. Ihre Kleider waren schweißdurchtränkt, sie würden bald Rast machen müssen. Sie würde bis zum nächsten schattigen Fleck warten; aber in den Schluchten gibt es nur wenige vereinzelte Bäume. Plötzlich hörte sie eine Gewehrsalve. Man Singh, der dicht hinter ihr ging, fiel oder warf sich auf sie. Er war nicht verletzt, das erkannte sie daran, wie knapp und hastig er sprach, während er sie in das dornige *babool*-Gebüsch am Wegrand zerrte. Die beiden Männer vor ihnen waren getroffen. Einer versuchte, sich in Deckung zu schleppen, aber sein Körper erbebte unter einer weiteren Kugelsalve und erschlaffte dann.

Zum Glück für Phoolan Devi und Man Singh hatte ein junger Constable voreilig reagiert und geschossen, als sie noch außer Reichweite waren. Das ermöglichte ihnen, sich in die Büsche zu schlagen und außer Sichtweite zu gelangen. Der befehlshabende Officer wies seine Männer an, das Feuer einzustellen, und diese Pause verschaffte ihnen die Gelegenheit, sich in Sicherheit zu bringen. Aus der Ferne hörten sie, wie man sie über Megaphon aufforderte, die Waffen fallen zu lassen und sich zu ergeben. Man versicherte ihnen, daß ihnen nichts geschehen würde. Phoolan Devi meint, sie habe im Laufen drei Schüsse in die Luft gefeuert.

Sie kochte vor Wut. Chaturvedi hatte sie aufs Kreuz gelegt. Wer sonst hätte von diesem Treffen wissen können? Jetzt stand es für sie fest: »Alle Polizisten sind Hunde – dreckige, verlogene Hunde«, sagte sie zu Man Singh. Eine Kapitulation kam für sie nicht mehr in Frage. Unter den gegebenen Umständen konnte ihr Man Singh da nicht widersprechen.

Auch Ghanshyam verfluchte Chaturvedi, als er von dem Hinterhalt bei Chaurela hörte, und feuerte vor Wut eine Salve in den Sand. Hastig wechselte er mehrmals das Lager und schickte Phoolan Devi eine Botschaft, in der stand, daß auch er sich nicht ergeben würde. Er traute keinem Polizisten, von welcher Seite der Grenze er auch kam. Sie waren alle gleich.

Für Rajendra Chaturvedi, der später aus einem Polizeibericht über den Vorfall erfuhr, war das ein schwerer Rückschlag. Er hatte dem Chief Minister Arjun Singh, der wiederum in Verbindung mit Indira Gandhi in Delhi stand, versichert, daß er bald Ergebnisse vorweisen könnte. Jetzt stand er wieder ganz am Anfang. Der Informant, der die Verbindung zu Ghanshyam hergestellt hatte, war über Nacht untergetaucht, und der Polizist wollte nur ungern die Familie des Mannes vorladen, da das als »Polizeischikane« betrachtet und bestimmt falsch gedeutet worden wäre. Ghanshyam und Phoolan Devi würden den Hinterhalt ihm zuschreiben. Also beschloß er, statt dessen Ghanshyams Onkel und Phoolan Devis Mutter zu besuchen, um ihnen zu erklären, daß er nicht das geringste mit den Morden zu tun hatte.

Chaturvedi investierte viel Mühe, Geduld und Kraft und streckte immer neue Fühler nach Ghanshyam aus, ehe man ihm eines Tages mitteilte, daß der Banditenführer einverstanden sei, sich noch einmal mit ihm zu treffen, diesmal in den Schluchten östlich von Bhind. Chaturvedi machte sich unbewaffnet auf den Weg, nur von einem Sympathisanten Ghanshyams eskortiert. Im Lager umzingelte ihn sofort die ganze Bande. Die Männer waren bewaffnet, angespannt und nervös. Ghanshyam hatte ihm soweit getraut, blieb aber zurückhaltend und vorsichtig.

»Was ist mit Phoolan Devi?« fragte Chaturvedi.

»Was soll mit ihr sein?« fragte Ghanshyam zurück.

»Wird sie sich ergeben, wenn Sie es tun?«

Ein Achselzucken war die Antwort.

»Wenn Sie irgendwie Verbindung mit ihr – oder Muslim aufnehmen können, dann richten Sie ihr bitte aus, daß ich nichts mit dem Vorfall bei Chaurela zu tun hatte. Ich habe erst später davon erfahren. Ich möchte euch helfen, und wenn ihr mir vertraut, wird euch nichts passieren. Wenn ihr alle nach Madhya Pradesh geht, werde ich unserer Polizei Anweisung geben, nicht nach euch zu suchen, euch in Ruhe zu lassen. Und richten Sie Phoolan Devi auch aus, daß ich mit ihrer Mutter gesprochen habe. Wenn sie sich in Madhya Pradesh ergibt, werde ich dafür sorgen, daß die ganze Familie beschützt wird.«

»Sie waren in Uttar Pradesh?« Ghanshyam war überrascht.

»Ja«, antwortete er. »Sie kann das überprüfen, wenn sie möchte.«

Sie lachten beide, und die Spannung löste sich.

»Ich werde sehen, was ich tun kann«, versicherte ihm Ghanshyam schließlich. »Ich werde es versuchen.«

Das war die einzige »Versicherung«, die er bekommen hatte, erzählte mir Chaturvedi, als wir uns viele Jahre später in Rewa auf dem Rasen vor der Polizeiunterkunft unterhielten. Ich war zusammen mit der Filmcrew dort, mit der ich damals arbeitete. Von Gwalior aus hatte ich ihn angerufen und ein Treffen mit ihm vereinbart. Er war erst kurz zuvor als Kommandant der Special Armed Force nach Rewa versetzt worden, und sein Haus wurde immer noch renoviert. Da seine Frau noch nicht nachgekommen war, wohnte er in der Polizeiunterkunft. Dem Verhalten seiner Mitarbeiter nach zu schließen, war er ein sehr beliebter Vorgesetzter. Nachdem wir auf dem Rasen kühles Bier getrunken hatten, wurde uns ein ausgezeichnetes Mittagessen vorgesetzt, bei dem jeder seine Geschichten zum besten gab.

»Um die Saga weiterzuerzählen«, sagte er nach dem Mittagessen, »die Zeit verging, und in den Schluchten wurde es Winter. Es war bitter kalt. Eisige Nächte, in Nebel gehüllt, so daß man nur noch ein paar Meter weit sehen konnte. In einer solchen Nacht erhielt ich die Nachricht, auf die ich gewartet hatte.«

Er saß eines Abends spät in seinem Büro. Ein Dorfbewohner in staubigen Kleidern und schlammigen Schuhen wollte ihn sehen. Die Wachen ließen den Mann am Tor warten und benachrichtigten Chaturvedi. Chaturvedi war an solche Besuche gewohnt und dachte sich nichts dabei, als er seinen Adjutanten anwies, den Mann hereinzuführen. Viele Arme kamen zu ihm, weil er ein mächtiger Mann war, und zweifellos auch, weil er den Ruf genoß, ein »verständnisvoller« Polizist und mitleidiger Mensch zu sein. Sie kamen, weil sie Arbeit für sich, ihre Söhne oder Schwiegersöhne suchten, weil sie »Gerechtigkeit« forderten, weil sie Entschädigungen für Straßenunfälle verlangen oder Beschwerden vorbringen wollten. Er war müde an jenem Tag, in Gedanken ganz woanders, als ein alter Mann in sein Büro geführt wurde, ein demütiger Mensch, der die Hände zu einem *namaste* gefaltet hatte, als würde er beten.

»Was gibt es?« fragte Chaturvedi.

»Parusram Singh schickt mich, *sahib*. Er sagt, wenn Sie Phoolan Devi treffen wollen, müssen Sie mit mir kommen.«

»Wo ist sie?«

»Das weiß ich nicht, *sahib*. Ich soll Sie zu Parusram Singh bringen.«

»Jetzt?«

»Ja. Er sagt, es geht nur, wenn Sie gleich kommen. Er sagt auch, daß Sie allein und in Zivil kommen sollen.«

Parusram war ein Thakur-Bauer, der in einem kleinen, abgeschiedenen Schluchtdorf in Madhya Pradesh lebte, nahe der Grenze zu Uttar Pradesh. Es war bekannt, daß er Verbindungen zu den *baghi*-Banden der Gegend hatte. Chaturvedi ließ dem alten Mann Tee bringen, rief zu Hause an, um mitzuteilen, daß er dringende Geschäfte außerhalb der Stadt zu erledigen hätte, und ging zum Umziehen ins Nebenzimmer. Er steckte sich eine Minikamera und einen Kassettenrecorder in die Tasche und legte, nach kurzem Nachdenken, auch seine Pistole hinein.

Als er wieder ins Hauptbüro trat, sagte der Alte: »*Sahib,* es ist sehr kalt, Sie sollten eine Decke mitnehmen. Wir werden laufen müssen.« Chaturvedi schlug seinen Rat aus und sagte, sie würden mit dem Motorrad fahren. »Wir werden trotzdem laufen müssen«, beharrte der Alte, als sie aufbrachen.

Dichter Nebel lag über dem Land, und sie kamen nur langsam vorwärts. Lastwagen und Autos rasten auf der Hauptstraße an ihnen vorbei. Der Alte dirigierte ihn. Mitternacht war schon vorbei, als sie ein Dorf nicht weit abseits der Hauptstraße erreichten. Der Alte bat ihn, das Motorrad vor einer dunklen Hütte zu parken: Dort wäre es sicher; von hier aus würden sie zu Fuß weitergehen. Er verschwand in der Hütte und kam mit einer Decke wieder zum Vorschein, die er dem Polizisten nochmals mit der Bemerkung anbot: »Es ist kalt, *sahib*.«

Chaturvedi sagte, die Fürsorge des Alten habe ihn gerührt, also habe er die Decke dankbar angenommen. Die Luft war während der Motorradfahrt eiskalt gewesen, und er schlotterte. Er wickelte sich in die rauhe, schwere Decke und zog sie bis zum Mund hoch, um sich gegen die Kälte zu schützen.

Höflich wie er war, bekannte der Alte offenherzig, daß er Anweisung hatte, alle nur möglichen Vorsichtsmaßnahmen zu treffen. Plötzlich ließ er sich mitten im Nichts auf einem Betonrohr nieder, das einen Bewässerungskanal überspannte. Der Zement war kalt, und Chaturvedi marschierte auf und ab, damit ihm die Glieder nicht taub wurden. »Warum gehen wir nicht weiter?« fragte er.

»Falls uns jemand folgt«, antwortete der Alte gleichgültig und rauchte eine *bidi*.

Sie blieben mindestens zwei Stunden dort. Chaturvedi spürte, wie er ungeduldig und zornig wurde und seine Glieder langsam steif wurden. Der Alte saß reglos auf dem Kanalrohr und schien die Kälte gar nicht zu spüren. Auch er hatte sich in eine Decke gehüllt.

Schließlich gingen sie weiter. Der Nebel begann sich zu lichten, und die Lichter eines Dorfes kamen in Sichtweite.

In Phoolan Devis Tagebuch sind die Ereignisse des folgenden Morgens aufgezeichnet.

»Um sechs Uhr morgens warnte uns unser Wachposten, daß der Dorfbürgermeister in unsere Richtung kam, begleitet von zwei Männern in braunen Mänteln. Ich beschloß, sie zu uns kommen zu lassen, denn ich wollte wissen, wer es war. Die Wachposten gaben den Befehl weiter, und ich bekam die Nachricht, daß einer von ihnen Parusram Singh sei, der zweite wahrscheinlich ein Verwandter, der wie ›ein Soldat‹ aussehe, und der dritte ein Dorfbewohner.

Parusram Singh war ein Thakur, aber er war zu vielen Menschen freundlich. Als wir kein Geld hatten und Hunger litten, hatte er uns oft etwas zu essen gebracht. Er hatte sogar selbst für uns gekocht und behandelte jeden respektvoll. Ich sagte den Wachposten, sie sollten die Männer kommen lassen, den Fremden eingeschlossen. Als sie eintraten, stellte ich ihnen die Mitglieder der Bande vor, aber während ich dem anderen Mann die Hand gab, kam mir plötzlich der Verdacht, daß er ein Polizist sein könnte. Als hätte er meine Gedanken gelesen, sagte er, er sei ein Verwandter Parusrams und hätte mich immer kennenlernen wollen. Er entschuldigte sich für sein Eindringen, sagte, er habe Parusram überredet, ihn herzubringen, und bat mich, ihm deshalb nicht böse zu sein.

Ich sagte meinen Männern, sie sollten noch zwei Betten machen, auf die wir uns setzen konnten, und uns etwas zu essen bringen, da wir Ehrengäste hätten. Ich saß neben dem Mann. Immer noch war ich mißtrauisch und überlegte, wie ich ihn fragen könnte, wer er wirklich war und warum er mich sehen wollte. Während des Gesprächs fuhr ich mit der Hand in seine Tasche und holte eine Kamera und einen Kassettenrecorder heraus. Als Parusram die Sachen in meiner Hand sah, schien er Angst zu bekommen und versuchte, mir den Recorder wegzunehmen. Er sagte, das sei ein teures Spielzeug. In der allgemeinen Verwirrung drückte jemand auf die Tasten zum Zurückspulen und Abspielen, und ich hörte meine eigene Stimme. Ich war sehr aufgeregt und begeistert von dieser Maschine und fragte, ob er noch mehr Wunder hätte. Und da zog er eine Pistole aus der Tasche!

Ich bat ihn, mir zu verraten, wer er wirklich war, und sagte, ich würde ihm nichts tun, weil er mit einem zuverlässigen Freund als Gast gekommen sei. Da sagte er, daß er der Superintendent of Police in Bhind, Rajendra Chaturvedi, sei und daß ihn der Chief Minister Arjun Singh geschickt hätte, um mit mir über die Bedingungen für eine Kapitulation zu sprechen. Er hatte unser Gespräch für den Chief Minister aufgezeichnet.

Ich lachte und sagte, daß er kaum etwas zu mir gesagt hätte und dem Chief Minister nicht viel erzählen könnte. Da sagte er, er hätte vorgehabt, uns drei oder vier Tage hintereinander zu besuchen, bevor er das Thema ansprach. Er wollte, daß ich die richtige Einstellung dazu hätte. Ich begann, mich zu entspannen, und befahl den Männern, gut aufzupassen, während ich mich mit dem Superintendent der Polizei unterhielt.

Ich sagte ihm, daß ich mich nicht ergeben könne, solange meine Familie in Uttar Pradesh blieb. Dort würde sie von

Maiyadin und von der Polizei schikaniert, die schon so lange hinter mir her waren. Er war sehr geduldig, hörte mir zu und brachte dann seine Argumente vor. Er wollte aushandeln, zu welchen Bedingungen ich mich ergeben würde, sagte er, und habe nicht vor, mir etwas aufzuzwingen. Da sagte ich, meine ganze Familie müsse nach Madhya Pradesh umgesiedelt werden, und die Regierung müsse ihnen Land und ein Haus zur Verfügung stellen. Wenn ich mich ergab, erklärte ich, wären meine Verwandten der Polizei oder unseren Feinden im Dorf schutzlos ausgeliefert.

Der Superintendent erklärte sich bereit, diese Forderungen dem Chief Minister vorzutragen. Er bat uns, in der Gegend zu bleiben, und sagte, er hätte seinen Leuten den Befehl erteilt, uns in Ruhe zu lassen, bis er mit einer Antwort zurückkäme. Er sagte auch, daß die Kapitulation irgendwo in der Nähe stattfinden solle.

Als es Mittag war, setzten wir uns hin, um alle zusammen zu essen. Bevor er ging, fragte der Superintendent, ob er ein Foto von mir machen dürfe. Ich weigerte mich. Ungefähr um vier Uhr verschwand er mit Parusram und dem anderen Mann. Sie würden in acht Tagen zurückkommen, sagte er, nachdem sie mit dem Chief Minister gesprochen hätten. Sobald sie fort waren, beschlossen wir, unser Lager abzubrechen. Nachdem wir einen ganzen Tag und eine Nacht gewandert waren, kamen wir zu einem Tempel. Der *sadhu* des Tempels war mein *guru*, und ich erzählte ihm, was in den letzten Tagen passiert war. Er gab mir den Rat, mich zu ergeben, und sagte, wir sollten uns diese Gelegenheit nicht entgehen lassen. Vielleicht würden wir nicht noch einmal gefragt. Damals war ich anderer Meinung, und wir zogen weiter.

Wir kamen in die Dschungel von Naharpura im Bezirk Etawah. Nach drei Tagen erhielten wir die Nachricht, daß der Superintendent von Etawah, Ratoori, uns ebenfalls treffen wollte. Wenig später kam er mit den Männern, die uns Essen brachten. Er sagte, er hätte gehört, daß ich mich der Polizei von

Madhya Pradesh ergeben wolle. Den ganzen Tag versuchte er, mich zu überreden, das nicht zu tun. Schließlich stimmte ich mit ihm überein, daß wir nach Uttar Pradesh gehörten und die Kapitulation deshalb dort und nicht in Madhya Pradesh stattfinden sollte. Ich spielte meine Rolle wirklich überzeugend. Als er ging, war er sicher, daß ich seinen Vorschlag annehmen würde. Er gab mir 5000 Rupien und sagte, wir sollten seinen Amtsbereich nicht verlassen. Ich versicherte ihm, daß wir bleiben würden, und bat ihn, am nächsten Morgen wiederzukommen.

Sobald er fort war, beschlossen Man Singh und ich zu verschwinden. Wir hatten beide das Gefühl, daß man ihm nicht trauen konnte. Nicht lange zuvor hatte sich ein anderer *dacoit*, Chabiram, bereit erklärt, sich der Polizei von Uttar Pradesh zu ergeben, aber man hatte ihn und andere Leute aus seiner Bande niedergeschossen, als sie unbewaffnet aus dem Dschungel gekommen waren.

Wir kehrten in den Bezirk von Bhind zurück und beschlossen, in Parusrams Feldern zu lagern, in der Nähe eines Tiefbrunnens. Parusram freute sich sehr, uns zu sehen, und sagte, daß der Superintendent von Bhind, Chaturvedi, dreimal nach uns gesucht habe. Er hätte sich gefragt, wohin wir verschwunden seien. Ich sagte ihm, daß wir einen Besuch in Etawah gemacht hätten, aber jetzt würden wir dableiben.«

KAPITEL 22

Verhandlungen

Als Rajendra Chaturvedi das nächste Mal Phoolan Devis Lager besuchte, bereitete man ihm einen warmherzigen Empfang. Jaiveer berührte seine Füße, ohne ihn zu durchsuchen, und plauderte freundlich mit ihm, während er ihn dorthin führte, wo die übrige Bande wartete. Als der Polizist in Sichtweite kam, stand Man Singh vom Feuer auf, das er gerade schürte, und kam herbei, um ihn zu begrüßen. Er berührte seine Füße, machte *namaste*, zog einen 100-Rupien-Schein aus der Tasche und überreichte ihn.

»Das ist nicht nötig«, sagte Chaturvedi und erwiderte seinen Gruß.

»Es ist Brauch bei uns«, beharrte Man Singh. Chaturvedi nahm das Geschenk höflich entgegen, wobei er die Geste imitierte, in der es dargeboten worden war.

Phoolan Devi war gut gelaunt. Sie folgte Man Singhs Beispiel, bückte sich nieder, um Chaturvedis Füße zu berühren, und sagte: »Ich freue mich, Sie zu sehen, aber ich habe kein Geld, das ich Ihnen anbieten kann!«

Alle lachten, während Chaturvedi antwortete: »Das ist wirklich nicht nötig.«

Die Atmosphäre im Lager war entspannt. Von den umstehenden *babool*-Bäumen hatte man Äxte geschnitten und eine Plastikfolie darübergebreitet, unter der alle Vorräte der Bande lagerten, und *dal* kochte auf einer rauchenden, behelfsmäßigen *choola*. Tee wurde gebracht, und man bot Chaturvedi eine Decke zum Schutz gegen den Wind an, während sich Man Singh abmühte, das Feuer in Gang zu bringen. Als es schließlich brannte, setzte man sich auf Teppiche im Kreis herum und genoß die Wärme. Es war ein ungewöhnlich kalter Winter damals, im Jahr 1982, und es waren mehr als zwölf Monate vergangen, seit Chaturvedi die Bande zum letzten Mal gesehen hatte.

Chaturvedi erinnert sich noch daran, daß Phoolan vor der *choola* kauerte und den Männern *rotis* machte, während er sich mit ihnen unterhielt. Ihm fiel auf, wie »gewöhnlich« sie aussah. »Genau wie jede andere Bauersfrau in der Gegend, außer daß ihr Haar kurz geschnitten war und sie blaue Schlaghosen trug«, erzählte er uns an jenem Tag auf dem Rasen in Rewa.

Sie aßen – *bajra ki roti, dal* und *aalu-mehti* – eine einfache Mahlzeit, die unter den armseligen Umständen wie ein Festmahl erschien. Chaturvedi erzählte ihr, er habe Ghanshyam getroffen, der ihm inzwischen glaube, daß er absolut nichts mit dem Tod von zwei Männern aus seiner Bande zu tun hatte. Sie sprachen über Chabiram, und wieder wies Chaturvedi darauf hin, daß die Polizei von Madhya Pradesh nichts mit dem Verrat zu tun gehabt hatte. Er tat alles, um ihr Vertrauen zu gewinnen, und wurde zunehmend optimistisch, als er begriff, daß er Erfolg hatte. Wieder brachte Phoolan das Gespräch auf ihre Familie, und Chaturvedi versicherte ihr, daß er ihre Mutter besuchen und alle Arrangements mit dem Chief Minister treffen würde, sobald er Phoolans Zusage hatte. Phoolan sagte, sie brauche Zeit, um darüber nachzudenken und die Sache mit Man Singh zu besprechen. Chaturvedi mußte sich damit abfinden, daß sich der Erfolg langsamer als erhofft einstellen würde.

In den darauffolgenden Tagen gab es mehrere solcher Treffen. Chaturvedi sagt, damals habe er am eigenen Leib erfahren, wie unberechenbar Phoolan Devi sein konnte, vor allem, wenn sie unter Druck geriet. Einmal, als er versucht hatte, sie zu einer Entscheidung zu drängen, hatte sie ihn angeschrien: »Scheiße, für wen hältst du dich eigentlich? Vergiß nicht, daß du mit Phoolan Devi sprichst! Ich könnte dich augenblicklich erschießen lassen und deine Leiche auf einem Esel zu deinem Chief

Minister zurückschicken!« Während solcher Ausbrüche versuchte Man Singh regelmäßig, die Situation zu entspannen, und Chaturvedi begann die Fähigkeiten dieses Mannes zu schätzen, die vor allem in seiner Kraft und Ruhe lagen. Chaturvedi begann, ihn aufmerksamer zu beobachten. Sein langes, verfilztes Haar verlieh ihm ein gefährliches Aussehen, und der durchdringende Blick seiner fast pechschwarzen Augen drückte oft mehr aus als viele Worte. Phoolan war im Gegensatz dazu wankelmütig und gefühlsbetont, hatte schnelle, wachsame Augen, war immer auf dem Sprung und kam nie zur Ruhe. »Wie ein wildes Tier«, sagte Chaturvedi. »Immer auf der Hut, nie entspannt.« Ihm blieb nichts anderes übrig, als sich in Geduld zu fassen. Nachdem er so weit gekommen war, wäre es töricht gewesen, die Verhandlungen aus Ungeduld zum Scheitern zu bringen.

Er teilte ihr mit, daß Ghanshyam beschlossen hätte, sich zu ergeben, und den Termin mit ihr absprechen wollte.

»Was ist mit Muslim?« fragte sie.

Chaturvedi war überrascht, daß sie nichts davon gehört hatte. Muslim war vor ein paar Monaten bei einem Zusammenstoß mit der Polizei von Uttar Pradesh angeschossen und verletzt worden. Es war ihm gelungen, zu fliehen und sich mit Chaturvedi in Verbindung zu setzen, der in einem Polizeijeep zu ihm gefahren war, ihn aufgelesen hatte und ihn in ein Polizeikrankenhaus in Bhind gebracht hatte. Er war ziemlich schwer verletzt gewesen, so daß Chaturvedi ihn in ein Zivilkrankenhaus in Gwalior hatte verlegen lassen, wo man ihn behandelt hatte. Jetzt saß er zusammen mit Malkhans Bande im Gefängnis, nachdem man sich auf die gleichen Kapitulationsbedingungen geeinigt hatte.

In ihrem Tagebuch schreibt Phoolan Devi: »Inzwischen hatte ich volles Vertrauen zur Regierung von Madhya Pradesh. Deshalb blieben wir in unserem Lager. Am vierten Tag kehrte der Superintendent um Mitternacht zurück. Er sagte mir, er würde meine Familie aus Uttar Pradesh holen, und bat mich, ihm etwas Persönliches mitzugeben, damit meine Familie ihm glaubte. Ich erklärte ihm, wie er zu unserem Haus kam, und zog meinen Ring ab. Sie würden ihm glauben, daß ich ihn geschickt hatte, wenn sie den Ring sahen.

Ich meinte, es wäre vielleicht leichter, wenn ich ihn begleitete. Schließlich war ich gut im Tarnen und hatte mich schon ein paarmal verkleidet in die Stadt geschlichen. In einem *sari* würde mich niemand als Phoolan Devi erkennen. In dieser Verkleidung war ich schon auf Märkten und Bazaren gewesen, sagte ich ihm. Ich hatte mich sogar schon öfters in Krankenhäusern behandeln lassen, ohne erkannt zu werden. (Jahrelang litt Phoolan unter gynäkologischen Problemen, die mit Blutungen und starken Schmerzen verbunden waren.)

Dann erzählte ich ihm eine Geschichte, die ich hier wiederholen möchte. Ich war in den Bezirk Satna zum Tempel der Mahiar Mata gefahren, um eine Goldkette zu opfern, die neun *tolas* wog. (Wie sie mir später erklärte, damit sie »mit einem Kind gesegnet« werde.) Mein Name war darauf eingraviert. Baba Mustaqueem begleitete mich und brachte mich auf einem gestohlenen Motorrad hin. Um die Polizei zu ärgern, teilte ich ihnen mit, daß ich am neunten Tag des Monats kommen würde, einem glücksbringenden Tag in diesem Tempel. Ich wußte, daß Tausende dort sein würden, aber als wir ankamen, hatte die Polizei den ganzen Tempel umstellt und durchsuchte jeden Mann und jede Frau, die hineinwollten. Sie durchsuchten sogar das Haar der Frauen. Erst meinte Baba, es wäre zu riskant, aber ich sagte ihm, wir brauchten uns nur unter die Pilger zu mischen und Ruhe zu bewahren. Ich ging zu einem *mali* (einem Blumenhändler) und kaufte eine schwere Blumengirlande, die ich mir in einen Korb legen ließ. Auch die Schachtel mit der Kette legten wir hinein. Das Motorrad ließen wir neben seinem Stand und sagten ihm, wir wären bald zurück. Ich trug *salwaarkameez* (eine Tunika und Hosen) und hatte einen falschen Zopf eingeflochten. Baba trug Hosen und ein Buschhemd.

Als wir in den Tempel wollten, wurden wir durchsucht.

Während wir in der Schlange warteten, fragte ich den Polizisten, was los wäre und wieso so viele Polizisten dawären. Er antwortete, Phoolan Devi hätte gedroht, an diesem Tag den Tempel zu überfallen! Baba und ich hätte beinahe losgelacht. Der Hauptschrein stand auf einem Hügel, und wir mußten viele Stufen hinaufsteigen. Ich versteckte die Goldkette unter der Girlande und hängte sie um die Statue. Wir beobachteten aus der Ferne das Motorrad und sahen, daß niemand sich darum kümmerte, deshalb nahmen wir es wieder und verschwanden, ohne Aufsehen zu erregen. Als wir an einer bestimmten Stelle in der Nähe des Dschungels angekommen waren, ließen wir es stehen und kehrten wieder zu der Bande zurück, die auf uns gewartet hatte. Alle feierten.

Wir hatten immer ein Transistorradio dabei, um auf dem laufenden zu bleiben und zu erfahren, wo die Polizei war. Als wir an diesem Abend die Nachrichten einschalteten, hörten wir, daß Phoolan Devi der Polizei durchs Netz gegangen war und eine neun *tola* schwere Goldkette für die Göttin zurückgelassen hatte!

Chaturvedi *sahib* lachte und sagte, ich sei ein tapferes Mädchen, aber ich könnte ihm schon zutrauen, daß er meine Familie herbringen würde. Er meinte, es wäre nicht klug, wenn ich ihn begleiten würde. Ich sagte, ich würde ihm vertrauen und wüßte, daß er sein Bestes tun würde. Nach drei oder vier Tagen war er wieder da. Er sagte, es sei schwer gewesen, meine Familie nach Madhya Pradesh zu bringen, aber schließlich habe er es geschafft. Er sagte, sie seien in seiner Wohnung in Bhind. Er hatte es sogar geschafft, unsere Kuh und die Ziege mitzubringen. Ich konnte ihm kaum glauben, bis ich die Kuh sah, die er zum Beweis mitgebracht hatte! Es war die Kuh, die Puttilal meiner Familie im Tausch gegen mich gegeben hatte.

Ich sagte, er solle mich zu meiner Familie bringen, aber er sagte, er würde sie statt dessen zu mir bringen. Chaturvedi *sahib* nahm wirklich Rücksicht auf mich und achtete auf meine Sicherheit. An diesem Abend brachte er meine Mutter, meinen

Bruder und meine Schwester Munni zu mir. Meine Mutter war sehr zornig und aufgeregt. Sie sagte, ich hätte sie aus ihrem Haus und ihrem Dorf vertrieben. Ich flehte sie an und versuchte, ihr begreiflich zu machen, daß die Polizei von Uttar Pradesh ihnen das Leben zur Hölle machen würde; sie würden die Familie verprügeln und ins Gefängnis werfen, wenn ich mich ergab. Sie wollte sich nicht überzeugen lassen, deshalb sagte ich, sie solle dem Superintendent *sahib* gut zuhören und ihm keinen Ärger machen. Ich sagte, ich würde ihnen nicht erlauben, wieder nach Uttar Pradesh zurückzugehen.«

Als im Zuge einer ähnlichen Aktion Man Singhs Familie aus Uttar Pradesh geholt werden sollte, geriet die Polizei von Madhya Pradesh in eine peinliche Lage. Die Polizei von Uttar Pradesh war erbost, daß Phoolan Devis Familie im Schutz der Nacht und mit Hilfe des Superintendents von Bhind »entkommen« war, und hatte um Man Singhs Dorf Posten aufgestellt. Als die Polizisten aus Madhya Pradesh eintrafen, wurden sie von ihren schießwütigen Kollegen von jenseits der Grenze »umzingelt«. Voller Panik durchbrachen sie die Polizeiabsperrungen; auf beiden Seiten fielen Schüsse, und im ganzen Land waren Berichte über eine Polizei zu lesen, deren Vertreter sich Feuergefechte lieferten, um den Fall in ihre Hand zu bekommen.

Mr. Ammar Razvi, Minister für Parlamentarische Angelegenheiten, versprach, daß die Sache »genau untersucht« werden würde. Als ein Politiker in der Lok Sabha (der ersten Kammer des Parlaments), aufgebracht angesichts dieser unverbindlichen Antwort, sich in einer Attacke gegen ihn erging, in der er verkündete: »Die *dacoits* vertrauen der Polizei von Uttar Pradesh nicht!«, antwortete Razvi:

»Es freut mich, das zu hören. Ich kann nur sagen, wenn Kriminelle der Polizei eines anderen Staates vertrauen, dann wirft das kein gutes Licht auf die Integrität dieser Truppe.«

»Währenddessen«, schreibt Phoolan Devi, »legte ich den 10. Februar als Datum für meine Kapitulation fest und stellte meine Forderungen. Ich rief Jaiveer Singh Chauhan, der bis zur zwölften Klasse in die Schule gegangen war, und bat ihn, alles aufzuschreiben, was ich sagte.

Meine erste Forderung war, daß wir nicht die Todesstrafe bekommen würden; die zweite war, daß alle Anklagen vor den Gerichten von Madhya Pradesh verhandelt werden sollten, selbst wenn es um Verbrechen ging, die wir in Uttar Pradesh begangen hatten. Soweit ich mich erinnern kann, sollte 3. meine Familie in Madhya Pradesh angesiedelt werden; 4. sollten mein Bruder und Schwager (Rukhminis Mann Rampal) Arbeit bei der Polizei bekommen; 5. sollte meiner Familie Land und ein Haus in Madhya Pradesh gegeben werden; 6. sollten wir alle nach acht Jahren aus dem Gefängnis entlassen werden – wie die Banden, die sich 1972 ergeben hatten; 7. sollten alle Mitglieder unserer Bande, ich und Man Singh eingeschlossen, nach unserer Entlassung in Madhya Pradesh angesiedelt werden; 8. sollten wir ebenfalls ein Haus und Ackerland erhalten; 9. sollten die Kinder aller Bandenmitglieder kostenlos zur Schule gehen dürfen; 10. sollten wir bei unserer Entlassung eine Lizenz erhalten, zu unserem Schutz Schußwaffen zu tragen; 11. dürfte man uns nicht zwingen, unsere Nachschubquellen für Waffen und Munition aufzudecken; 12. dürfte man uns nicht nach Menschen fragen, die uns geholfen hatten, uns zu essen gegeben oder Ärzte für uns gesucht hatten usw.; 13. dürfte die Polizei uns nicht in Untersuchungshaft stecken; 14. würden wir keine Handschellen tragen; 15. sollte man uns zwei Mahlzeiten am Tag geben und gewisse Freiheiten zugestehen.

Kurz gesagt, forderte ich dieselben Vergünstigungen, die man den *dacoits* 1972 gewährt hatte.

Ein paar Tage vergingen, ehe wir ihn wiedersahen. Ich fragte den Superintendent, was Arjun Singh gesagt habe. Er lachte und sagte uns, der Chief Minister sei sehr glücklich über diese Wendung der Ereignisse und sei nach Delhi gefahren, um die Sache mit der Premierministerin Indira Gandhi zu besprechen. Er sagte, alle meine Forderungen würden erfüllt, legte einen

Arm um meine Schulter und meinte: ›Phoolan, wir werden ein menschliches Wesen aus dir machen!‹ Ich fragte: ›Werden Sie auch die Polizisten von Uttar Pradesh zu menschlichen Wesen machen?‹ Wir lachten, dann stellte ich noch zwei Forderungen: daß alle Mitglieder unserer Bande, mich eingeschlossen, im Gefängnis zusammenbleiben könnten; und daß die Polizei bei meiner Kapitulation unbewaffnet sein sollte.

Als Ghanshyam davon erfuhr, beschloß er, sich zusammen mit mir zu ergeben. Rajendra Chaturvedi brachte uns in einem großen Bungalow unter, der von der Polizei schwer bewacht wurde. Das Haus war so grell beleuchtet, daß ich das Gefühl hatte, zu meiner eigenen Hochzeit zu gehen, und beinahe vergaß, daß ich gerade aus dem Dschungel gekommen war und angeblich eine hartgesottene Verbrecherin war. Ich fühlte mich plötzlich überglücklich und fand es schwer, zusammenhängend zu reden. Hunderte Journalisten und Fotografen aus aller Welt waren da, aber ich war so verwirrt, daß ich nur sehr unzusammenhängend auf ihre Fragen antworten konnte.«

KAPITEL 23

Kapitulation

Tausende Dorfbewohner waren viele Meilen weit gewandert, um das Ereignis mitzuerleben. Phoolan Devi war im ganzen Land eine Legende. Lieder waren über ihre Taten geschrieben worden, auch wenn sie damals nichts davon wußte. Lehmstatuetten, die sie in einer Polizeiuniform und mit einem Gewehr darstellten, wurden auf den Märkten von Kanpur zu einem Preis von sechzehn Rupien pro Stück verkauft, direkt neben den Statuen von »Göttern, Göttinnen und anderen berühmten Persönlichkeiten«, wie es in einem Artikel hieß. Frauen hatten begonnen, zu ihr zu beten, und flüsterten sich vertraulich zu, sie sei die Reinkarnation Kalis, der Kriegergöttin, die man im Chambal-Tal verehrt.

Kurz nach neun Uhr morgens bestieg Phoolan Devi, die »Banditenkönigin« des Landes, die »Rebellin aus den Schluchten«, die Frau, die von den Dorfbewohnern als *dasyu sundari* bezeichnet wurde, die acht Meter hohe Plattform, die extra für diese Gelegenheit errichtet worden war. Sie hatte ihren roten Schal um ihre neue Khaki-Uniform geschlungen und um den Kopf das rote Tuch, das sie in den Schluchten getragen hatte, um sich den Schweiß aus den Augen zu halten. Man Singh und die übrige Bande, insgesamt sieben Männer, folgten ihr die Stufen hinauf. Porträts Mahatma Gandhis und der Göttin Durga, der wohltätigen *avtar* Kalis, schmückten, wie von Phoolan Devi gewünscht, das Zentrum der Bühne. Die drei Girlanden, um die sie gebeten hatte, waren ebenfalls da und hingen über einem Stuhl: eine für jedes Porträt und eine für den Chief Minister. Mit umgehängtem Gewehr und angelegtem

Patronengurt umkränzte Phoolan Devi die Porträts. Dann drehte sie sich um, legte die dritte Girlande Arjun Singh um den Hals und kniete nieder, um mit der Stirn seine Füße zu berühren. Es war eine theatralische Geste der Ergebenheit, aber auch ein Zeichen dafür, daß man ein Abkommen geschlossen hatte. Sie wandte sich zu der drängelnden Menge um und hob das Gewehr über ihren Kopf, bevor sie es, ebenso wie den Patronengurt, vor den beiden Porträts niederlegte. Im Geiste ergab sie sich der Göttin Durga und Mahatma Gandhi, und die Dorfbewohner wie die Presse waren ihre Zeugen dabei. Es gab Jubel und Buhrufe und einen kleinen Tumult. In einem Bericht, der kurz darauf in der *Times of India* veröffentlicht wurde, stand:

Der Höhepunkt der Show wurde ihr von einem jugendlichen Eindringling gestohlen, den man später als Funktionär der Madhya Pradesh Yuva Lokdal identifizierte. Kurz nach Beginn der Zeremonie betrat er unbemerkt das Podium und ergriff das Mikrofon, um sich an die Versammlung zu wenden. Bevor jemand begriff, was geschah, hielt er eine flammende Ansprache, in der er der Regierung vorwarf, »Verbrecher zu feiern«. Der Junge hatte keine Chance, seine Ansprache zu vollenden. Er wurde von einigen Sicherheitskräften vom Podium gezerrt und von anderen verprügelt, dann führte man ihn ab.
Ein Pressefotograf, Mr. Promod Pushkarna, der das Geschehen festzuhalten versuchte, wurde ebenfalls verprügelt. Er berichtete, Polizisten hätten ihn herumgeschubst und fortgeschleift. Ein hoher Polizeibeamter, der zum Tatort eilte, entschuldigte sich augenblicklich. Ein Vertreter des Bezirks, der dem Fotografen zu Hilfe eilen wollte, bekam es ebenfalls mit den Polizisten zu tun, die anscheinend ganze Arbeit leisten wollten. Schon vor dem Zwischenfall hörte man, wie sich einige Polizisten und Sicherheitskräfte darüber beschwerten, daß die Pressevertreter, die offensichtlich freien

Zutritt zu dem Gelände hatten, ein solches Durcheinander anrichteten.

In einem Bericht der *Hindustan Times* war zu lesen:

Die Zeremonie drohte in ein Spektakel auszuarten, als unter den etwa 7000 Zuschauern ein paar junge Männer, Angehörige der örtlichen Studentenverbindung, zerbrochene Armreifen in Richtung Podium warfen, um gegen die Inkompetenz der Polizei zu protestieren, die die Gesetzlosen lieber verhaften statt mit ihnen verhandeln solle.

Frauen und Dorfkinder jubelten.

Phoolan Devi, die vor Fieber kalte Schweißausbrüche bekam, wurde hastig zu einem wartenden Polizeiwagen abgeführt, der augenblicklich von Journalisten und Fotografen belagert wurde. Man bombardierte sie mit Fragen.

»Waren Sie wirklich die Anführerin einer eigenen Gang?«

»Regiert nicht eine Frau dieses Land?« fauchte sie zurück.

»Was empfinden Sie gegenüber Ihrem Gatten Puttilal?«

»Ich hätte das Schwein verfolgen und abknallen sollen.«

»Wie sind Sie, dem Superintendent von Bhind, begegnet?«

»Fragen Sie ihn doch selbst!«

»Wieviel haben Sie als *dacoit* verdient?«

»Was geht Sie das an?«

»Wer hat Sie unterstützt?«

Antwort: »Dein Vater!«

Man Singh nahm ihre Hand und bat sie, nicht mehr zu antworten. Es sei sinnlos, sagte er. Er wußte, daß sie sich in dem vergitterten Wagen wie in einer Falle vorkam, und die Meute um sie herum machte die Fiebernde beinahe hysterisch. Kameras klickten, während sie die Fotografen beschimpfte und an den Gittern rüttelte. »Ihr verkauft meine Bilder und macht Geld damit. Meine Mutter hat mir gesagt, daß ihr eine Menge Geld damit macht. Wieviel verdienst *du* denn, Arschloch?«

Die Presse wandte sich gegen sie. Vor ihrer Kapitulation hatten Journalisten aus aller Welt zwei Jahre lang nach ihr gesucht, hatten dabei jedes Details beleuchtet, dessen sie habhaft wurden, hatten Wahrheiten und Lügen über sie verbreitet. Ihr Leben und all die Geschichten, die sich darum rankten, waren der Öffentlichkeit zugänglich gemacht worden. Doch bis zu ihrer Kapitulation hatte sie kein Reporter gesehen oder mit ihr gesprochen. Als sie ihr nun von Angesicht zu Angesicht gegenüberstanden, mochten sie sie nicht. Sie entsprach nicht ihren Erwartungen. Aus dem »Engel der Rache«, der »Banditenkönigin«, der »*avtar* Kalis« wurde eine »Armreifenraßlerin«, »Herrin des Mordes«, ein »Banditengör« und eine »neurotische Nymphomanin«. In einem Artikel stand, sie sei »zu dunkel, zu klein, flachbrüstig und unhöflich«.

Was damals über Phoolan Devi gedruckt wurde, verrät viel über das Wesen und die Vorurteile der Männer, die die Artikel verfaßten. Aus unerfindlichen Gründen nahmen sich nur wenige Frauen dieser Geschichte an. Wenn sie es taten, ließen sie sich von ihren männlichen Kollegen beeinflussen oder hatten jedenfalls beschlossen, sich der allgemein vorherrschenden journalistischen Meinung anzuschließen. Bizarre Berichte erschienen in verschiedenen landesweiten Zeitungen. So schrieb zum Beispiel ein G. V. Krishnan für die *Times of India*:

Phoolandevi sah mit ihrem roten Schal aus wie eine Zeltstange, um die herum das Zelt zusammengefallen ist. Sie hatte sich ein rotes Band um den Kopf gewunden wie eine Indianerin. Das Kopfband lenkte die Aufmerksamkeit auf ihr Gesicht, das ansonsten keines Blickes würdig gewesen wäre. Die dunkle, kleine »Banditenkönigin« würde in der Menge auf einem Fischmarkt bestimmt nicht auffallen.

Noch ein Mann, der etwas gegen die »kleinen, dunklen« Frauen dieser Welt hatte! Ein paar Tage später, am 22. Februar 1983, verfaßte er einen weiteren Artikel, der so begann:

Phoolan Devi (wenigstens schrieb er inzwischen ihren Namen korrekt) ist nichts Besonderes. Wenn man die Spreu vom Bild der »Banditenkönigin« bläst, kommt eine schlichte Frau mit einem Hauch von Wildheit zum Vorschein. Erinnern Sie sich noch an den Wolfsjungen von Lucknow? Er hatte die Angewohnheiten und die Lebensweise der Wölfe angenommen, die ihn aufgezogen hatten.

Phoolan Devi scheint genauso ein Produkt ihrer Umgebung zu sein. Sie hat vier eindrucksvolle Jahre ihres Lebens in den Schluchten des Chambal verbracht. Man könnte sie gewissermaßen als »Wolfsjungen« des Chambal bezeichnen.

»Wie war das Leben in den Schluchten?« fragte er sie und schrieb dann:

Sie wirkte gelangweilt, als der Korrespondent, der am Freitag im Zentralgefängnis von Gwalior mit ihr sprach, diese Frage stellte. Sie hatte eben erst ein Interview mit einem anderen Korrespondenten geführt. Am Vortag hatte sie mit ein paar Zeitschriftenreportern gesprochen, und bei der Bezirksverwaltung sollen haufenweise Bitten um Interviews mit ihr eingegangen sein.

In den Schluchten habe ich Ruhe vor den Papier-*wallahs* gehabt, antwortete sie. Der Medienrummel seit ihrer Kapitulation in Bhind hatte sie überrumpelt. Journalisten, die ihr am Vorabend ihrer Kapitulation oder kurz danach begegnet waren, hatten kaum ein gutes Wort für sie übrig. Sie soll ihnen auf drastische Weise erklärt haben, wohin sie sich scheren sollten.

Er kam auf die Bedingungen ihrer Kapitulation zu sprechen, fragte sie, welche Zugeständnisse man ihr gemacht hatte, und schrieb dann:

»Die gleichen, die man auch den *dacoits* angeboten hat, die sich 1972 ergeben haben.« Sie war nicht in der Lage, sie aufzuzählen. »Aber sie standen auf dem Papier, das ich der Polizei gegeben habe.« Sie bezeichnete es als »Vereinbarung«. Hatte sie irgendeine schriftliche Zusage von der Polizei oder sonst jemandem erhalten? »Nein.« – »Aber wie wurde es dann vereinbart?« Sie wußte es nicht. Später bemerkte Phoolan Devi, als sie auf eine andere Frage antwortete, daß ihr es am liebsten wäre, wenn die »Vereinbarung« von Mr. Rajiv Gandhi unterzeichnet würde.
»Warum er?«
»Weil er ein *neta* (Führer) ist.« Die zweite Führerin, die sie kannte, war Mrs. Gandhi. Ob sie wisse, wer Präsident sei? »Keine Ahnung.« Dann erwähnte sie noch Mr. Arjun Singh. Das Gespräch erstarb vorübergehend. Ihr Dialekt *(bundelkhandi)* war dem Korrespondenten unverständlich, der über einen Dolmetscher mit ihr sprach...

Der Artikel endete:

Phoolan ist den Medien keineswegs dankbar dafür, daß man sie zum Kassenschlager gemacht hat, im Gegenteil, sie glaubt, die detaillierten Schilderungen über ihre Taten hätten ihr das Leben erst recht schwergemacht. Das Massaker von Behmai brachte sie vor zwei Jahren in die Schlagzeilen. »Sie (die Journalisten) haben viele Lügen über mich geschrieben«, sagte sie. »Sie haben geschrieben, daß ich meinen Männern befohlen hätte, Frauen zu vergewaltigen. Sie haben mir Verbrechen untergeschoben, die andere begangen haben.« Einen Moment lang ließ sie ihrem Zorn freien Lauf. »*Yeh paperwallon ne meri aisi-ki-taisi kar dee.*« (Diese Papierleute haben mich vollkommen verdreht.) Für eine Analphabetin schien sie bemerkenswert gut über die Macht der Presse Bescheid zu wissen, und aus diesem Wissen war Verachtung erwachsen.

Ein anderer Schriftsteller, den man als »Autorität« in punkto Chambal-Tal betrachtet, verfaßte ein Buch mit dem Titel *Chambal – das Tal des Schreckens*. Das siebzehnte Kapitel, »Auf den Spuren Phoolan Devis« überschrieben, beginnt: »Ich verbrachte das ganze Wochenende damit, Phoolan Devi zu jagen...« (unter den gegebenen Umständen nicht besonders lang). Später liest man:

Lassen Sie sich den Mund mit ein paar Kostproben wäßrig machen. Die Gegend ist atemberaubend schön. Der beste Fleck, um fast das ganze Land, in dem Phoolan Devi lebte, liebte und mordete, aus der Vogelperspektive in Augenschein nehmen zu können, ist Kalpi, eine alte Kleinstadt voller Burgen, Gräber und Moscheen. Den höchsten Punkt stellt eine Feste auf einem kleinen Hügel dar, von der aus man die Yamuna sehen kann, die hier eine weite Biegung macht und auf ihrem Weg zu ihrer Mündung in die Betwa und den Ganges unter der Eisenbahnbrücke hindurchströmt. Von diesem Punkt aus kann man Gorha Ka Purwa auf dem einen und Teoga auf dem anderen Ufer sehen. Pal und Behmai liegen sich weiter flußaufwärts in gleicher Weise gegenüber. Sie sind von Kalpi aus nicht zu sehen, dafür aber Dutzende anderer Thakur-Dörfer im *Chaurasi gaon* (84 Dörfer). Die Thakurs und Mallahs stehen nicht auf gutem Fuß miteinander. Phoolan Devi ist eine Mallah; genau wie all ihre Liebhaber, Bikram Singh (d. h. Vikram Singh Mallah) eingeschlossen. Bikram Singhs Mörder waren Thakurs; wie alle, die Phoolan Devis Zorn in Behmai zum Opfer fielen. In Gorha Ka Purwa sollte ich eine Ahnung von dem romantischen Leben der Phoolan Devi mitbekommen. Erinnern Sie sich an das nostalgische Filmlied »*Nadi kinarey mera gaon*« (Mein Dorf am Fluß)? Nun, genau so ist es hier. Die junge, sechzehn oder siebzehn Jahre alte Phoolan hat eben ihren fünfundvierzigjährigen Ehemann verlassen, der ihren sexuellen Appetit geweckt hat, ohne ihn stillen zu können...

In diesem Tonfall geht es weiter, dann wird Dorfklatsch über ihre Affäre mit Kailash verbreitet. Mr. Taroon Bhaduri war Phoolan Devi nicht ein einziges Mal begegnet, als er seine Schlüsse zog, obwohl er »das ganze Wochenende« damit verbracht hatte, nach ihr zu suchen.

Auch nachdem sie ihre Haft angetreten hatte, urteilte die Presse nicht besser über Phoolan. Wie in der »Vereinbarung« festgelegt, gestattete man ihr, im Männertrakt mit den Mitgliedern ihrer Bande zu leben. Noch im Oktober 1989, mehr als sechs Jahre später, löste diese Tatsache Kontroversen aus. In einer südindischen Zeitschrift, *The Week*, erschien ein Artikel mit der Überschrift »Phoolan Devis geheime Sorgen«. Der Journalist Ravindra Dubey schrieb unter dem Kolumnentitel »Zelle der Sexkapaden«.

Dies war wahrscheinlich das erste Gefängnis des unabhängigen Indiens, in dem Frauen und Männer im selben Gefängnistrakt untergebracht wurden.

Die meisten Besucher, zumeist Journalisten, wollten zu Phoolan. Das gefiel Malkhan nicht, der sich schon früher ergeben hatte. Bald mußte er zusehen, wie sich seine Gefolgsleute um die beiden weiblichen *dacoits* (die zweite Frau war Munni und gehörte zu Ghanshyams Bande) scharten. Der in seiner Eitelkeit gekränkte Malkhan versuchte, eine Verschwörung anzuzetteln, um einen Keil zwischen Phoolan und ihren Liebhaber Man Singh zu treiben. Am 12. Juli 1983 überfiel Man Singh Phoolan und nahm ihr ganzes Geld an sich (»ein Ehestreit«, erklärte mir Phoolan, der durch die Spannung und Unsicherheit verstärkt worden war)... Schließlich bekamen die Gefängnisangestellten die Situation unter Kontrolle, und Phoolan wurde verlegt.

Phoolan setzte ihre Politikerfreunde davon in Kenntnis und wurde am 30. Juni 1984 in den Männertrakt zurückverlegt. Inzwischen hatte sie Malkhans Absichten durchschaut und begonnen, den jungen Männern in Malkhans Bande Avancen zu machen. Dies führte am 22. Juni 1984 zum offenen Kampf zwischen Malkhans und Phoolans Bande. Die Wärter mußten die Gefängnissirene einschalten. Sieben *dacoits* und sechs Gefängniswärter wurden schwer verletzt. Phoolan wurde erneut in den Frauentrakt verlegt.

Der Autor des Artikels schließt: »Gut unterrichteten Kreisen zufolge betreten die beiden weiblichen *dacoits* jedoch heute noch nachts den Männertrakt.« Andere Journalisten gingen noch weiter und spekulierten darüber, was »nachts« wohl geschehen mochte. Dr. Manoij Marthur schrieb am 26. März 1983 für die Boulevardzeitung *Blitz*, die ihre Redaktion in Bombay hat, einen Artikel mit der Überschrift »Phoolan vergiftet Gefängnisfrieden«:

> ...Die Beamten sind hilflos und müssen ihr jeden Wunsch erfüllen, den Wunsch nach Sex eingeschlossen.
> Gemäß dem Gefängnishandbuch dürfen männliche und weibliche Gefangene nicht zusammen untergebracht werden. Sie dürfen nicht einmal in Kontakt miteinander kommen. Aber Phoolan, die bekanntlich nymphomanisch veranlagt ist und ein unstillbares Verlangen nach Sex besitzt, besteht darauf, daß sie bei ihren *dacoit*-Freunden untergebracht wird. Das hat die Gefängnisleitung in eine Zwangslage gebracht...

So reagierte die indische Presse auf sie. So urteilten Männer.

Phoolan schreibt in ihrem Tagebuch über jenen Tag, an dem sie sich, gehetzt von der Presse, der indischen Regierung ergab. Dem schlichten Eintrag fehlt es vollkommen an dem Gift, mit dem andere auf sie reagieren:

»Ich war krank vor Angst. Als ich bereit war, drängten sie unsere Gang vorwärts, und plötzlich war ich vorne. Ich fragte, was ich tun sollte, und ein unbekannter Beamter sagte, der Superintendent würde mir schon sagen, was ich tun sollte. Ich wurde auf die Bühne geschubst, und der Superintendent deutete auf den Chief Minister und zeigte mir mit einer Geste, daß ich ihm mein Gewehr übergeben sollte. Danach machte ich einfach das, was man von mir erwartete. Alle Welt schien sich dort versammelt zu haben. Ich verstand gar nicht, warum.«

Nachwort

Gemäß der »Vereinbarung«, einer mündlichen Zusicherung, die man ihr bei ihrer Kapitulation gemacht hatte, erwartete Phoolan Devi, nach acht Jahren Haft freigelassen zu werden. Doch der 12. Februar 1991 kam und ging, und sie saß immer noch im Zentralgefängnis von Gwalior, abgeschottet von der Außenwelt und zunehmend verzweifelt. Sie kämpfte immer noch gegen ihre Auslieferung nach Uttar Pradesh. Die anderen *dacoits* im Sondertrakt, Man Singh und seine Männer eingeschlossen, hatten sich dem Druck gebeugt und waren den Ratschlägen der Behörden von Madhya Pradesh gefolgt. Den Beamten war es schließlich gelungen, die Männer davon zu überzeugen, daß sich der Staat nur gnädig stimmen und der Prozeß nur beschleunigen ließe, wenn sie einer »freiwilligen Verlegung« zustimmten. Einer nach dem anderen hatte sich einverstanden erklärt und war über die Grenze abgeschoben worden. Irgendwann war Phoolan Devi die einzige, die sich gegen die Verlegung wehrte. Sie schrieb mir damals, erklärte mir, wie verzweifelt sie sei, und bat mich um meine Meinung. »Selbst Man Singh ist fort«, hieß es. »Ich war so wütend, daß ich mich nicht einmal von ihm verabschiedet habe. Ich bat darum, in meiner Zelle bleiben zu dürfen.« Ich antwortete auf ihren Brief und schilderte ihr, was ich darüber dachte, so wenig ihr das auch helfen konnte. Sie schrieb mir nochmals:

»Ich bin so froh, daß Du meiner Meinung bist. Du bist die einzige. Selbst meine Familie ist unsicher geworden und gibt mir alle möglichen widersprüchlichen Ratschläge. Ich weiß nur eines, *didi* (Schwester): Ich traue der Polizei und der Regierung in UP nicht. Sie könnten mich so leicht loswerden, mich eines Tages für tot erklären, nicht wahr? Der Bahnhofs-*wallah* Bhai Sahib (ein Mann, der einen Teeladen vor dem Bahnhof von Gwalior hat und sie ab und zu besucht) hat mir neulich erzählt, daß die Papier-*wallahs* schreiben, ich würde mich umbringen wollen. *Didi*, wenn es heißt, Phoolan Devi habe sich umgebracht, mußt Du der Welt erklären, daß das eine Lüge ist, versprich mir das. Sag ihnen, *didi*, daß ich nie feige war. Ich habe oft an den Tod gedacht; ich wollte oft sterben; aber mein Leben liegt in der Hand Durga Matas, und was immer auch geschieht, ich werde nicht mit meinem Schicksal spielen.«

Indien hat viele politische Veränderungen durchgemacht, seit sich Phoolan Devi 1983 ergab. Regierungen haben gewechselt und wurden gestürzt. Indira Gandhi, in deren Auftrag Rajendra Chaturvedi mit Phoolan Devi verhandelte, starb im November 1984. Sie wurde das Opfer eines Attentäters in ihrer eigenen Leibwache, der aus kurzer Entfernung auf sie feuerte. Ihr Tod löste im ganzen Land Unruhen und blutige Racheakte aus, vor allem aber in Delhi, wo Teile der hinduistischen Bevölkerung auf Plünderungszug gingen und die Sikh-Gemeinschaft in der Stadt für das Verbrechen büßen ließen. Ich war damals in Delhi und hörte Groteskes über diese massenhafte Racheaktion; Unschuldige wurden von dem hysterischen Mob, der in den Straßen tobte, gequält, gefoltert und ermordet; Menschen wurden, tot oder lebendig, verbrannt. Es schien keine Vernunft, keinen Verstand und keine Staatsmacht mehr zu geben. Teile der Polizei und bestimmte Politiker wurden beschuldigt, mit dem Mob zusammenzuarbeiten. Indira Gandhis Mörder war ein Sikh gewesen, den sie, entgegen allen Warnungen ihrer politischen Ratgeber, nicht versetzt oder entlassen hatte, um zu demonstrieren, daß sie an eine weltliche Gesellschaft glaubte. Es war, als hätte Mrs. Thatcher in der Downing Street Katholiken aus Nordirland als Leibwächter eingestellt. Die Geschichte hat gezeigt, daß Mrs. Gandhi und Mrs. Thatcher doch nicht so viel gemeinsam hatten. Was Phoolan Devi anging, erzählte mir

Chaturvedi: »Mrs. Gandhi hatte viel Mitleid mit den Getretenen, vor allem mit den Frauen aus den Dörfern, deren Leben von Männern beherrscht und kaputtgemacht wurde.«

Um nicht sentimental zu wirken, muß ich hinzufügen, daß die Premierministerin damals unter großem politischem Druck stand. Nur einen Monat vor Phoolan Devis Kapitulation schrieb Girilal Jain, der damalige Herausgeber der *Times of India*, einen langen Artikel in zwei Teilen, der auf der Kommentarseite unter der Überschrift »Mrs. Gandhis letzte Chance – die Suche nach der moralischen Ordnung« erschien. Er bezog sich auf ihren Sohn Sanjay, der damals im ganzen Land für den größten Rüpel der indischen Politik gehalten und der von seiner Mutter in allem unterstützt wurde:

> ... Sie verging sich noch zweimal gegen ungeschriebene Moralgesetze, als sie ihrem Sohn Sanjay Gandhi erlaubte, in der Autobranche tätig zu werden und sich dabei noch auf die Unterstützung des Staates zu berufen, die er nur genoß, weil sie Premierministerin war. Um genau zu sein, hatte sie Sanjays Aktivitäten lediglich schweigend geduldet. Denn Sanjay war ein eigensinniger junger Mann und nicht allzu leicht zu kontrollieren. Es gibt sogar Hinweise darauf, die vermuten lassen, daß sie vergeblich versuchte, ihn vom Maruti-Projekt abzubringen. Dies war allerdings der Öffentlichkeit nicht bekannt. Doch selbst wenn das so gewesen wäre, hätten die Menschen sie für diesen moralischen Verstoß – die Staatsmaschine für private Zwecke zu mißbrauchen – verantwortlich gemacht.
>
> Es ging *nicht* darum, ob es dem Sohn des Regenten überhaupt verwehrt sein sollte. Geschäfte zu machen, und/oder ob die Unterstützung des Staates, die er genoß, nicht am Ende auch vielen anderen Menschen mit politischem Einfluß und/oder Geld zugute kam. Es ging vielmehr darum, ob Sanjay Gandhis Aktivitäten dem Bild entsprachen, das sich die Menschen vom Sohn der Premierministerin machten, oder nicht.

Zweifellos entsprachen sie ihm nicht. Es gehörte sich nicht für Mitglieder der Regierungskaste, Geld scheffeln zu wollen. Zwei Traditionen – die der Kshatriya und der Brahmanen – vereinten sich in Nehru, so wie sie sich im Herrscher Ashoka und in Janak vereint hatten, Sitas Vater im *Ramayana*. Man erwartete von Nehrus Tochter und Enkeln, daß sie sich dieser brahmanischen und Kshatriya-Tradition gegenüber loyal verhielten. Es war schlimm genug, daß Sanjay ins große Geschäft einstieg; es war noch schlimmer, daß er sich dazu der Staatsmaschinerie bediente; und es war eine absolute Katastrophe für Mrs. Gandhi, daß er den Wagen nicht baute. Ein Verstoß gegen den Moralkodex ist noch verdammenswürdiger, wenn er keinen materiellen Erfolg mit sich bringt; ein Verbrechen ohne Profit ist unverzeihlich.

Solche Kommentare, von den Herausgebern persönlich verfaßt, machten Indira Gandhi zunehmend angreifbar. Sie mußte von sich ablenken, deshalb wäre es ein Irrtum anzunehmen, daß sie nur aus altruistischen Motiven mit Chaturvedi sprach.

Viele Jahre später, nach Man Singhs Verlegung aus Gwalior, hatte Phoolan Devi neue Sorgen. Ihre Beziehung zu ihrer Mutter und ihrem Bruder war über vielen familiären Streitigkeiten zerrüttet. Es war so weit gekommen, daß sie sich weigerte, die beiden zu sehen. Ihre Schwestern Rukhmini und Bhoori waren ihre einzigen Verbündeten. Munni, ihre jüngste und Lieblingsschwester, stieß Phoolan vor den Kopf, indem sie gegen sie Partei ergriff. Phoolan erkärt sich das damit, daß Munni sich in einen Freund Shiv Narains verliebt hätte und mit ihrem Bruder auf gutem Fuß stehen wollte. Moola hatte nie ein Geheimnis daraus gemacht, daß ihr von all ihren Kindern ihr Sohn am wichtigsten war. Offenbar hatte Shiv Narain die Lage zugespitzt, indem er das Landstück, das Phoolan Devi bei ihrer Kapitulation zugesprochen worden war, verkauft und sich von dem Erlös ein Motorrad zugelegt hatte.

Dann starb Bhoori im Sommer 1989 unter mysteriösen Umständen. Man fand sie, kerosingetränkt und mit schweren Verbrennungen. Niemand wird je mit Sicherheit erfahren, ob sie sich selbst getötet hat oder umgebracht wurde. Sie wurde eilig ins Hospital gebracht, starb aber, bevor sie eine Aussage machen konnte, berichtete Rukhmini. In den Polizeiakten wird ihr Fall als Suizid geführt, aber niemand weiß, warum sie sich hätte umbringen sollen, da sie, wie Rukhmini, ihren Ehemann geliebt hatte und nach Gwalior gekommen war, um Phoolan moralische Unterstützung zu leisten. Sie hatte fest vorgehabt, danach zu ihrem Ehemann zurückzukehren. Bald darauf starb Devidin, ohne daß seine Landstreitigkeiten mit Maiyadin geklärt worden wären. Aufgrund des Streites mit ihrer Mutter und ihrem Bruder erfuhr Phoolan Devi erst nach dem Begräbnis davon.

Mitte 1990 war V. P. Singh indischer Premierminister, und die Thakurs in Uttar Pradesh schienen wieder Zuversicht zu schöpfen. Ich kam im Juni dieses Jahres nach Gwalior und besuchte Rukhmini in den Polizeiquartieren, wo sie mit ihren drei Kindern in zwei Zimmern lebte, direkt neben ihrem Bruder, der inzwischen eine städtische junge Frau namens Shoba geheiratet hatte. Ich wußte von den Feindseligkeiten innerhalb der Familie, deshalb klopfte ich nicht bei ihm an. Rukhminis Tochter Usha ließ mich in die Wohnung, die ihren jüngeren Bruder Santosh losschickte, die Mutter aus der Wohnung einer Nachbarin zu holen. »*Mausi* (Tantchen), es sind schreckliche Dinge geschehen«, sagte das kleine Mädchen zu mir. »Mummy wird dir es erklären.«

Rukhmini kam ein paar Minuten später, umarmte mich, als sie ins Zimmer trat, und brach in Tränen aus. »Die Thakurs werden uns alle umbringen«, sagte sie. Offenbar hatte eine Familie, die weiter oben wohnte, »gute Beziehungen nach Uttar Pradesh« und ein Auge auf die Unterkünfte im Erdgeschoß geworfen, in denen sie und Shiv Narain wohnten. Ihr Bruder war erst gehänselt, dann bedroht worden, erzählte sie mir. Anfangs hatten sie das für Scherz oder Maulheldentum gehalten. Abfällige Bemerkungen wie: »Deine Schwester ist eine Sudrahure im Gefängnis. Was willst du jetzt anfangen, wo Raja Sahib (V. P. Singh) an der Macht ist?« Andere Beleidigungen, auf die Shiv Narain eines Tages geantwortet hatte: »Wir haben schon viele Thakurs kommen und gehen sehen!« In der Zeitschrift *The Week* (Oktober 1989) wird er zitiert: »Ich bin der Bruder der Schwester, die einundzwanzig Thakurs in einem Aufwasch erledigt hat.« Dann waren eines Abends, nur wenige Tage, bevor ich, ohne etwas von diesen Vorgängen zu ahnen, in Gwalior angekommen war, vier Thakurs mit Messern in Shiv Narains Apartment gestürzt und hatten gedroht, ihn, seine Frau und das Baby umzubringen. Shiv Narain war in Panik geraten, hatte sein Gewehr geschnappt und in die Luft gefeuert. Die Einbrecher flohen, und er tat das gleiche, nachdem er sich kurz mit seiner Familie beraten und Frau und Schwester befohlen hatte, Türen und Fenster zu verriegeln. Während der nächsten Tage lebten die Frauen in Angst und Schrecken. Shiv Narain tauchte nicht wieder auf, und sie hatten keine Ahnung, wozu er sich entschlossen hatte oder was ihm zugestoßen war. Sie erwogen alle Möglichkeiten. Vielleicht hatte ihm jemand auf der Hauptstraße aufgelauert, überlegten sie sich. Die Schüsse hatten die Nachbarn aufgeschreckt, und die Kinder erzählten, die Leute würden sagen, Shiv Narain sei genau wie seine Schwester und »in die Schluchten abgehauen«.

Wie sich herausstellte, hatte Shiv Narain einen Bus in das Dorf seiner Mutter genommen, wo ihm ein Onkel mütterlicherseits geraten hatte, nach Gwalior zurückzukehren und die Sache der Polizei zu melden, bevor die Situation außer Kontrolle geriet. Er folgte dem Rat, worauf er prompt verhaftet und des versuchten Mordes angeklagt wurde. Schließlich fand er sich im Männertrakt des Zentralgefängnisses von Gwalior wieder. Dort wurde er von anderen Gefangenen angegriffen, wahrscheinlich, weil er Polizist war und alle Gefangenen die Polizei hassen. Sie konnten oder wollten die komplizierte Situation offensichtlich nicht begreifen. Als Phoolan Devi von der Verhaftung ihres Bruders und von den Anschlägen auf ihn hörte, vergaß sie die Familienfehde und zettelte, so hörte ich von einem Gefängniswärter, eine *hangaama* (Aufruhr) im Gefängnis an, um seine Verlegung in den Sondertrakt durchzusetzen. Anscheinend erreichte sie dieses Ziel innerhalb einiger Tage. Phoolan bat darum, ihren Bruder zu sehen, den sie seit mehreren Monaten nicht getroffen oder gesprochen hatte, nachdem sie ihn und ihre Mutter öffentlich angeklagt hatte, am Tod ihrer Schwester mitschuldig zu sein.

Während Rukhmini all das erzählte, eilte ihr Sohn herein, schlug die Tür zu und erklärte mit kindlich lautem Flüstern: »Sie sind draußen, *Mausi*, und schauen dich an!« Weil ich nicht ängstlich erscheinen wollte, ging ich, öffnete die Tür und schaute hinaus. Tatsächlich stiegen drei Männer die Treppe herauf und starrten mich schweigend an. Ziemlich erschüttert schloß ich die Tür wieder.

»Sind das die Männer?« fragte ich Rukhmini. Sie nickte und bat mich flüsternd, nicht mehr in die Unterkünfte zu kommen. Statt dessen würden sie mich im Hotel besuchen. Ich folgte ihrem Rat, da ich merkte, wie angespannt die Situation war.

Kurz nachdem ich Gwalior verlassen hatte, bekam ich einen Brief von Phoolan Devi, datiert vom 29. Juni 1990. Darin stand:

»Liebste, hoch geachtete *didi*, ich berühre Deine Füße und hoffe, daß Du und Deine Familie wohlauf seid. Seit mein Bruder verhaftet ist, finde ich keinen Frieden mehr. Ich esse oder trinke nicht mehr, und manchmal habe ich solche Angst im Herzen, daß ich Tag und Nacht nur noch weine. Manchmal denke ich, daß ich etwas tun sollte, um mich von diesen Qualen zu erlösen, aber wie du weißt, kommen und gehen solche Gedanken. *Didi*, seit ich auf dieser Welt bin, habe ich nur Kummer und Schmerz gesehen – vielleicht gibt es für mich kein Glück. Vielleicht muß ich immer leiden. Du wirst mir helfen müssen, bevor Du heimreist, weil ich Dich dringend brauche. Du weißt, daß diese Frau Kaushaliya, die meinen Bruder von

Thakurs verprügeln lassen wollte, nicht allein ist. Viele Polizei-beamte decken sie, und die Stadt-*goondas* (Schläger) genauso. Didi, es gibt keinen einzigen Beamten hier, der mir zuhören will. Alle ›warnen‹ mich. *Didi*, du mußt mit dem Collector (Bezirksrat) *sahib* und dem Inspector General der Polizei und dem Superintendent sprechen. Du mußt ihnen sagen, daß es keine Anhörung mehr für mich gab, seit die neue Regierung an der Macht ist. Niemand will mir mehr zuhören…

Didi, heute traf ich Shiv Narain und erzählte ihm, daß Du in Gwalior warst. Er war so froh, doch dann begann er zu weinen. Er meinte, Du hättest nicht weggehen dürfen, ohne ihn zu sehen. Dann kam er in Panik und sagte, Du müßtest Dich mit seinem Anwalt treffen und so schnell wie möglich eine Kaution für ihn stellen. Er ist unschuldig. Meinetwegen wurde er von vier Männern, Thakurs, angegriffen. Du mußt ihm helfen.

Ich habe entsetzliche Angst, daß man mich nach Uttar Pradesh schickt. Wenn ich heute draußen wäre, würde ich mich an Dich klammern. Ich würde Dich drücken. Ich fühle mich so unsicher. Ich weiß, daß die Gesellschaft mich nie respektieren oder verstehen wird. Vielleicht wäre es besser gewesen, wie ein Hund in den Schluchten zu sterben, statt wie eine Ratte in diesem Loch zu verfaulen.

Wirst Du mich besuchen? Bitte versuch es. Ich mache mir Sorgen und habe solche Angst. Ich schicke Dir und allen Deinen Freunden mein *namaste*. All meine Liebe den Kindern.

Deine Schwester Phoolan Devi.«

Ich wußte, daß man mir nicht erlauben würde, sie oder Shiv Narain zu sehen, deshalb schrieb ich ihr zurück und erklärte, daß auch ich angesichts dieser Ereignisse machtlos war. Ich sagte, ich könnte einzig mit einem befreundeten Journalisten im Gefängniskomitee sprechen, der versuchen würde, die betreffenden Stellen vor weiteren Angriffen auf die Familie zu warnen.

Ein paar Monate später wurde Shiv Narain auf Kaution entlassen und mit seiner Familie umgesiedelt. Rukhmini beschloß zu bleiben, wo sie war, weil es von dort nicht weit zum Gefängnis war. Immer noch besucht sie Phoolan täglich und bringt ihr Mahlzeiten, die sie auf ihrem Holzfeuer kocht.

Im November 1990 mußte V. P. Singhs Regierung zurücktreten, nachdem sie ein Mißtrauensvotum in der Lok Sabha verloren hatte. Ironischerweise war sein politisches Ende auf seinen Standpunkt in der Kastenfrage zurückzuführen. Während seiner ganzen Karriere hatte er die höheren Kasten repräsentiert, doch nun entschloß er sich, sich ein populäreres Image zuzulegen, indem er die Sache der niedrigsten Kaste, der Harijans (Unberührbaren) vertrat. Er führte eine »Quotenregel« ein, derzufolge den Unberührbaren Stellen im öffentlichen Dienst zustanden. Das Vorhaben löste einen Sturm der Empörung aus. Studenten verbrannten sich aus Protest auf den Straßen Delhis, fast wie die buddhistischen Mönche, die während des Vietnamkrieges Feuer an sich gelegt hatten. Ihre Begründung: Ein Quotensystem würde zu noch größerer Korruption führen; ein paar Erlesene aus jeder Kaste würden Arbeit bekommen, ohne daß ihre Fähigkeiten dabei ein Rolle spielten; die weitaus größere Mehrheit der Armen und Unterprivilegierten würde davon unberührt bleiben. Die Studenten Indiens sahen das Vorhaben als zynischen politischen Schachzug, als Stimmenfängerei, mit der man all jene vor den Kopf stieß, die sich durch die Examen kämpften, in Gettos und unter Straßenlaternen lernten, um sich weiterzubilden. Die Empörung wurde noch durch die Tatsache angeheizt, daß V. P. Singh, all seinen vorgeblichen Intentionen zum Trotz, nur an der Macht war, weil er sich mit der rechtsextremen Bharatiya Janata Partei (BJP) verbündet hatte. Die BJP hatte den religiösen Chauvinismus zum politischen Programm erhoben und vertrat einen fundamentalistischen Hinduismus, der die Ungerechtigkeiten des Kastensystems nicht nur unterstützte, sondern propagierte. Es war unübersehbar, daß die Politik des Premierministers in sich widersprüchlich war.

Ermutigt durch die Studentenproteste gegen V. P. Singhs Politik, interpretierte die BJP den allgemeinen Aufruhr als Zeichen für einen wachsenden Widerstand der Mittelklasse gegen die »Minderheiten« am unteren Ende der Kasten- und Klassenleiter. Diese Einschätzung der Situation verleitete die BJP dazu, innerhalb eines Monats die moslemische Bevölkerung ins Visier zu nehmen. Man verkündete, daß die Babri Masjid, eine Moschee aus dem sechzehnten Jahrhundert in der Stadt Ayodhya in Uttar Pradesh, von den Hindus zurückerobert werden müsse, da sie auf der Geburtsstätte Ramas, des Gottkönigs aus dem *Ramayana*, stünde.

Man erklärte, die Moschee müsse zerstört und an ihrer Stelle ein Tempel errichtet werden. Zu V. P. Singhs großem Mißfallen festigten seine neuen Verbündeten ihre Macht, indem sie seine Autorität untergruben, und sammelten immer mehr Fundamentalisten im ganzen Land. Am 30. Oktober 1990 fiel ein riesiger hinduistischer Mob unter der Führung der BJP in Ayodhya ein. Man war entschlossen, die Moschee zu zerstören. Es folgte das gewalttätigste Kapitel der indischen Geschichte seit der Teilung des Landes 1947 unter britischer Verwaltung. Ich war damals in London und versuchte gerade, dieses Buch zu vollenden.

Der *Guardian* widmete ein paar Wochen später (am 15./ 16. Dezember 1990) die Titelgeschichte seiner Wochenendbeilage diesem Thema. Derek Brown, der zuständige Korrespondent in Delhi, schrieb:

Nach langem Zagen und Zögern brach der Sturm am 30. Oktober dieses Jahres los, als die *kar sevaks* (Erlösungsaktivisten) nach Ayodhya kamen.
Der Chief Minister des Staates Uttar Pradesh, Mulayam Singh Yadav, hatte der Polizei befohlen, die Moschee auf jeden Fall zu halten. Aber schon beim ersten Angriff der wutentbrannten Pilger räumten die Polizisten das Feld. Safrangelbe Flaggen wurden auf den drei Kuppeln der Moschee

gehißt, und Ziegel aus den 460 Jahren alten Wänden gezogen, bevor die Polizei und paramilitärische Truppen in die Menge feuerten und mit einem Blutbad die Ordnung wiederherstellten.

In ganz Indien hörten die Hindus durch die BBC von dem »Sieg« (die nationalen Fernseh- und Radiostationen verbreiteten wie üblich regierungstreue Lügen). Siegesfeiern steigerten sich zu Demonstrationen, Demonstrationen zu Ausschreitungen und Ausschreitungen zu Gewalttätigkeiten gegen religiöse Minderheiten, bei denen sich die Polizei, wie sooft, offen mit dem hinduistischen Mob verbündete.

Schon kurz vor dem Einfall in Ayodhya verkündeten die Zeitungen Tag für Tag Schreckensmeldungen. Man erfuhr von Morden und Verstümmelungen in ganz Nordindien sowie in weiten Teilen Südindiens. Ganze Häuserzeilen wurden abgefackelt, Tote und Lebende in die Flammen geworfen, über ganze Städte wurde hastig der Ausnahmezustand verhängt.

Die Politiker wühlten natürlich in der Asche und versuchten, das Beste für sich herauszuholen. Der Führer der BJP, Lal Krishnan Advani, der die Ausschreitungen von Ayodhya gefördert hatte, indem er persönlich eine *rath yatra* – Pilgerfahrt – dorthin angeführt hatte (er wurde verhaftet und stand während der eigentlichen Ausschreitungen unter komfortablem Hausarrest), beschuldigte die Regierung Vishwanath Pratap Singhs unverhohlen, die Hindus provoziert zu haben.

Singh, der nach der wankelmütigen moslemischen Wählerschaft schielte, hatte bereits die parlamentarische Unterstützung der BJP verloren und wußte, daß seine Regierung nicht mehr zu retten war. Am 7. November wurde ihm, wie zu erwarten, das Mißtrauen ausgesprochen. Er verlor sein Amt und mehr als ein Drittel seiner Partei, der Janàta Dal. Die Abtrünnigen bilden nun unter der Führung des Hinterbänklers Chandra Shekar eine lächerlich kleine Minderheitsregierung, die die keineswegs uneigennützige Unterstützung Rajiv Gandhis genießt.

So steht der Staat Uttar Pradesh am Rande eines Religions- und Kastenkrieges, der das ganze Land zu entzweien droht. Und mitten in diesem Chaos harrt Phoolan Devi im Zentralgefängnis von Gwalior ihres Schicksals. Die ungelösten Fragen rund um ihren Fall liegen fast verschüttet unter den Trümmern der politischen Ereignisse. Politiker wechseln, und die Beamten kommen und gehen, getrieben von ihren persönlichen Zielen. Die Vorgänge um sie herum verwirren Phoolan Devi, und ihr ist unbegreiflich, wie »so große Leute«, Premierminister und Chief Minister, »ihr Wort nicht halten« können. In ihrer Welt der *baghis* wird ein gegebenes Ehrenwort nie zurückgenommen: »Wort zu halten« ist eine Frage der persönlichen Ehre. Ich bin mir darüber im klaren, daß die Regierungen dieser Welt diesen Ehrenkodex, diese Tradition nicht kennen, doch es kostet mich jedesmal Mühe, das zu erklären, wenn ich mich hinsetze, um Phoolans Briefe zu beantworten.

Sleeman verfaßte zwei Bücher mit dem Titel *Anekdoten und Erinnerungen eines Beamten in Indien*. Im zweiten Band schreibt er unter der Überschrift »Wahrheitsliebe«:

Ich habe von Menschen unter den Bewohnern Gondwinas in den Wäldern Zentralindiens erfahren, die keine Lüge über ihre Lippen brachten und sich doch einer Räuberbande anschlossen, um eine Viehherde aus dem Nachbardorf zu stehlen, allein aus Freude über den gelungenen Coup. Ich fragte einen Eingeborenen von der Hochebene eines Tages im Tal des Herbudda, warum die Leute aus den Wäldern im Norden und Süden eher die Wahrheit sprächen als die zivilisierten Menschen im Tal selbst. »Sie kennen den Wert einer Lüge noch nicht«, antwortete er ebenso schlicht wie ernst, denn er war ein ehrlicher und rechtschaffener Mann.

Wahrheitsliebe findet man dort am ehesten, wo man am wenigsten zu Falschheit verleitet wird und wo diese den größten Schaden anrichtet. In einer primitiven Gesellschaft wie jener, von der ich spreche, kann Eigentum nur in Form von Vieh angesammelt werden; Gegenstände werden direkt getauscht, ohne daß ein zirkulierendes Mittel eingesetzt wird; und ein Mitglied der Gesellschaft hat keine Möglichkeit, seinen Besitz vor den anderen zu verbergen. Wenn die Menschen einander bestehlen würden, könnten sie nicht verbergen, was sie gestohlen haben – Stehlen brächte deshalb keinen Vorteil. In solchen Gesellschaften wird es jeder kleinen Gemeinschaft überlassen, selbst über sich zu bestimmen; die Rechte zu sichern und die Pflichten aller Mitglieder in Beziehung zu anderen Mitgliedern durchzusetzen; sie sind zu arm, um Steuern zu zahlen, mit denen teure Staatseinrichtungen unterhalten werden könnten, und ihre Regierungen besitzen derer kaum welche, um das Recht, den Schutz des Lebens, des Eigentums und des Charakters zu verwalten.

Später im selben Kapitel beruft er sich auf seine Erfahrung als Bezirksrat und schreibt:

... Der Gefangene weiß: Seine Nachbarn erwarten von ihm, die Wahrheit zu sagen und ihnen auf diese Weise Ärger zu ersparen, und sie werden ihn verabscheuen, wenn er das nicht tut. Er nimmt an, daß wir genug Verstand besitzen, um die Wahrheit herauszufinden, ob er sie nun sagt oder nicht, und menschlich genug sind, um sein Verbrechen mit keiner höheren Strafe zu belegen als der, die es verdient.
Der Rat fragt den Gefangenen, warum er gestohlen hat; und der Gefangene setzt sofort zu einer Erklärung über die Umstände an, deretwegen er so handeln mußte, und bietet an, Zeugen beizubringen, die das beglaubigen; er würde sich nie träumen lassen, Zeugen beizubringen, die beglaubigen, daß *er nicht gestohlen hat*, wenn er die Tat begangen hat – weil er

grundsätzlich dazu neigen würde, das eine zu tun und das andere zu lassen.

Mir wurde klar, wie richtig Sleemans Beobachtungen waren, als ich 1988, begleitet von Moola, Shiv Narain und Rukhmini, das Dorf besuchte, in dem Phoolan Devi geboren worden war. Man stellte mich der »Verrückten« des Dorfes vor, die Phoolan gegen jene Vorurteile verteidigt hatte, unter denen sie selbst gelitten hatte. Erst schaute sie mich verständnislos an, als ich von Phoolan Devi sprach. Dann erwähnte ich das Massaker von Behmai, das Phoolans Namen im Dorf unvergessen gemacht hatte.

Augenblicklich lachte sie und sagte: »Meine kleine Phoolan! Gott segne sie!« Ohne auf meine Bemerkung über Behmai einzugehen, fragte sie: »Hat sie immer noch die Kuh, die ihr dieser nichtsnutzige Ehemann gegeben hat? Ich weiß noch, wie man sie weggebracht hat.«

Ich lachte, während Rukhmini antwortete, daß die Kuh in Gwalior sei und kürzlich gekalbt habe. In dem Versuch, ihr weitere Eindrücke zu entlocken, fragte ich sie, ob sie Maiyadin in letzter Zeit gesehen habe.

Sie spie in den Sand und sagte: »Den hätte sie zu *allererst* umbringen sollen. Ja, der ist immer noch hier und führt sich auf wie eine läufige Hündin auf der Suche nach Thakurs!« Sie fragte mich, wie wir in das Dorf gekommen seien, und ich erzählte ihr, daß der Jeep sechs oder acht Kilometer entfernt auf uns wartete. Ich erklärte, daß wir von dort aus zu Fuß gegangen seien. Der Fahrer hatte gesagt, die Straße sei zu unwegsam, um noch weiterzufahren. Begeistert fragte sie uns, ob sie uns zurückbegleiten und mitfahren könnte. Sie hatte noch nie in ihrem Leben in einem Fahrzeug gesessen. Ich versuchte, ihr das auszureden, sagte, wir seien uns über unser weiteres Vorgehen noch nicht schlüssig und der Jeep sei voll. Rukhmini stupste mich und sagte: »Sie war ihr ganzes Leben allein. Warum nicht? Irgendwie wird es schon gehen.« Ich fragte, wie sie ins Dorf zurückkommen würde. Sie deutete auf den Fluß und sagte: »Ich kann schwimmen – besser als Phoolan!«

Spät am Abend kamen wir in das Dorf Teoga, Ramkalis Heimatdorf, das weiter flußabwärts liegt. Man stellte mich einer älteren Witwe vor, deren Neffe einen Stoffladen in Kalpi besaß und Komponist war. Sie erzählte mir, er habe ein Lied über Phoolan und andere *baghis* geschrieben und sei bei einem seiner Konzerte verhaftet worden, weil er *badmaashs* (»Antisoziale Elemente«, wie es die indischen Reporter ausdrücken) verherrlicht habe. Ich fragte, ob wir ihm eine Nachricht schikken könnten, damit er ein Konzert im Dorf veranstaltete, und bot an, den Fahrer loszuschicken, der ihn mit seinem Jeep abholen könnte, doch sie meinte, das würde ihn mißtrauisch machen, und schickte statt dessen ihre Enkel auf einem Fahrrad.

Entgegen allen Erwartungen und zu unserer großen Verwunderung tauchte er gegen elf Uhr abends auf, begleitet von drei Musikern, die allesamt und mit ihrer ganzen Ausrüstung auf Fahrrädern kamen. Seine Tante schickte Boten, meist kleine Kinder, aus, die im Dorf die Nachricht verbreiteten, daß das Konzert um Mitternacht vor Ramkalis Haus stattfinden würde.

Während die Familie aufgeregt alles vorbereitete – ein paar Eimer Wasser zusätzlich vom Brunnen brachte, den Hof fegte –, unterhielt ich mich mit dem Musiker und Komponisten, der Devi Gulam hieß. (Er hatte Moola einst geholfen, einen Anwalt zu finden, als Phoolan zum ersten Mal von der Polizei behelligt wurde.) Ich wunderte mich über seinen Namen und meinte, es sei eine eigenartige Kombination männlicher und weiblicher, hinduistischer und moslemischer Begriffe – »Devi« bedeutet auf Hindu »Göttin«, und »Gulam« auf Urdu »Sklave«. Er zuckte ironisch mit den Achseln und antwortete: »So hat meine Mutter mich genannt. Den hinduistischen Schriften zufolge sind wir alle halb Mann, halb Frau; den gegenwärtigen Tendenzen zufolge wurden die Moslems von den Hindus versklavt. Außerdem habe ich mir den Namen nicht ausgesucht. Meine Mutter hat so gedacht, und sie ist tot.« Seine Antwort klang irgendwie zerstreut, denn er war voll und ganz mit seiner Arbeit beschäftigt. Er war unglaublich penibel und professionell, stellte Mikrofone auf, die er aus einem staubigen, alten Koffer holte, legte Strohmatten aus, auf denen die Musiker sitzen würden, übte Akkorde, stimmte die Trommeln und ein Harmonium.

Um Mitternacht hatten sich fast dreihundert Menschen versammelt. Sie saßen auf den Mauern und auf den Stufen vorm Haus und drängten sich in den Gassen weiter hinten. Ein Lautsprecher wurde gebracht, und der Musiker begann, das Konzert anzusagen, indem er dem ganzen Dorf verkündete, daß er Lieder über die Geschichte und über *baghis* singen würde. Er hatte mir erlaubt, das Konzert mit meinem Walkman aufzunehmen, dem einzigen Gerät, das ich bei mir hatte. Das Konzert dauerte etwa drei Stunden, es war ein stetes Kommen und Gehen. Ganz spontan sammelten sich ein paar Frauen bei den Sängern und bildeten einen Hintergrundchor. Devi Gulam reagierte, indem er ihnen den Text vorsagte und ihnen zeigte, wann sie einstimmen sollten. Obwohl es ein vollkommenes Chaos zu sein schien, war alles durchorganisiert. Das Lied über Phoolan Devi war zur Hälfte fertig, und der Sänger improvisierte weiter darüber. Er unterbrach den Gesang, um mit mir und den in der Nähe sitzenden Familienmitgliedern die Fakten abzusprechen. Der Text wirkt unbeholfen ohne die Musik und den Frauenchor, doch hier sind ein paar Strophen, nur um einen Eindruck davon zu vermitteln:

Phoolan hat uns angeführt,
Als der Hauptmann Vikram starb,
Phoolan nahm die Spitze ein,
Als Vikram gestorben war,
Mit der Waffe in der Hand.

Dann ging sie zu Mustaqueem,
Zählte Baba ihre Wünsche auf,
Bat Mustaqueem um seine Hilfe
Im Kampf gegen ihre Feinde.

(Refrain)

Sie ging aufrecht,
Trotzte ihnen allen,
Stellte sich ihrer Aufgabe,
Als Vikram gestorben war,
Mit der Waffe in der Hand.

Dann kam sie nach Behmai, das verdammt war,
Und schickte nach dem feindlichen Thakurclan
Auch wenn niemand sagen kann, warum,
Versammelten sich die Menschen.

(Refrain)

Phoolans Schmerz, wer kann den verstehen,
Rache tobte in ihrem Herz
Und ließ sie zur Banditin werden,
Bald würde das Schießen beginnen.

(Refrain)

In Behmai flogen die Kugeln,
Die Menschen sanken tot zu Boden.
Sie ließ ihre Feinde tot oder sterbend zurück,
Ging hoch erhobenen Hauptes, sie hatte sich gerächt.

Während des ganzen Konzerts kamen Dorfbewohner nach
vorn und warfen Geld in eine Schale, die vor den Musikern
stand; kleine Beträge, Münzen und Rupienscheine. Das war so

Sitte; eine freiwillige, doch gern gesehene Spende für die reisenden Musikanten. Wir gaben größere Summen, und man dankte uns mit der gleichen zeremoniellen Geste wie allen anderen.

Ein paar Tage später saßen wir in Gwalior zusammen und hörten uns das Band in meinem Hotelzimmer an. Shiv Narain, der Musikalischste in der Familie, schrieb den Text ab und übte ihn ein, begleitet von messingnen Aschenbechern und Getrommel auf der Tischplatte. Er sagte, er würde Phoolan am nächsten Morgen gemeinsam mit Moola und Rukhmini besuchen und ihr das Lied vorsingen. Ich bot ihm meinen Walkman und das Band an, aber er meinte, das würde wahrscheinlich beschlagnahmt werden. Phoolan, sagte er bedauernd, würde das Lied ohne Begleitmusik hören müssen.

Postskriptum

Als in der Nacht zum 21. Mai 1991 im südindischen Staat Tamil Nadu der grausame und sinnlose Mord an Rajiv Gandhi begangen wurde, reiste ich gerade im Zug nach Madras, von wo aus ich nach Bombay fliegen wollte. Im Morgengrauen hielt der Zug an, und ich hörte von den Schaffnern, was passiert war. Den ganzen Tag blieb der Zug im Bahnhof stehen, da es in der Stadt zu Ausschreitungen gekommen war; verschiedene politische Gruppen waren aufeinandergestoßen, und angeblich waren mehrere Menschen schwer verletzt und getötet worden. Als sich der Zug Madras näherte, wurde er mit Steinen beworfen, und wir Passagiere mußten zu unserem Schutz die Metalläden vor den Fenstern herablassen.

Trotz der Spannung und der drückenden Angst blieben die Menschen ruhig. In Madras war die Stimmung gedrückt. Es war, als fühlten sich die normalen Menschen im Staat schuldig – schuldig, weil Rajiv Gandhi in *ihrem* Staat, auf ihrem Boden, getötet worden war.

Die Wahlen wurden verschoben, da sich die ganze Nation im Schockzustand befand. Als die Ergebnisse verkündet wurden, stellte sich heraus, daß die Bharatiya Janata Partei (BJP), eine hegemonistische Verbindung, die die Vorherrschaft der Hindus im Land sicherstellen will, in Uttar Pradesh dank der Unterstützung der Thakurs gewonnen hatte. In Madhya Pradesh, wo Phoolan Devi immer noch im Gefängnis sitzt, gewann die Kongreß-(I)-Partei, und Arjun Singh bekam das Angebot, der Regierung in Delhi beizutreten.

Als man Phoolan Devi bat, im Wahlbezirk Meerut, Uttar

Pradesh, die niedrigeren Kasten zu vertreten, lehnte sie das Angebot mit den Worten ab: »Warum sollte ich ihr Spiel mitspielen und eine Partei unterstützen? Hat für mich irgendwer etwas getan? Alle Politiker sind Diebe.«

Mala Sen
Bombay, Juni 1991

Dank

Erst als ich dieses Buch beendet hatte, wurde mir bewußt, wie viele Menschen mir eigentlich auf unterschiedlichste Weise bei jedem Schritt geholfen hatten. Sie schenkten mir ihre Zeit und Energie und bewiesen trotz all der Höhen und Tiefen, die ein solches Unterfangen unweigerlich mit sich bringt, endlose Geduld. So unzulänglich es auch klingt, ich möchte erklären, daß ich für all die Liebe und Unterstützung, die mir von Freunden in Indien wie in London zuteil wurden, sehr, sehr dankbar bin.

Einige dieser Menschen möchte ich namentlich erwähnen, weil sie direkt an der Entstehung dieses Buches beteiligt waren.

In Delhi waren das Tilak »Billoo« Sethi, der mich, während ich in London arbeitete, großzügig mit Arbeitsmaterial in Form von Presseberichten aus Indien versorgte; Mandakini Dubey, die Tochter meiner Freunde, die in der Sommerhitze Delhis trotz ihrer College-Verpflichtungen Zeit fand, einige von Phoolans Briefen für mich zu übersetzen; und Prashant Panjiar, dessen Fotografien Phoolans Geschichte illustrieren, der mir ein Freund und Verbündeter wurde, mich anderen Fotografen vorstellte und mir alles verriet, was er über die Schluchten wußte.

In Bombay halfen mir meine Schwester Kum, ohne deren Unterstützung ich wohl verzweifelt wäre; und Anjula Bedi, die sorgfältig und liebevoll den Großteil von Phoolans Gefängnistagebüchern übersetzte und unermüdlich arbeitete, um unmögliche Termine einzuhalten.

In London danke ich Farrukh Dhondy, der den Film in Auftrag gab und die Recherchen für dieses Buch ermöglichte;

310

Horace und Annabelle Ové, die mit mir arbeiteten, auf der Suche nach Fakten mit mir durch Uttar Pradesh und Madhya Pradesh reisten und mich zum Schreiben ermutigten; und H. O. Nazareth, die der Meinung war, daß diese Geschichte erzählt werden sollte, und mich meinem Verleger Bill Swainson vorstellte, der seinerseits unendliche Geduld bewies und mir viel beibrachte und mich wiederum Margaret Busby vorstellte, die dieses Buch mit mir redigierte, mich unterstützte und mir viele gute Ratschläge gab.

So gesehen ist das Buch das Ergebnis gemeinsamer Anstrengungen, wenn ich auch keinen unter den Vorgenannten für meine Fehler, Irrtümer oder falschen Schlußfolgerungen verantwortlich machen darf. Sie unterstützten das Projekt, gaben mir ihre Energie und Kraft.

Ich stehe in der Schuld jener Reporter, die Phoolans Geschichte von 1979 bis 1986 verfolgten, und der folgenden Zeitungen und Zeitschriften, in denen ihre Artikel erschienen: *Blitz, Esquire, Guardian, Hindustani Times, Illustrated Weekly, Indian Express, India Today, Mid-Day, Onlooker, Sunday, Times of India, The Week.*

Außerdem stehe ich in der Schuld verschiedener Autoren, auf deren Bücher ich mich beziehe, und in der ihrer Verleger, die mir gestattet haben, das folgende Material zu verwenden: Taroon Coomar Bhaduri: *Chambal – The Valley of Terror;* Dom Moraes: *Answered by Flutes,* Asia Publishing House, Bombay 1983; Kalyan Mukherjee und Brij Raj Singh: *Malkhan, The Story of a Bandit King,* Lancer International, New Delhi 1985; Richard Shears und Isobelle Giddy: *Devi,* Allen & Unwin, London, New Delhi, 1984; Lieutenant-General Sir Francis Tuker: *The Yellow Scarf,* J. M. Dent & Sons, London, 1961; P. Lal: *The Mahabharata of Vasya,* Vikas Publishing House, New Delhi, 1980.

Dann gibt es noch Menschen, denen ich ebenfalls danken möchte, deren Namen ich aber hier aus Sicherheitsgründen nicht nennen kann. Deshalb wurden auch einige Namen in diesem Buch verändert. Einige Menschen in gehobenen Positionen, in Madhya Pradesh wie Uttar Pradesh, waren ebenfalls äußerst hilfreich. Ich möchte sie nicht namentlich nennen, da ich weiß, daß man in einer Regierungsposition allzu leicht der Politik zum Opfer fallen kann.

Schließlich hätte dieses Buch nicht ohne die Hilfe Phoolan Devis entstehen können, die mir im Laufe von vier Jahren half, ihre Erfahrungen zu verstehen. Das allein ist ein Geschenk. Ihre Schwester Rukhmini hat mich mehr als hilfreich unterstützt, und ihre Mutter Moola und Shiv Narain, ihr Bruder, haben mir ebenfalls vieles ermöglicht. Gemeinsam haben wir versucht, Fakten von Fiktionen zu trennen. Trotzdem bin ich mir im klaren darüber, daß hier in Indien die schöpferische Phantasie keine Grenzen kennt und sich die Geschichte bei jedem Erzählen verändert!

Mala Sen
Kodaikanal, Juni 1991

Glossar

Ahir	Milchmann aus der Kaste der Sudras
amma	Mutter
ashubh	schlechtes Omen
avtar	Manifestation
Baba, Babu	Anrede, die Respekt und geistige Verehrung ausdrückt
babool	Akazienart
badla	Rache
baghi	Rebell
Baisakh	Monat des Monsuns
bajra	billige Hirseart
bakwas	Widerworte
baraat	Hochzeitsfeier
behad	Schluchten
Beti	Tochter
bezathi	Schande
Bhaiya	Bruder
bidi	Tabak, der in Tabakblätter gerollt wurde
bigha	Maßeinheit für Land (ca. ⅛ Hektar)
Bitia	Tochter
Brahma	Gott der Schöpfung
Brahmanen	Priester, Angehörige der ranghöchsten unter den vier Hauptkasten der hinduistischen Gesellschaft
burquah	Schleier für moslemische Frauen
Chait	Frühlingsmonat
chalan	fein

chamar	Hautheiler
chapati	Fladenbrot
charpai	Seilbett
choola	Ofen
CM	Chief Minister, Ministerpräsident eines indischen Bundesstaates
crore	1 000 000
daang	Wald
dacoit	bewaffneter Bandit
dacoity	bewaffneter Überfall
Daku	ein Gesetzloser
dal	Linsen
daroga	Polizei-Inspektor
Dau	alter, heiliger Mann
dera	Lager
dharma	Pflicht
didi	Schwester
DIG	Deputy Inspector General
dupatta	dünner Schleier
Durga Mata	Göttin der Erde. Kali ist eine ihrer Verkörperungen (wie auch Bajrang Devi, Mahadevi, Sitla Mata)
faraar	flüchten oder »in den Schluchten verschwinden«
gauna	Vereinbarung, nach der eine Kindsbraut erst nach gewisser Zeit zu ihrem Ehemann zieht
goondas	Ganove
Gujars	eine Kriegerkaste
guru	Lehrer oder geistiger Führer
hangaama	Aufruhr
Harijans	siehe *Unberührbare*
hookah	Wasserpfeife
hora	Kichererbsen
jai	»Lang lebe«
jawan	Soldat

Jhansi ki Rani	Königin von Jhansi
Jiji	Schwester (in *bundelkhandi*)
Kali	Göttin der Rache
Karma	Schicksal
ki jai	Gruß, etwa: »Lang lebe...«
kos	Längenmaß (1 kos = ca. 3 km)
Kshatriyas	Krieger, zweite der vier Hauptkasten der Hindus (zu der auch Gujars und Thakurs gehören)
kurta-pajama	langes, loses Kleidungsstück, ähnlich einem kragenlosen Hemd, das über eine Sackhose getragen wird
lakh	100 000
lassi	Joghurtgetränk
lathis	Holzstecken
lungi	Stoff, der um den Leib geschlungen wird
mali	Händler
Mallahs	Kaste der Fischer
masjid	Moschee
Mastana	jemand, der im Frieden mit sich lebt und alle weltlichen Ansprüche aufgegeben hat
Mausi	Tantchen
Mayo Thakurs	hochkastige Thakurs
MLA	*Member of Legislative Assembly* (Mitglied der gesetzgebenden Versammlung)
MP	Madhya Pradesh
mukhiya	Anführer
Mukya Mantri	Ministerpräsident
nallah	Wasserlauf
namaste	Geste des Respektes mit aneinandergelegten Handflächen
Nayan	Barbier
neem-Baum	Paternoster-Baum
nishan	persönliches Kennzeichen
paan	Blatt, das mit Betelnuß gekaut wird

PAC	Provincial Armed Constabulary (bewaffnete Polizei)
paisa	kleine Münze
pakars	Entführungsopfer
pakora	ausgebackene Teigtaschen
panchayat	gewählter Dorfrat
pandit	Brahmane, der in der Hindureligion ausgebildet wurde, religiöser Lehrer
pradhan	Führer eines Dorfes, meist ein Brahmane
puja	Gebet, religiöses Ritual
puri	ausgebackenes Brot aus Vollkornmehl
RAC	Rajastan Armed Constabulary (bewaffnete Polizei Rajastans)
raja	Radscha (indischer Fürst)
roti	ungesäuerter Brotfladen
ruksat	Adieu
rumal	Handtuch
Rupie	indische Währungseinheit
sadhu	Einsiedler
SAF	Special Armed Force (bewaffnete Spezialeinheit)
sahib	Herr
salaam	Gruß
salwaar-kameez	Tunika und Hose
sari	indisches Tuchkleid
sarpanch	Bürgermeister
Sawan	eine Monsunjahreszeit
Sawan Dui	Fest, das Anfang Juli stattfindet
sepoy	indischer Soldat in britischen Diensten
shikaar	Jagd
Shiva	Gott der Zerstörung
SP	Superintendent der Polizei (Polizeipräsident)
subedar	unbestallter Offizier

Sudras	Arbeiter, am unteren Ende der hinduistischen Kastenhierarchie, doch noch über den »Unberührbaren« stehend
tamasha	Schauspiel
teetar	Rebhuhn
tempo	dreirädriges Motorroller-Taxi
Thakurs	feudale Landbesitzer, Kleinadlige, eine Unterkaste der Kshatriyas
thana	Polizeiwache oder Bezirk
thanedar	Chef einer Polizeiwache
Thuggee	Gemeinschaft von Gesetzlosen
Thugs	Gesetzlose, Diebe
TI	Thana Inspector (Polizeiinspektor)
tikka	religiöses Zeichen auf der Stirn, aus Asche oder Farbe
tilak	siehe *tikka*
tola	Gewichtseinheit (ca. 30 g)
tonga	Pferdekarren
Unberührbare oder harijans	Menschen, die mit Müll und menschlichen Abfällen zu tun haben, im hinduistischen Kastensystem noch unter der untersten Kaste stehend, doch Gandhi zufolge »die Kinder Gottes«
UP	Uttar Pradesh
Vaishyas	Handelsleute, an dritter Stelle im hinduistischen Kastensystem, unter den Kshatriyas
Vishnu	Gott der Bewahrung
wallah	aus jenem Beruf
zamindars	Landherren

Bibliographie

Bhaduri, Taroon Coomar, *Chambal – The Valley of Terror*

Eliot, T. S.: Gedichte, Frankfurt a. M. 1964, dt. Übersetzung von E. R. Curtius

Moraes, Dom, *Answered by Flutes*, Asia Publishing House, Bombay 1983

Mukherjee, Kalyan, und Singh, Brij Raj, *Malkhan: The Story of a Bandit King*, mit Fotos von Prashant Panjiar, Lancer International, New Delhi 1985

Shears, Richard, und Gidly, Isobelle, *Devi: The Bandit Queen*, George Allen & Unwin, Hemel Hampstead 1984

Sleeman, Lieutenant-Colonel, W. H., der Bengalischen Armee, *Rambles and Recollections of an Indian Official* (2 Bde.) J. Hatchard & Son, London 1844

Tuker, Lieutenant-General, Sir Francis, *The Yellow Scarf: the Story of the Life of Thuggee Sleeman or Major-General Sir William Henry Sleeman, KCB 1788–1856 of the Bengal Army and the Indian Political Service*, J. M. Dent & Sons, London 1961

GOLDMANN

Entdeckung anderer Kulturen

Asien   12323

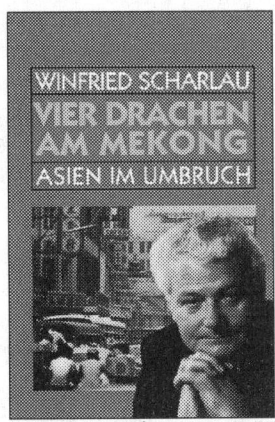

Vier Drachen am Mekong   11695

Chico Mendes   12403

Das alte Ladakh   11402

Goldmann · Der Taschenbuch-Verlag